改訂新版

まるごと授業 算数 6年(上)

喜楽研の
QRコードつき授業シリーズ

板書と(授業)展開がよくわかる

企画・編集：原田 善造・新川 雄也

わかる喜び学ぶ楽しさを創造する教育研究所　略称 喜楽研

はじめに

「子どもたちが楽しく学習ができた」「子どもたちのわかったという表情が嬉しかった」という声をこれまでにたくさんいただいております。喜楽研の「まるごと授業算数」を日々の授業に役立てていただき誠にありがとうございます。今回は，それを一層使いやすくなるように考え，2024年度新教科書にあわせて「喜楽研のQRコードつき授業シリーズ改訂新版　板書と授業展開がよくわかる まるごと授業算数 1年～6年」(上下巻計12冊)を発行することにいたしました。

今回の本書の特徴は，まず，ICTの活用で学習内容を豊かにできるということです。ＱＲコードから各授業で利用できる豊富な資料を簡単にアクセスすることができます。学習意欲を高めたり，理解を深めたりすることに役立つ動画や画像，子どもたちの学習を支援するワークシートや，学習の定着に役立つふりかえりシートも整えております。また，授業準備に役立つ板書用のイラストや図も含まれています。

次に，本書では，どの子もわかる楽しい授業になることを考えて各単元を構成しています。まず，全学年を通して実体験や手を使った操作活動を取り入れた学習過程を重視しています。子ども一人ひとりが理解できるまで操作活動に取り組み，相互に関わり合うことで，協働的な学びも成り立つと考えます。具体物を使った操作活動は，それを抽象化した図や表に発展します。図や表に表すことで学習内容が目で見えるようになりイメージしやすくなります。また，ゲームやクイズを取り入れた学習活動も満載です。紙芝居を使った授業プランもあります。それらは，子どもたちが楽しく学習に入っていけるように，そして，協働的な学びの中で学習内容が習熟できるような内容になっています。全国の地道に算数の授業づくりをしておられる先生方の情報を参考にしながらまとめ上げた内容になっています。

学校現場は，長時間勤務と多忙化に加えて，画一的な管理も一層厳しくなっていると聞きます。新型コロナ感染症の流行もありました。デジタル端末を使用することで学び方も大きく影響されてきています。そんな状況にあっても，未来を担う子どもたちのために，楽しくてわかる授業がしたいと，日々奮闘されている先生方がおられます。また，新たに教員になり，子どもたちと楽しい算数の授業をしてともに成長していきたいと願っている先生方もおられます。本書を刊行するにあたり，そのような先生方に敬意の念とエールを送るとともに，楽しくわかる授業を作り出していく参考としてお役に立ち，「楽しくわかる授業」を作り出していく輪が広がっていくことを心から願っています。

2024年3月

本書の特色

すべての単元・すべての授業の指導の流れがわかる

学習する全単元・全授業の進め方を掲載しています。学級での日々の授業や参観日の授業，研究授業や指導計画作成等の参考にしていただけます。

各単元の練習問題やテストの時間も必要なため，本書の各単元の授業時数は，教科書より少ない配当時数にしています。

1時間の展開例や板書例を見開き2ページでわかりやすく説明

実際の板書をイメージできるように，板書例を2色刷りで大きく掲載しています。また，細かい指導の流れについては，3～4の展開に分けて詳しく説明しています。どのように発問や指示をすればよいかが具体的にわかります。先生方の発問や指示の参考にしてください。

QR コンテンツの利用で，わかりやすく楽しい授業，きれいな板書づくりができる

各授業展開ページのQRコードに，それぞれの授業で活用できる画像やイラスト，ワークシートなどのQRコンテンツを収録しています。印刷して配布するか，タブレットなどのデジタル端末に配信することで，より楽しくわかりやすい授業づくりをサポートします。画像やイラストは大きく掲示すれば，きれいな板書づくりにも役立ちます。

ベテラン教師によるポイント解説や教具の紹介なども収録していますので参考にしてください。

ICT 活用のアイデアも掲載

それぞれの授業展開に応じて，電子黒板やデジタル端末などのITC機器の活用例を掲載しています。子ども自身や学校やクラスの実態にあわせてICT活用実践の参考にしてください。

6年（上）目　次

QR コンテンツについて

授業内容を充実させるコンテンツを多数ご用意しました。右の QR コードを読み取るか下記 URL よりご利用ください。

URL:https://d-kiraku.com/4583/4583index.html
ユーザー名：kirakuken
パスワード：RXeZ8H

※ 各授業ページの QR コードからも，それぞれの時間で活用できる QR コンテンツを読み取ることができます。
※ 上記 URL は，学習指導要領の次回改訂が実施されるまで有効です。

対称な図形

文字と式

分数×整数・分数÷整数

分数のかけ算

分数のわり算

分数倍

比と比の値

データの調べ方

本書の使い方

◆ 板書例

時間ごとに表題（めあて）を記載し，1～4の展開に合わせて，およそ黒板を4つに分けて記載しています。（展開に合わせて1～4の番号を振っています）大切な箇所や「まとめ」は赤字や赤の枠を使用しています。ブロック操作など，実際は操作や作業などの活動もわかりやすいように記載しています。

◆ 目標

1時間の学習を通して，児童に身につけてほしい具体的目標を記載しています。

◆ POINT

時間ごとの授業のポイントやコツ，教師が身につけておきたいスキル等を記載しています。

◆ 授業の展開

① 1時間の授業の中身を3～4コマの場面に切り分け，およその授業内容を記載しています。

② Tは教師の発問等，Cは児童の発言や反応を記載しています。

③ 枠の中に，教師や児童の顔イラスト，吹き出し，説明図等を使って，授業の進め方をイメージしやすいように記載しています。

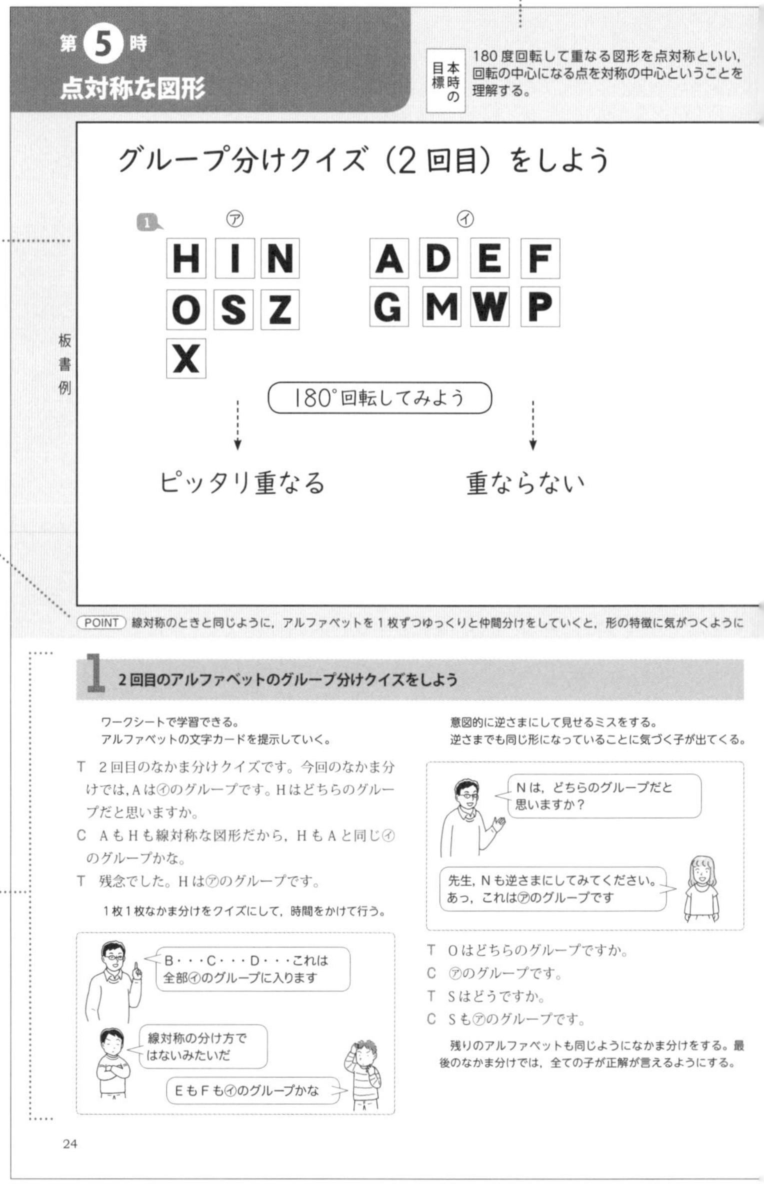

第5時
点対称な図形

本時の目標
180度回転して重なる図形を点対称といい，回転の中心になる点を対称の中心ということを理解する。

板書例

グループ分けクイズ（2回目）をしよう

1
㋐ H I N O S Z X
㋑ A D E F G M W P

180°回転してみよう

ピッタリ重なる　　重ならない

POINT 線対称のときと同じように，アルファベットを1枚ずつゆっくりと仲間分けをしていくと，形の特徴に気がつくように

1 2回目のアルファベットのグループ分けクイズをしよう

ワークシートで学習できる。
アルファベットの文字カードを提示していく。

T 2回目のなかま分けクイズです。今回のなかま分けでは，Aは㋑のグループです。Hはどちらのグループだと思いますか。
C AもHも線対称な図形だから，HもAと同じ㋑のグループかな。
T 残念でした。Hは㋐のグループです。

1枚1枚なかま分けをクイズにして，時間をかけて行う。

B・・・C・・・D・・・これは全部㋑のグループに入ります
線対称の分け方ではないみたいだ
EもFも㋑のグループかな

意図的に逆さまにして見せるミスをする。
逆さまでも同じ形になっていることに気づく子が出てくる。

Nは，どちらのグループだと思いますか？
先生，Nも逆さまにしてみてください。あっ，これは㋐のグループです

T Oはどちらのグループですか。
C ㋐のグループです。
T Sはどうですか。
C Sも㋐のグループです。

残りのアルファベットも同じようになかま分けをする。最後のなかま分けでは，全ての子が正解が言えるようにする。

24

◆ 準備物

1時間の授業で使用する準備物を記載しています。準備物の数量は，児童の人数やグループ数などでも異なってきますので，確認して準備してください。

QR は，QR コードから使用できます。

◆ ICT

各授業案の ICT 活用例を記載しています。

◆ QR コード

1時間の授業で使用する QR コンテンツを読み取ることができます。

印刷して配布するか，児童のタブレットなどに配信してご利用ください。

（QR コンテンツの内容については，本書 p8, 9 で詳しく紹介しています）

※ＱＲコンテンツがない時間には，QR コードは記載されていません。

※ QR コンテンツを読み取る際には，パスワードが必要です。パスワードは本書 p4 に記載されています。

準備物	ICT
QR アルファベットの文字カード QR ワークシート QR ふりかえりシート QR 動画「点対称な図形」	アルファベットが1つずつ書かれたカードをタブレットのシートに用意し，子どもたちのタブレットに送信しておく。子どもたちは必要に応じて，そのシートを使って説明し合う。

2 まとめ

点対称な図形

・１つの点（対称の中心）を中心に 180°回転させたとき，もとの形にぴったり重なる形。

・ぴったり重なるように回転する中心を対称の中心といいます。

3 〈対称の中心を見つけよう〉

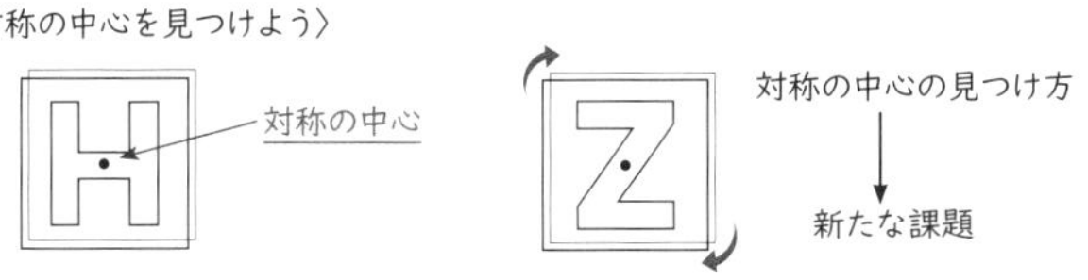

なります。はじめは感覚的ですが，しだいに 180°回転，対称の中心の見つけ方，というように学習を深めましょう。

2 グループ分けをした理由を話し合おう

T なかま分けの理由は何ですか。

逆さまにしても同じ形になるかどうかです
180°回転させても同じ形になるかどうかです

改めて㋐のグループにあるものを 180°回転させて同じ図形になることを確かめる。

T このように 180°回転させてぴったり重なる形を「点対称な図形」といいます。そして，ぴったり重なるように回転する中心を「対称の中心」と言います。

学習のまとめをする。

3 対称の中心を探してみよう

T Zも 180°回転させて，ぴったり重なることを確かめてみましょう。

H みたいに 180°回転させるとぴったり重なるかな
おかしいなあ。ぴったり重ならないよ

T ぴったり重ならないのは，どうしてでしょうね。

C ピンの位置が真ん中になっていないと思います。

少し中心を動かして，ぴったり重なるようになる。

C どうしたら，点対称の中心がすぐに見つけられようになるかな。

T 点対称の中心を決める方法は，次の時間に考えましょう。

ふりかえりシートが活用できる。

対称な図形 25

QR コンテンツの利用で
楽しい授業・わかる授業ができる

見てわかる・理解が深まる動画や画像

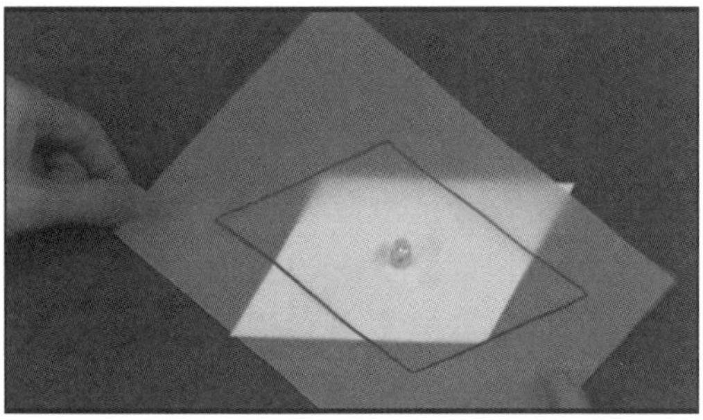

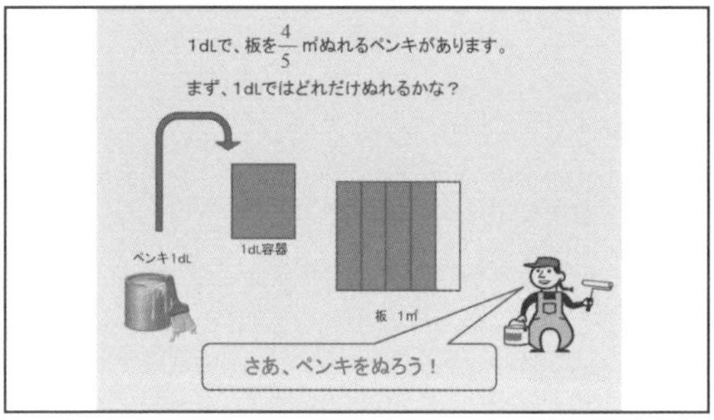

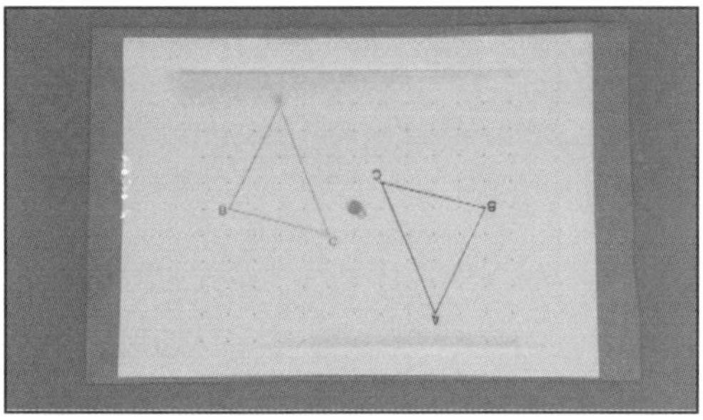

文章や口頭では説明の難しい内容は，映像を見せることでわかりやすく説明できます。視覚に訴えかけることで，児童の理解を深めると同時に，児童が興味を持って授業に取り組めます。

※ 動画には音声が含まれていないものもあります。

授業のポイント解説や簡単で便利な教具などを紹介

各学年でポイントとなる単元の解説や簡単に作れる教具を使った授業など，算数のベテラン教師による動画が視聴できます。楽しいだけでなく，どの子も「わかる」授業ができるような工夫が詰め込まれています。

授業で使える「ふりかえりシート」「ワークシート」

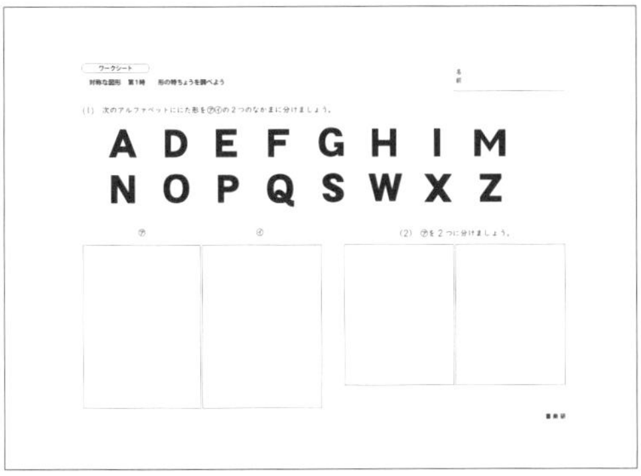

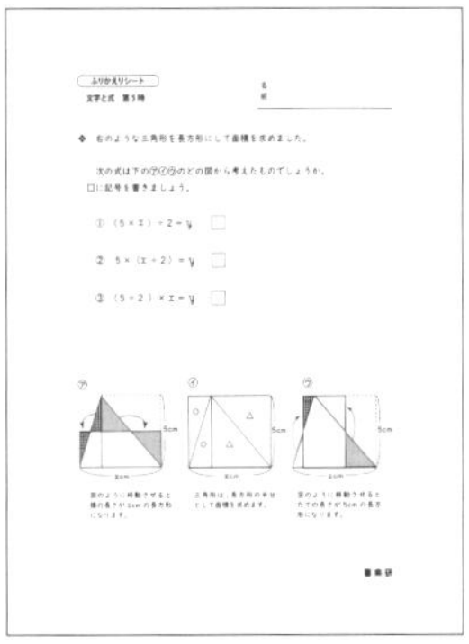

授業の展開で使える「ワークシート」や，授業のまとめや宿題として使える「ふりかえりシート」などを収録しています。

クラスの実態や授業内容に応じて，印刷して配布するか，児童のタブレットなどに配信してご利用ください。

板書作りにも役立つ「イラストや図・表」

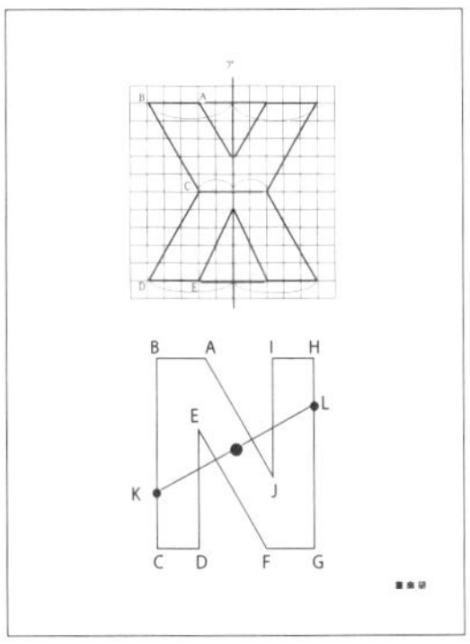

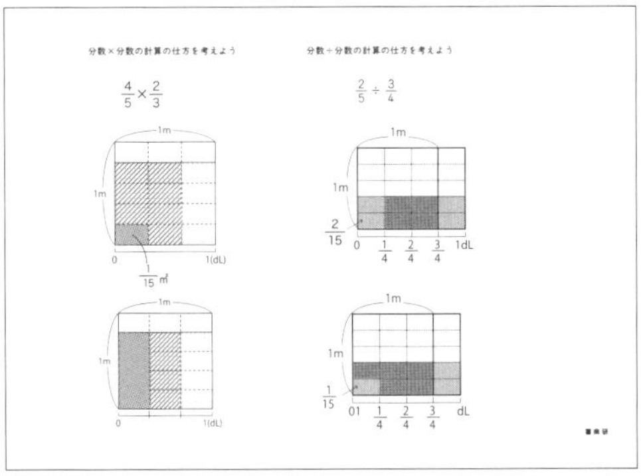

イラストや図・表は，黒板上での操作がしやすく，きれいな板書作りに役立ちます。
また，児童に配信することで，タブレット上で大きくはっきりと見ることもできます。

※ QR コンテンツを読み取る際には，パスワードが必要です。パスワードは本書 p4 に記載されています。

かけ算・わり算

文章題の解き方　提案

提案者：原田善造

なぜ，かけ算・わり算４マス表が必要になったのか

５年生を担任していたとき，次のような文章題でたくさんの子どもたちが誤答でした。

> 0.6 mが 0.3kg のはり金があります。このはり金 1 mの重さは何 kg ですか。

0.6 × 0.3 や，0.3 × 0.6 と立式した子どもと，わからないと答えた子どもが約３割，

0.6 ÷ 0.3 と立式した子どもが約５割いました。

なんと８割もの子どもたちが誤答だったのです。

ショックを受けた私は，日夜考え，次のような文章題の解き方を子どもたちに提案しました。

文章題をかけ算・わり算４マス表に整理する

上記の文章題を対応表（かけ算・わり算４マス表）に整理すると，次のようになります。
(※対応表とも名づけたのは，はり金の長さとその重さが対応している表だからです。)

1 mあたりの重さ（1 あたり量）←	？kg	0.3 kg	→ 0.6 mで何 kg になるか
必ず 1 ←	1 m	0.6 m	→ はり金の長さ（いくら分）

かけ算・わり算４マス表に整理したあと，簡単な整数におきかえて立式を考える

？kg	6 kg
1 m	3 m

□ × 3 = 6　…かけ算で立式…　□ × 0.6 = 0.3

6 ÷ 3 = 2　…わり算で立式…　0.3 ÷ 0.6 = 0.5

答え　2kg　　　答え　0.5kg

？kg	0.3 kg
1 m	0.6 m

「かけ算・わり算4マス表」と「かけ・わり図」でむずかしい文章題の壁を突破しよう

かけ・わり図（かけ算・わり算の図）で量の大きさを！

4 マス対応表はとても便利で立式もでき，答えも求められますが，0.3 ÷ 0.6 = 0.5 の量の関係がわかりにくいので，かけ・わり図をかきます。

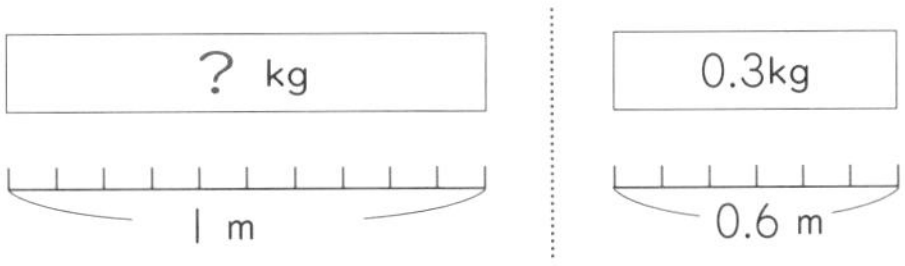

0.6 mで 0.3 kg ですから，| mでは，0.3 kg より重くなることがわかります。

かけ算・わり算4マス表で整理すると，3つのパターンになる

① **かけ算**

| mが 0.4 kg のはり金があります。

このはり金 0.5 mの重さは何 kg ですか。

0.4 kg	? kg
	m	0.5 m

0.4 × 0.5 = 0.2

答え　0.2 kg

② **1 mあたりの重さを求めるわり算**

0.5 mが 0.2 kg のはり金があります。

このはり金 | mの重さは何 kg ですか。

? kg	0.2 kg
	m	0.5 m

□× 0.5 = 0.2

0.2 ÷ 0.5 = 0.4

答え　0.4 kg

③ **はり金の長さ（いくら分）を求めるわり算**

| mが 0.4 kg のはり金があります。

このはり金 0.2 kg の長さは何mですか。

0.4 kg	0.2 kg
	m	? m

0.4 × □ = 0.2

0.2 ÷ 0.4 = 0.5

答え　0.5 m

かけ算・わり算4マス表とかけ・わり図の関係を整数で整理する

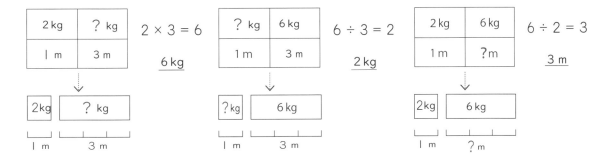

2 kg	? kg
	m	3 m

2 × 3 = 6

6 kg

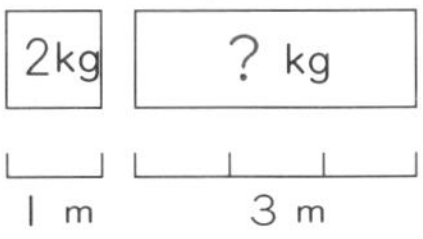

? kg	6 kg
1 m	3 m

6 ÷ 3 = 2

2 kg

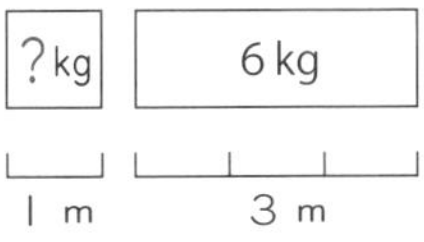

2 kg	6 kg
1 m	?m

6 ÷ 2 = 3

3 m

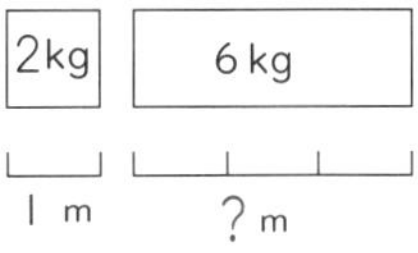

にらめっこ図で「もとにする量」「倍」「比べられる量」の関係がよくわかる

昨日 4cmだったタケノコが，今日はその 3 倍になりました。タケノコは何cmになりましたか。

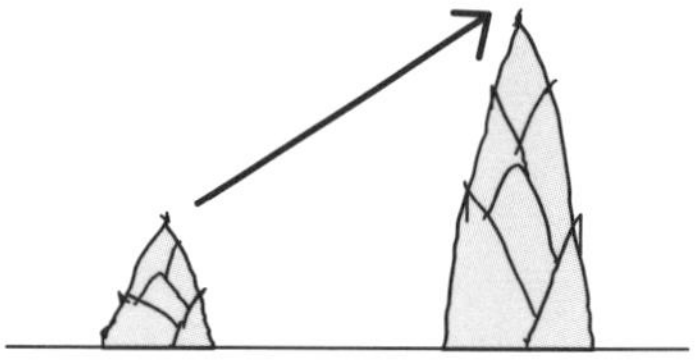

この文章を図に表して答えを求めよう

＜にらめっこ図のかき方＞

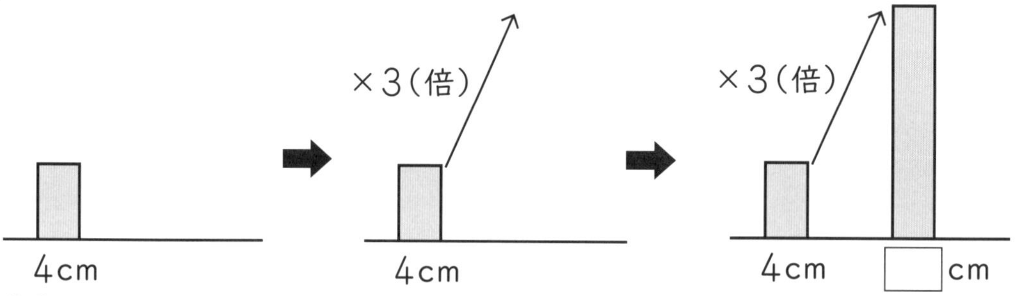

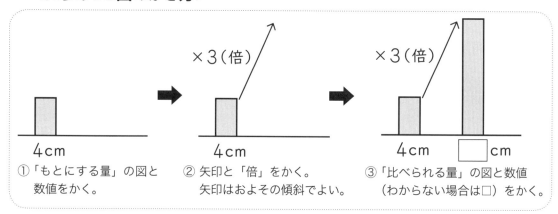

①「もとにする量」の図と数値をかく。

② 矢印と「倍」をかく。矢印はおよその傾斜でよい。

③「比べられる量」の図と数値（わからない場合は□）をかく。

昨日のタケノコから
今日のタケノコを見ると 3 倍

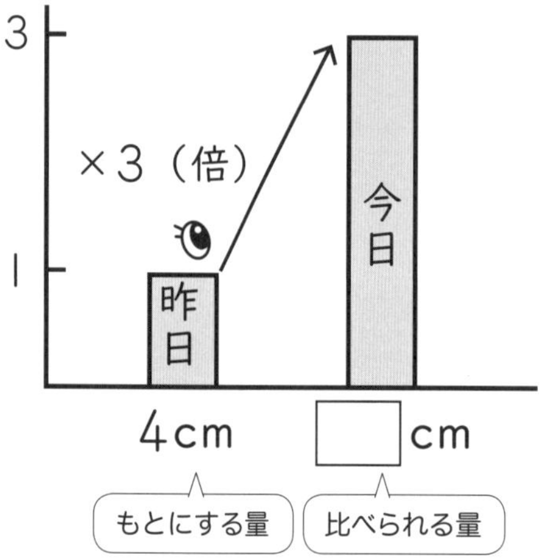

昨日のタケノコ	の	3倍	は	今日のタケノコ
もとにする量	×	倍	＝	比べられる量
4	×	3	＝	12

12cm

「にらめっこ図」の指導方法は，1991年に石原清貴氏によって考案されました。「もとにする量」と「比べられる量」が互いに「にらめっこ」しているのに例えて名付けられました。「もとにする量」「倍」「比べられる量」を「にらめっこ図」に表し，「もとにする量×倍＝比べられる量」から答えを導き出します。この図の良さは，「もとにする量」と「比べられる量」が高さで比較されるため，２つの量の大きさが一目でわかることです。

1 「比べられる量」を求める

問題 昨日５cmだったタケノコが今日はその３倍になりました。タケノコは何cmになりましたか。

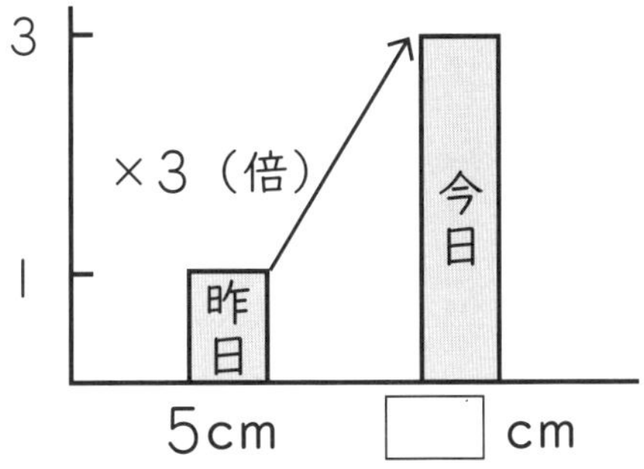

5 × 3(倍) = □

15cm

2 「倍」を求める

問題 体重が2kgだった子犬が，半年後4kgになりました。体重は何倍になりましたか。

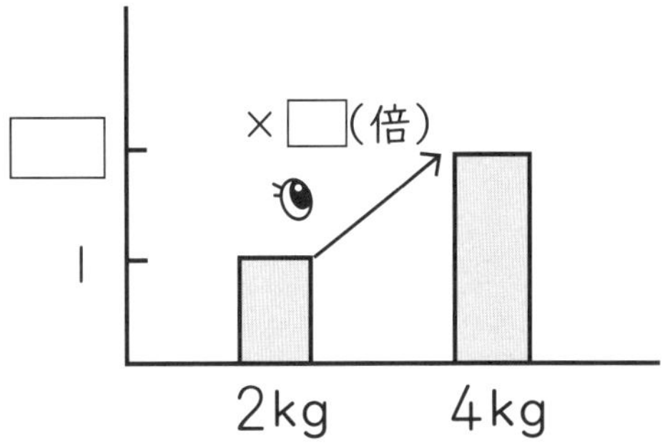

2 × □(倍) ＝4

□ ＝ 4 ÷ 2

□ ＝ 2　　2倍

3 「もとにする量」を求める

問題 ゆうとさんの体重は32kgで，弟の体重の４倍です。弟の体重は何kgですか。

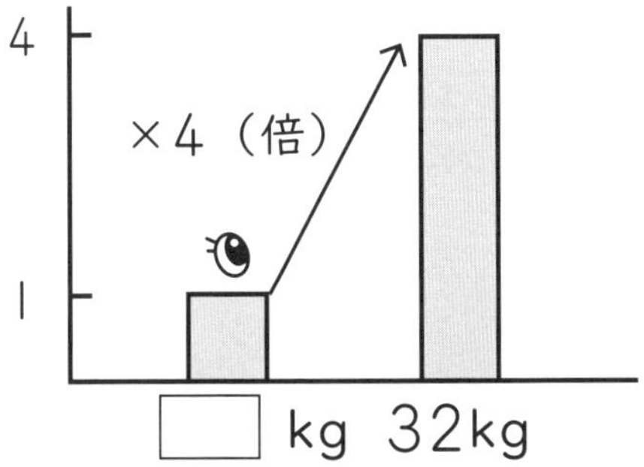

□×4(倍) ＝32

□ ＝ 32 ÷ 4

□ ＝ 8　　8kg

1〜**3**のどの問題も，
にらめっこ図のとおりに

もとにする量×倍＝比べられる量

の式にあてはめてから
計算しているよ。

対称な図形

全授業時数 10 時間

◎ 学習にあたって ◎

＜この単元で大切にしたいこと＞

人類が図形 (幾何学) の分野の学問を発達させていった要素は２つあると言われています。１つは田畑や建物建設のための測量であり，もう１つは美的な感覚への憧れです。対称な図形の学習は，この２つともに大きく関わっているといえるでしょう。子どもたちは，これまでも均整が取れていたり安定性があったりするものを見て，美しいと感じたことがあったはずです。この単元の学習をすることで，そのような対称性があるものを見る目が育ち，自分でも表してみたい気持ちになることを大切にしたいものです。また，発展的な学習として，相互線対称と相互点対称を入れました。日常生活の中にはそのような図形も多く存在するので，それらにも触れることは，線対称や点対称を豊かに学ぶ上で必要なことだと考えました。身の回りにある対称な形を見つける活動をしたり，対称な形の作図をすることを通して，子どもたちは自然と対称な図形を表現できるようになることでしょう。

＜数学的見方考え方と操作活動＞

線対称な形は折り返し移動で，点対称な形は 180 度回転移動で，合同な形を表しています。その意味では，５年生の合同の学習が生かされる内容です。理解を確かにするには，子どもたちが対称をイメージできるように，線対称な図形を折ってみたり，点対称な図形を回転させてみる操作を実際にしてみることです。また，考えたことを確かめる操作活動も，実感を伴った学習にする意味でとても大切です。そして，線対称と点対称を学んで見つけた図形の性質は，作図をすることで一層確かな力になります。

＜個別最適な学び・協働的な学びのために＞

線対称や点対称への理解は，その作図をすることで確かなものになります。線対称や点対称の性質と作図の手順を，子どもたちの言葉でまとめられるようにしましょう。学んだことを生かして , 自分たちで正多角形を対称という観点で捉えられるようにしたいものです。また，身の回りにある対称な物やデザインなどの発見，そして自分たちのオリジナルな作図などを交流することで，学ぶ意義を感じることができるようにします。

◎ 評　価 ◎

知識および技能	線対称や点対称の意味がわかり，対応する点・辺・角・対称軸の関係を理解し，線対称や点対称の作図ができる。
思考力，判断力，表現力等	既習の図形を対称という観点で見直し，分類や整理をすることで図形に対する見方を深めることができる。
主体的に学習に取り組む態度	線対称や点対称な図形の性質を進んで見つけようとし，対称な図形の美しさや良さに気づくことができる。また，身の回りなどから線対称や点対称な図形を見つけようとする。

◎ 指導計画　10 時間 ◎

時	題	目　標
1	線対称な図形	アルファベットの文字のなかま分けをしながら，形の特徴に気づき，線対称な図形と対称の軸について理解する。
2	線対称な図形の対応する点・辺・角	線対称な図形の対応する点・辺・角を理解し，辺の長さや角の大きさを求めることができる。
3	線対称な図形の性質	線対称な図形では，対応する点をつなぐ直線と対称の軸は垂直に交わり，この交わる点から対応する点までの長さは等しいことがわかる。
4	線対称な図形の作図	線対称な図形の性質を使って，作図をすることができる。
5	点対称な図形	180 度回転して重なる図形を点対称といい，回転の中心になる点を対称の中心ということを理解する。
6	点対称な図形の対応する点・辺・角	点対称な図形の対応する点・辺・角の意味を理解し，対称の中心の見つけ方もわかる。
7	点対称な図形の性質	点対称な図形では，対応する点をつなぐ直線は，対称の中心を通り，対称の中心から対応する点までの長さは等しいことがわかる。
8	点対称な図形の作図	点対称な図形の性質を生かして，点対称な図形の作図の方法を考え，作図することができる。
9	四角形，三角形と対称	四角形と三角形を「対称」という観点を通してみることができるようになる。
10	正多角形と対称	正多角形を「対称」という観点を通して調べることができる。
発展	相互線対称と相互点対称	相互線対称（はなれ線対称）や相互点対称（はなれ点対称）があることを知り，進んで作図をしようとする。

第1時

線対称な図形

本時の目標

アルファベットの文字のなかま分けをしながら，形の特徴に気づき，線対称な図形と対称の軸について理解する。

板書例

グループ分けクイズ

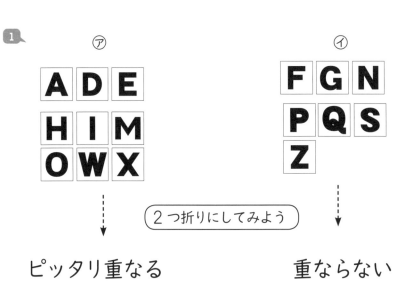

1

㋐	㋑
A D E	F G N
H I M	P Q S
O W X	Z
↓	↓
ピッタリ重なる	重ならない

2つ折りにしてみよう

POINT アルファベットを1枚ずつゆっくりと仲間分けをしていくと，形の特徴に気がついて「バランスが取れている」「左右が同じ」

1 アルファベットのなかま分けクイズをしよう

ワークシートで学習できる。
アルファベットの文字カードを提示していく。

T　Aは㋐のグループに。Fは㋑のグループ。Dは㋐のグループとします。では，Gはどちらのグループですか？

C　㋐のグループです。いや，㋑のグループかな。

T　Eはどうですか。

T　㋐のグループです。

1枚1枚なかま分けクイズをしていく。ゆっくり行うことで，次第になかま分けのルールに気づく子どもが増えてくる。

㋐
ADEH
MN
㋑
FG
MやNはどちらかというと㋐のような気がするよ

T　次の文字は，どちらのグループですか。

OPIS
Iは2つに折ったらぴったり重なるから㋐です
Pは2つに折ってもぴったり重ならないから，㋑のグループだと思う

T　㋐と㋑のグループ分けのルールは何ですか。

C　半分に折ってぴったり重なるのが㋐のグループで，重ならないのが㋑のグループです。

T　そうですね。この中で，間違って分けているのはありませんか。

C　NやSも半分に折ったら重なりそうです。

T　では，実際に半分に折って確かめてみましょう。

準備物	
	QR アルファベットカード QR ワークシート QR ふりかえりシート QR 板書用図

ICT	
	アルファベットが1つずつ書かれたカードをタブレットのシートに用意し，子どもたちのタブレットに送信しておく。子どもたちは必要に応じて，そのシートを使って説明し合う。

2 線対称な図形

3 〈線対称な図形を 2 つに分ける〉

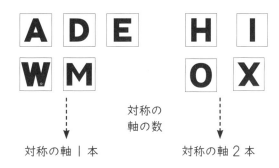

A D E　　H I
W M　　O X

対称の軸の数

対称の軸 1 本　　対称の軸 2 本

まとめ

1本の直線を折り目にして折ったとき，折り目の両側がピッタリ重なる図形を線対称な図形といいます。
また，この直線を対称の軸といいます。

などのキーワードが子どもたちの方から出てくるようになるので，それを生かして進めましょう。

2 半分に折って，ぴったり重なるか確かめてみましょう

アルファベット 16 文字を折って確かめる。

W はぴったり重なったよ
S は重なると思っていたけど，重ならないなあ

T　折るとぴったり重なる形を「線対称な図形」といいます。折り目となった線のことを「対称の軸」といいます。

学習のまとめをする。
N や S も半分に折ったらぴったりと重なるように見える子がいる。「本当に重なるのかな？」と問いかけて折らせてみるとよくわかる。

3 ㋐のグループをさらに2つに分けるなら，どんなふうに分けますか

㋐のグループを 2 つに分ける。2～3枚貼ってから，先ほどのように，どちらに分けるか，予想させながら貼っていく。

1つのグループは対称の軸が1本です
もう1つのグループは対称の軸が 2 本です

アルファベット 26 文字全てに挑戦してもおもしろいでしょう。ただ，注意しておくことは，下の B や S のように線対称な図形，点対称な図形に見えるものでも，普通は字が安定して見えるように下半分が少し大きめに作ってある。下のように，180° 回転させるとよくわかる。フォントによって違いがあるので注意しておく。

ふりかえりシートが活用できる。

第2時
線対称な図形の対応する点・辺・角

本時の目標　線対称な図形の対応する点・辺・角を理解し，辺の長さや角の大きさを求めることができる。

板書例

線対称な図形を調べよう

1

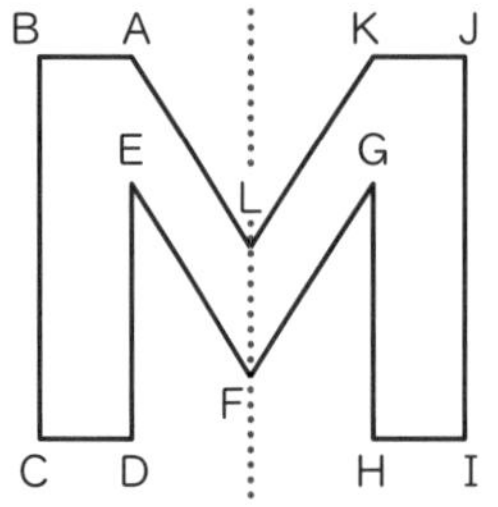

B A K J
E G
L
F
C D H I

対応する点	対称の軸で折ったら重なる点
対応する辺	〃　重なる辺
対応する角	〃　重なる角

対応する点	2 対応する辺	対応する角
点Aと点K	辺ABと辺KJ	角Aと角K
点Bと点J	辺BCと辺JI	角Bと角J
点Cと点I	辺CDと辺IH	角Cと角I
点Dと点H	辺DEと辺HG	角Dと角H
点Eと点G	辺EFと辺GF	角Eと角G
	辺ALと辺KL	

対応する辺の長さは等しい　対応する角の大きさは等しい

POINT 教科書を見るだけでなく，線対称な図形を切り取ったものを使い，実際に折って重ね合わせることで，実感を持って対応

1 はさみで切って広げると，どんな図形ができるでしょうか

B A
E
L
C D F
線対称な図形だね
Mだね

作業用のMを配布し，ハサミで切り取る。
山折りをした部分（直線）が『対称の軸』であることを確認する。
ワークシートを活用して，対応する点を調べる。

C　点Aは点Kと重なるから対応する点だ。

C　どの点も必ず重なる点があるね。

C　点Bに対応する点は点Jだね。

切り取ったMとワークシートのMを照らし合わせながら確認すると，とても分かりやすい。

2 対応する辺や角も調べよう

T　切り取ったMで確かめながら対応する辺や角もワークシートに書きましょう

B A K J
E G
L
F
C D H I
点Aに対応している点は点KだからKを先にした言い方がいいと思います
辺ABに対応する辺は辺KJだね

T　対応している辺の長さはどうなっていますか。

C　重なりあうからどれも同じ長さです。

C　対応する角の大きさも重なり合うから，同じです。

準備物
- QR 板書用図
- ・用紙　・はさみ
- QR ワークシート①②
- QR ふりかえりシート

ICT　タブレットのシートにMを書いて，動画などで動かして理解させることも必要だが，紙に書いたMを手を使って折りながら考える体験も必要である。

3 〈対応する辺の長さ・角の大きさ〉

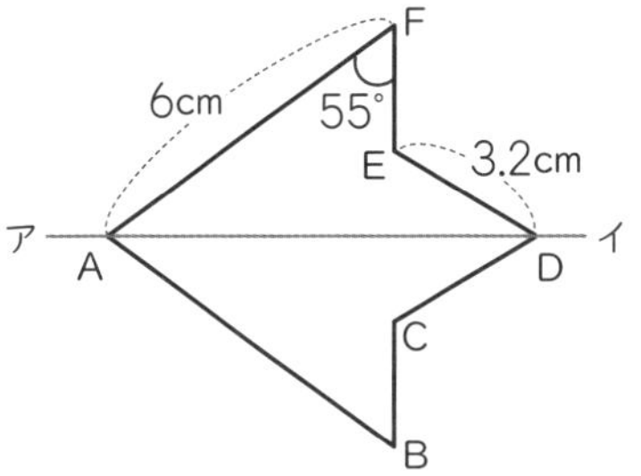

辺 AB　6cm
辺 CD　3.2cm
角 B の角度　55°

まとめ

線対称な図形は，対称の軸で折り重ねると，ぴったり重なるから対応する辺の長さは等しい。対応する角の大きさは等しい。

4 〈紙を折って，線対称な図形を作ろう〉

〈身の回りにある線対称な形を探そう〉
・ビルの形　・橋の形　・メガネ　・お茶わん

する点・辺・角を理解することができます。

3 横向きになった線対称な図形で対応する点，辺，角をいいましょう

T　対称の軸で折らなくても，図を見て，対応する点，辺，角がわかりますか。辺の長さや角の大きさもわかりますか。

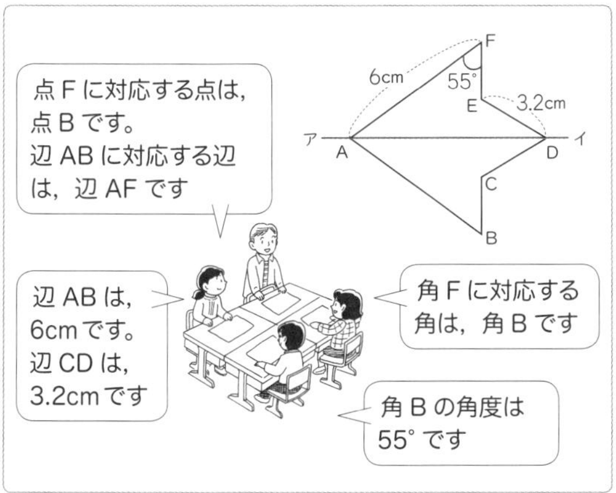

点 F に対応する点は，点 B です。辺 AB に対応する辺は，辺 AF です
6cm
55°
F
E
3.2cm
ア
A
D
イ
C
B
辺 AB は，6cm です。辺 CD は，3.2cm です
角 F に対応する角は，角 B です
角 B の角度は 55° です

学習のまとめをする。

4 紙を 2 つ折りにして，線対称な図形を作りましょう

T　2つ折りの紙に半分だけ図をかいて切り取り，それを開くと線対称な図形ができます。

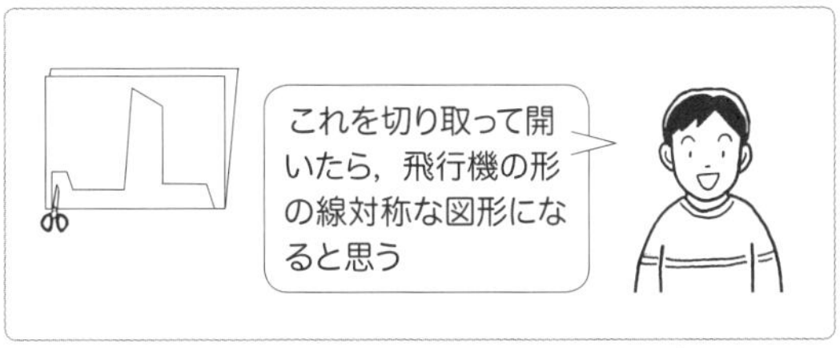

これを切り取って開いたら，飛行機の形の線対称な図形になると思う

できた作品は，台紙に貼り，対称の軸に線をひき，題をつければ掲示物にも使える。

T　身の回りには線対称なものがあります。どんなものがあるか探してみましょう。

校区内にある建物にも線対称な図になるものがある。普段使っている茶碗も線対称。線対称な形が自分たちの生活の中でよく使われている形であることに気づかせたい。

ふりかえりシートが活用できる。

第3時
線対称な図形の性質

本時の目標　線対称な図形では，対応する点をつなぐ直線と対称の軸は垂直に交わり，この交わる点から対応する点までの長さは等しいことがわかる。

板書例

点Ｈの位置はどこだろうか

1

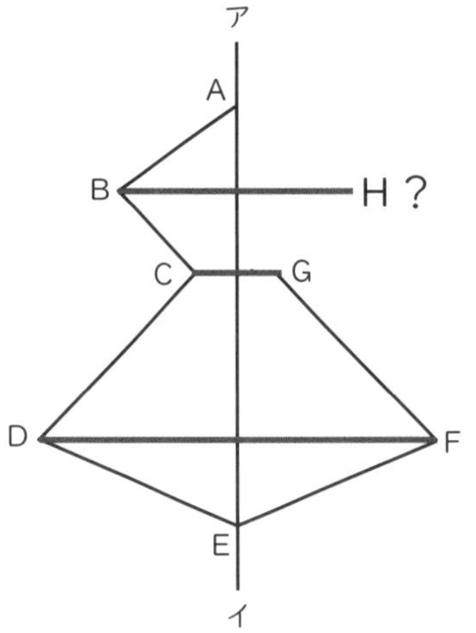

2 〈みんなの考え〉

対称の軸で折ると点Ｂに重なる

対称の軸が真ん中

対称の軸までの長さは点Ｂと同じ

直線 BH は対称の軸と垂直に交わる

POINT 線対称な図形の作図で，「対応する点をどこにとれば良いのか」という疑問への解決の必要性から，対応する点と対称の

1 対応する点Ｈは，どこにとればいいだろう？

T　線対称な図をかいていた人が，最後までかかないでやめてしまいました。最後まで仕上げるには，点Ｈはどこにとればいいのでしょうか。

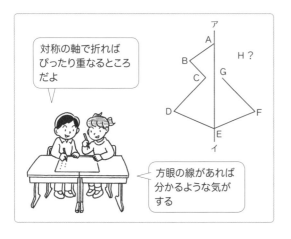

対称の軸で折ればぴったり重なるところだよ

方眼の線があれば分かるような気がする

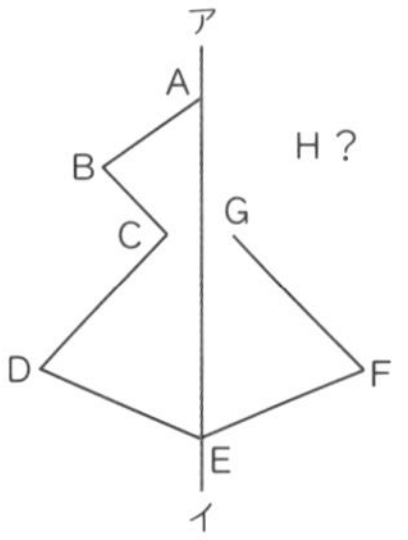

2 対応する点Ｈを見つける方法を話し合おう

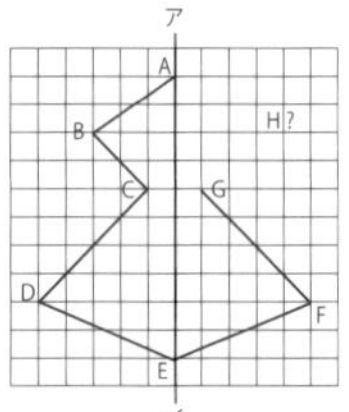

方眼の線があると考えてみよう

Ｂから方眼の線に沿って右の方へいけばいいんだよ

点Ｂから対称の軸まで3ますだから，点Ｈも対称の軸から3ますだよ

C　対応する点を赤線で結ぶと，対称の軸が真ん中になっているね。（測る）

C　ぴったり重なるんだから対称の軸から同じ長さだよ。

C　対応する点を結んだ直線は対称の軸と垂直に交わっている。

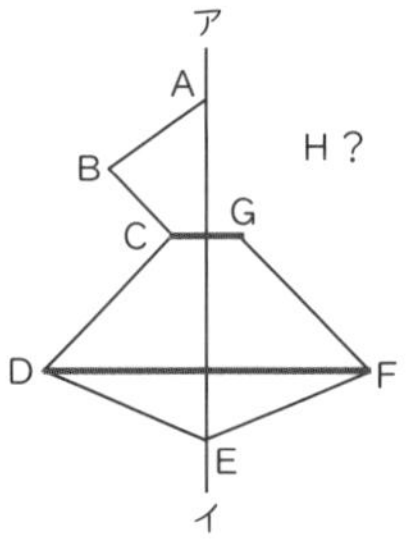

準備物	QR 板書用図 QR ワークシート QR ふりかえりシート	ICT	対称の点と対称の軸は，位置関係や意味の理解などで難しい子どももいる。全体説明で使った図などは，タブレットに保存しておき，いつでも見ることができるようにすると，苦手な子どもも自分のペースで学習できる。

3 まとめ

〈線対称な図形の性質〉

① 対応する２つの点をつなぐ直線は対称の軸と垂直に交わる。

② ①の交わる点から対応する２つの点までの長さは等しい。

4 〈練習問題〉

(1)

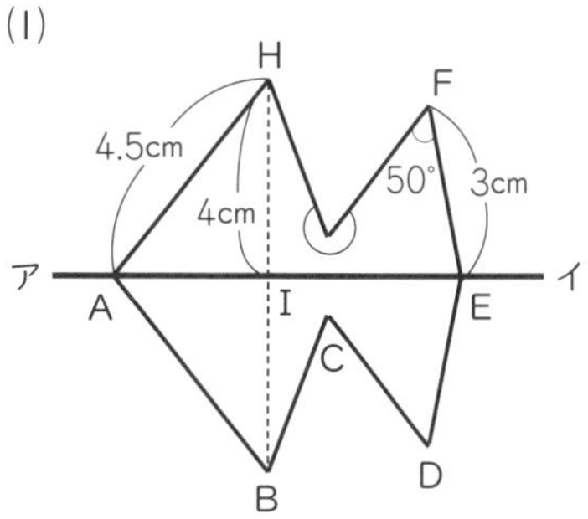

辺 AB の長さ

4.5cm

角 D の角度

50°

直線 BI の長さ

4cm

(2)

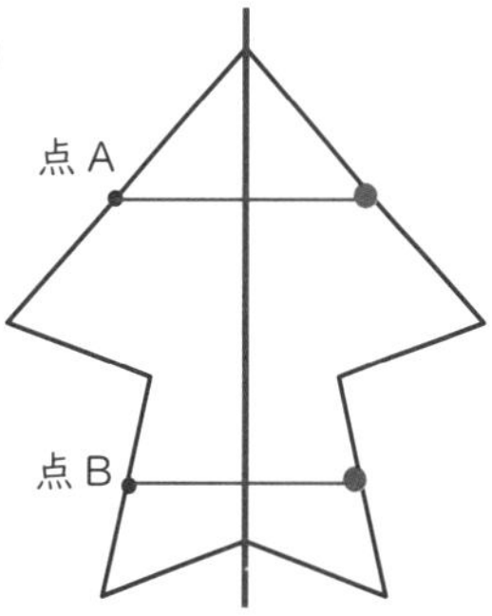

軸がどのような関係にあるかを見つけようとします。

3 対応する点をどうやって見つけたのかをまとめておきましょう

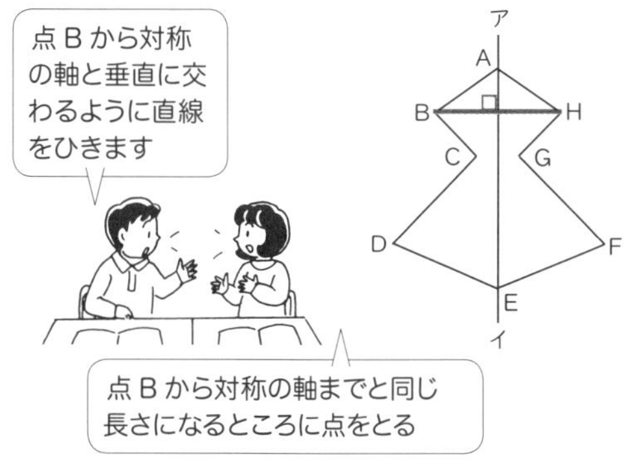

点 B から対称の軸と垂直に交わるように直線をひきます
点 B から対称の軸までと同じ長さになるところに点をとる
ア
A
B
H
C
G
D
F
E
イ

T　対応する点は対称の軸とどのように交わりますか。

C　垂直に交わります。

T　対称の軸と交わる点から対応する２つの点までの長さはどうなっていますか。

C　同じ長さです。

学習のまとめをする。

4 練習問題をしよう

(1) は辺の長さや角度を答える問題。
辺 AB の長さ
角 D の角度
直線 BI の長さなど
を求める。

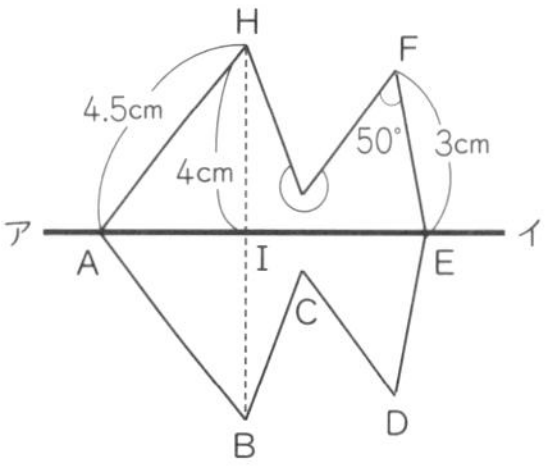

(2) では，まず対称の軸をひく。
そして，点 A と点 B に対応する点を図の中にとる問題。

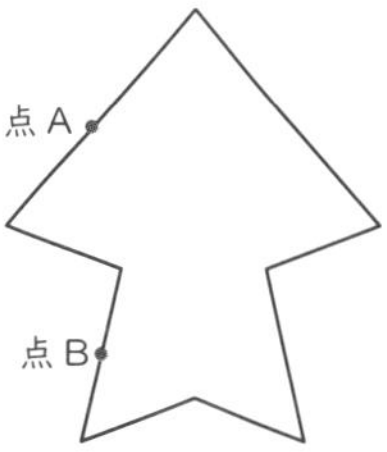

どちらもこれまでの学習内容を生かしてできる問題になっている。

ふりかえりシートが活用できる。

第4時 線対称な図形の作図

本時の目標　線対称な図形の性質を使って，作図をすることができる。

板書例

線対称な図形をかこう

1

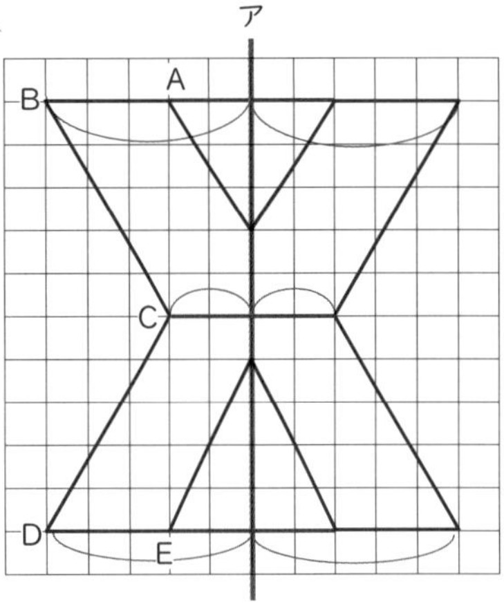

対応する点をとる

2

〈線対称な図形をかく手順〉

① 点から対称の軸に垂直の線をひく。
（方眼の線を使う）

② 対称の軸から同じ長さに，
それぞれ対応する点をとる。

③ 点と点を直線でつなぐ。

POINT 対応する点をとることを意識させましょう。対応する点を直線で結ぶと，「対称の軸に垂直な直線」「対称の軸まで同じ

1 対応する点は，どのようにして見つければよかったでしょうか

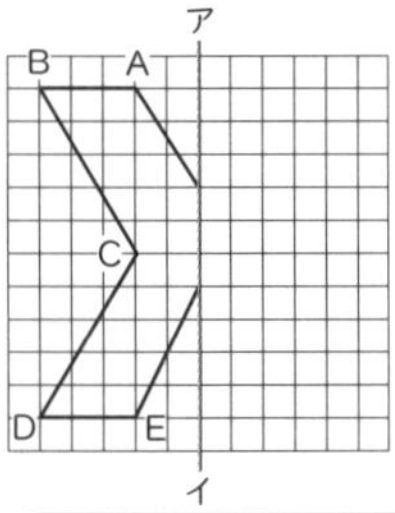

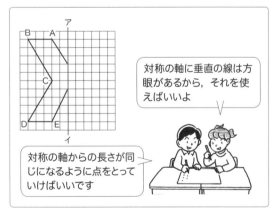

対称の軸に垂直の線は方眼があるから，それを使えばいいよ

対称の軸からの長さが同じになるように点をとっていけばいいです

T　前の時間にしたことをふりかえれば，できそうですね。かいてみましょう。

2 線対称な図形のかき方をまとめよう

T　かき方を①，②，③の順番でまとめましょう。

①番目にすること
対応する点と点を結ぶ直線は，対称の軸に垂直だから，方眼の線に沿って見る

③番目にすること
点が取れたら，点と点を直線でつなぐ

②番目にすること
対称の軸から同じ長さに対応する点をとる

対応する点を全部とってから，辺をひいてもいいが，まとめてしようとするとちがうところに線をひいてしまう子もいる。1つ1つ点を取りながら辺をひくようにした方が間違わずにできると伝えたい。

準備物	QR 板書用図　・白紙　・三角定規 ・コンパス　・ものさし　・方眼用紙 ・解答用透明シート　QR ワークシート①②③ QR ふりかえりシート	ICT	線対称な図形を描く過程を教師がタブレットを使って説明する。その様子を子どもたちが手元のタブレットで一斉に見ながら授業を受けることができるようにしたい。

3 〈白紙にかいてみよう〉

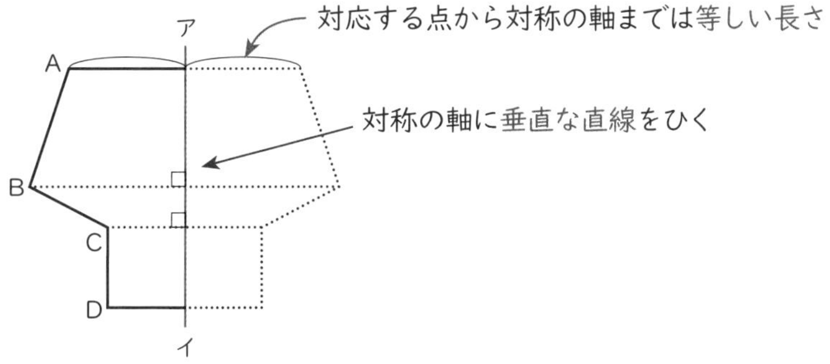
対応する点から対称の軸までは等しい長さ
対称の軸に垂直な直線をひく
ア
イ
A
B
C
D

4 〈対称の軸が横になっている〉

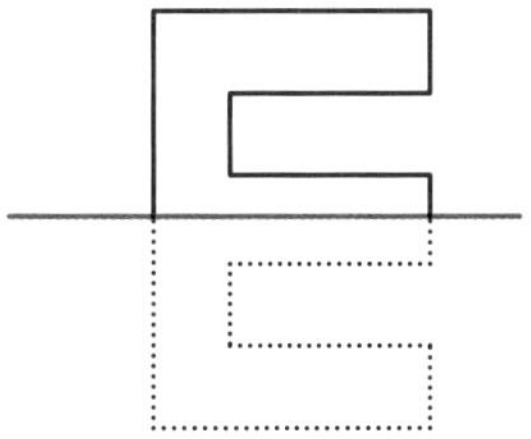

〈自分で考えた線対称な図形〉

線対称なイラストをかいてみる

長さ」が本時のキーワードになります。

3 白紙に線対称な図形をかくことに挑戦しよう

T　どんなことに気をつけてかけばいいですか。

それぞれの点から対称の軸を通る垂直の直線をひきます
対称の軸から，同じ長さになるように，対応する点をとります

T　何を使ってかこうと思っていますか。

C　三角定規で垂直な線をひいたり，長さを測ったりします。

C　同じ長さは，コンパスを使うと便利でした。

正しくかけているか，おおよそ見ればわかるが，正確に判断するために解答用の透明シートを作っておくことをお勧めしたい。子どもの作図の上にかぶせてみればすぐにわかる。（子どもが自己点検できるようになるのもいい。）

4 練習問題をしたり，自由に線対称な図形をかいてみよう

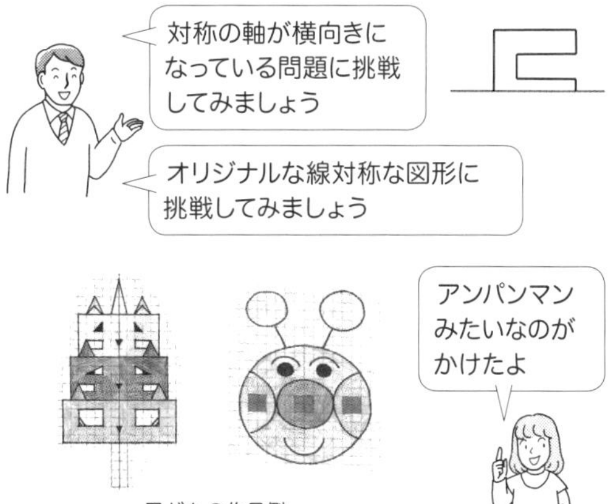
対称の軸が横向きになっている問題に挑戦してみましょう
オリジナルな線対称な図形に挑戦してみましょう
アンパンマンみたいなのがかけたよ

子どもの作品例

方眼の用紙と白紙と両方を用意しておき，どちらでも好きな方を選ばせるといい。教科書では自己線対称な図形しか扱っていないが，自由な作図にすると，相互線対称な図形（P40・41 発展学習）も自然と出てくる。

ふりかえりシートが活用できる。

第5時

点対称な図形

本時の目標　180度回転して重なる図形を点対称といい，回転の中心になる点を対称の中心ということを理解する。

板書例

グループ分けクイズ（2回目）をしよう

1

㋐

H　I　N

O　S　Z

X

㋑

A　D　E　F

G　M　W　P

180°回転してみよう

↓

ピッタリ重なる

↓

重ならない

POINT 線対称のときと同じように，アルファベットを1枚ずつゆっくりと仲間分けをしていくと，形の特徴に気がつくように

1 2回目のアルファベットのグループ分けクイズをしよう

ワークシートで学習できる。
アルファベットの文字カードを提示していく。

T　2回目のなかま分けクイズです。今回のなかま分けでは，Aは㋑のグループです。Hはどちらのグループだと思いますか。

C　AもHも線対称な図形だから，HもAと同じ㋑のグループかな。

T　残念でした。Hは㋐のグループです。

1枚1枚なかま分けをクイズにして，時間をかけて行う。

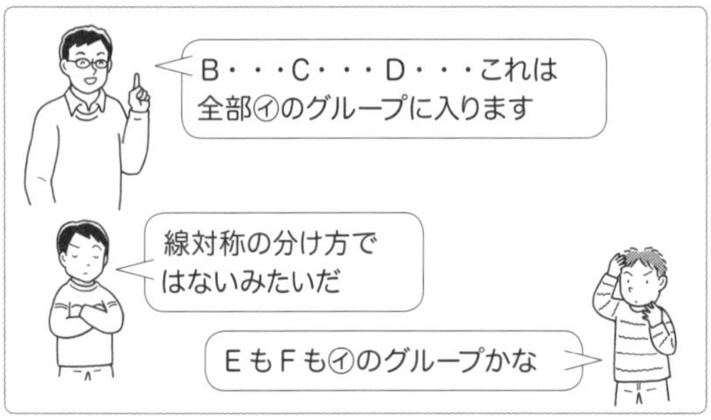
B・・・C・・・D・・・これは
全部㋑のグループに入ります
線対称の分け方で
はないみたいだ
EもFも㋑のグループかな

意図的に逆さまにして見せるミスをする。
逆さまでも同じ形になっていることに気づく子が出てくる。

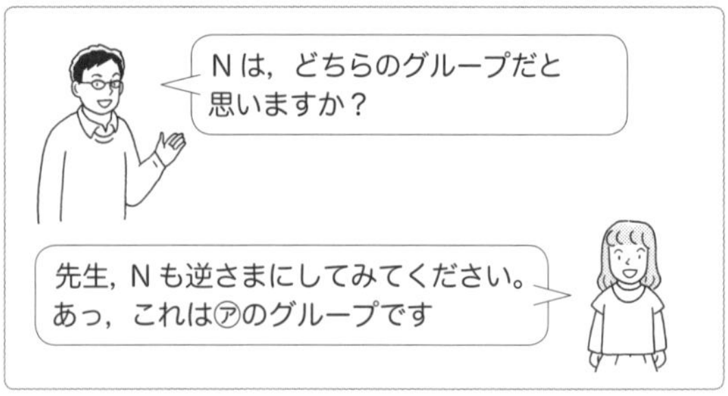
Nは，どちらのグループだと
思いますか？
先生，Nも逆さまにしてみてください。
あっ，これは㋐のグループです

T　Oはどちらのグループですか。

C　㋐のグループです。

T　Sはどうですか。

C　Sも㋐のグループです。

残りのアルファベットも同じようになかま分けをする。最後のなかま分けでは，全ての子が正解が言えるようにする。

準備物	
	QR アルファベットの文字カード QR ワークシート①② QR ふりかえりシート QR 動画「点対称な図形」

ICT	
	アルファベットが1つずつ書かれたカードをタブレットのシートに用意し，子どもたちのタブレットに送信しておく。子どもたちは必要に応じて，そのシートを使って説明し合う。

2 まとめ

点対称な図形

・１つの点（対称の中心）を中心に 180°回転させたとき，もとの形にぴったり重なる形。

・ぴったり重なるように回転する中心を対称の中心といいます。

3 〈対称の中心を見つけよう〉

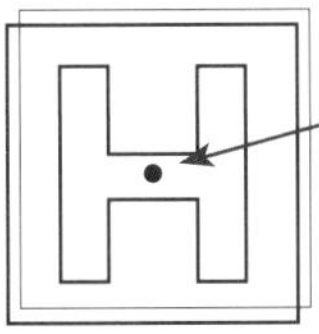

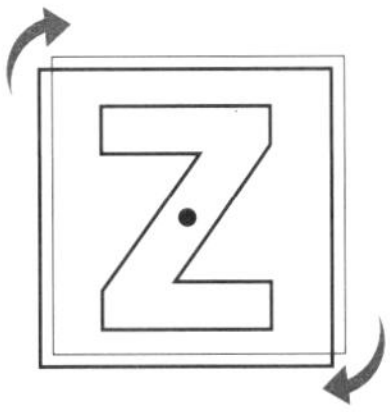

対称の中心の見つけ方
↓
新たな課題

なります。はじめは感覚的ですが，しだいに 180°回転，対称の中心の見つけ方，というように学習を深めましょう。

2 グループ分けをした理由を話し合おう

T　なかま分けの理由は何ですか。

逆さまにしても同じ形になるかどうかです

180°回転させても同じ形になるかどうかです

改めて㋐のグループにあるものを 180°回転させて同じ図形になることを確かめる。

T　このように 180°回転させてぴったり重なる形を「点対称な図形」といいます。そして，ぴったり重なるように回転する中心を「対称の中心」と言います。

学習のまとめをする。

3 対称の中心を探してみよう

T　Z も 180°回転させて，ぴったり重なることを確かめてみましょう。

Hみたいに 180°回転させるとぴったり重なるかな

おかしいなあ。ぴったり重ならないよ

T　ぴったり重ならないのは，どうしてでしょうね。

C　ピンの位置が真ん中になっていないと思います。

少し中心を動かして，ぴったり重なるようになる。

C　どうしたら，点対称の中心がすぐに見つけられるようになるかな。

T　点対称の中心を決める方法は，次の時間に考えましょう。

ふりかえりシートが活用できる。

第 6 時

点対称な図形の対応する点・辺・角

本時の目標　点対称な図形の対応する点・辺・角の意味を理解し，対称の中心の見つけ方もわかる。

板書例

点対称な図形の対応する点，辺，角や対称の中心を調べよう

1　点対称な図形・・・180°回転するとぴったり重なる形

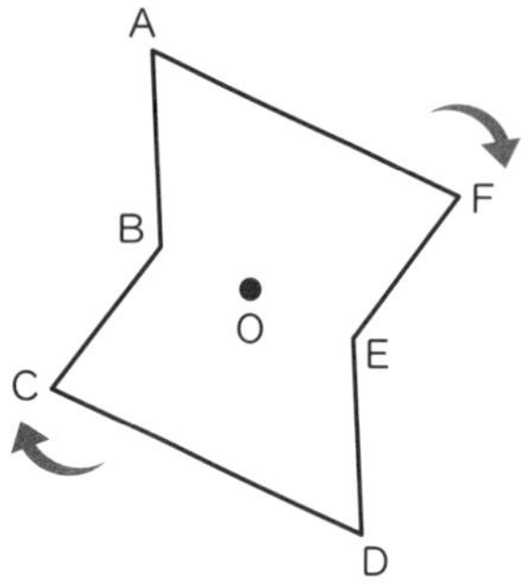

対応する点	点 A と点 D
	点 B と点 E
	点 C と点 F
対応する辺	辺 AB と辺 DE
	辺 BC と辺 EF
	辺 CD と辺 FA
対応する角	角 A と角 D
	角 B と角 E
	角 C と角 F

2

辺 AB が 3cm → 辺 DE も 3cm
角 C が 75° → 角 F も 75°
ぴったり重なる形だから

POINT　点対称な図形のイメージは線対称な図形に比べると難しいので，必ず図形を回転させて確かめましょう。どの子も納得する

1　対応する点を見つけて，点対称な図形か確かめる

図の上に同じ図をかいた OHP シートを重ねて，ピンでとめる。対称の中心の点 O はあらかじめかいておく。

T　180 度回転させてぴったりと重なるこの図は何といいましたか。

C　点対称な形です。

T　180 度回転させてぴったりと重なる点が対応する点です。それぞれの対応する点を書きましょう。

ワークシートで学習できる。

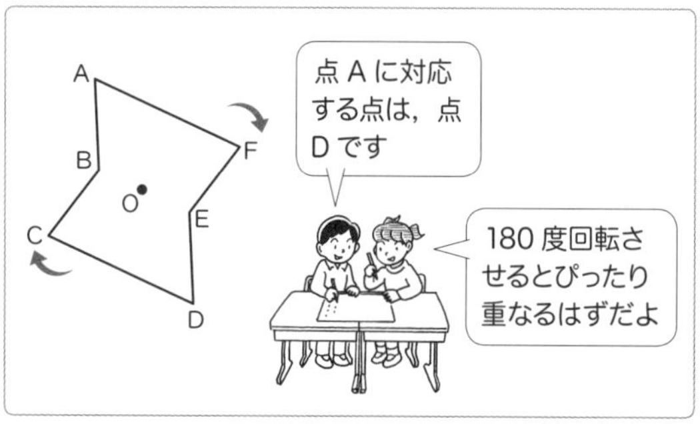

2　対応する辺や角も見つけて，回転させて確かめよう

T　対応する辺や角も言いましょう。

C　辺 AB に対応する辺は，辺 ED。

C　点 A に対応する点は点 D だから，D を先において，辺 DE と言おう。

T　辺や角も 180°回転させて確かめてみましょう。

準備物	
	QR 板書用図 QR ワークシート①②③ QR ふりかえりシート

ICT	
	タブレットのシートに図形を描いて，動画などで動かして理解させることも必要だが，紙に描いた図形を手を使って回転させながら考える体験も必要である。

3 〈対称の中心を見つけよう〉

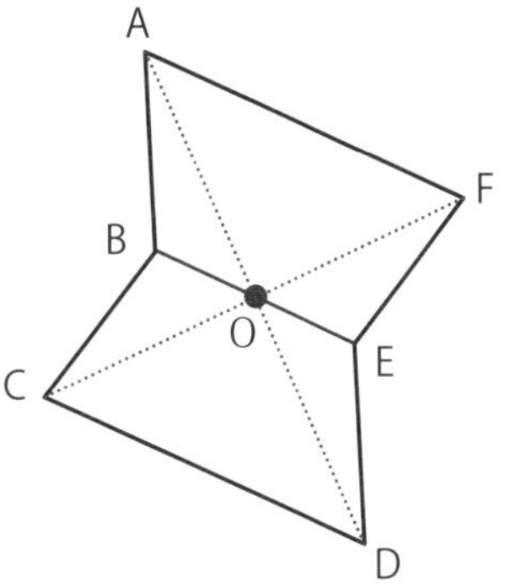

まとめ

・対応する点を結ぶ直線は，対称の中心を通る。

・対応する点を結ぶ直線を 2 本以上ひいて交差する点が対称の中心。

4

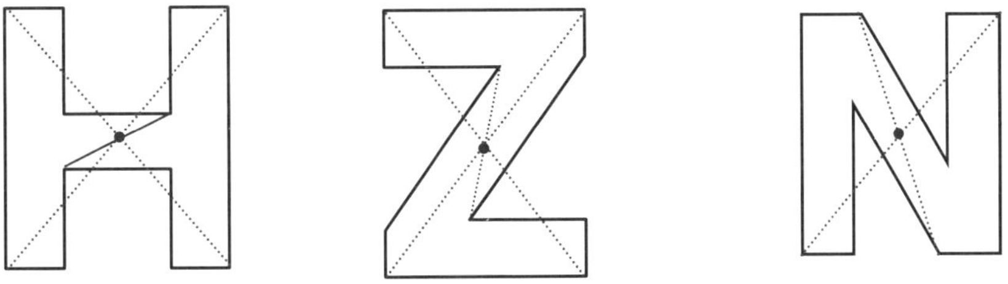

ための学習のポイントです。

3 対称の中心を見つけよう

点 A が 180 度回転したら点 D に重なるんだから，対応する点を線で結んでみたらどうだろう

線対称でも対応する点を直線で結んだね

やってみよう

C　対応する点を結ぶ直線を何本ひいても，同じ点で交差したよ。

C　この交差する点が対称の中心なんだね。

C　ここにピンをさして，180 度回転させたから，ぴったりと重なっていたんだ。

学習のまとめをする。

4 H や Z の対称の中心も見つけよう

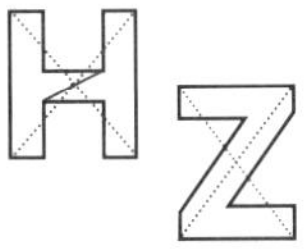

Z は 2 本で対称の中心を見つけたよ

対応する点を結ぶ直線は，何本もひかなくていいね。2 本で十分だ

T　N も点対称な図形です。対称の中心を見つけましょう。

C　2 組の対応する点を直線で結んで見つけることができました。

ふりかえりシートが活用できる。

第7時 点対称な図形の性質

本時の目標　点対称な図形では，対応する点をつなぐ直線は，対称の中心を通り，対称の中心から対応する点までの長さは等しいことがわかる。

板書例

点対称な図形の性質を知ろう

1

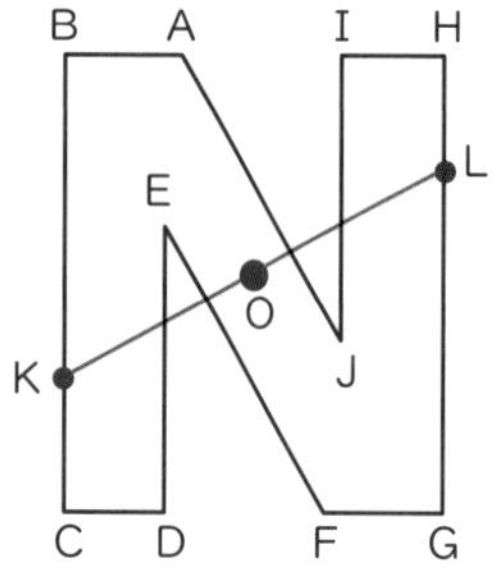

2 〈点Kに対応する点Lはどこ？〉

① 点Kから対称の中心Oを通る直線をひく。

② 対応する点Lは辺GHの上にある。

（OKの長さとOLの長さは等しい）

まとめ

・点対称な形では，対応する点をつなぐ直線は対称の中心を通る。

・対称の中心から対応する点までの長さは等しい。

POINT 対応する点から対称の中心までの長さが等しいことが理解できたら，そのことを利用して，新しい課題にチャレンジして

1 対応する点を直線でつないで，気がつくことを話し合おう

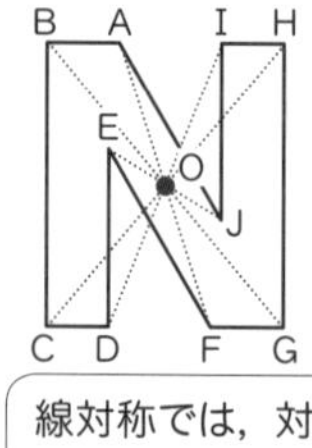

対応する点を結ぶどの直線も，必ず対称の中心を通っている
線対称では，対応する点を結ぶ直線は対称の軸と垂直に交わったけど，点対称では垂直ではない

ワークシートで学習できる。

T 対応する点から点Oまでの長さはどうですか。

C 対応する点を結ぶ直線の真ん中が，対称の中心になります。対応する点から対称の中心までの２辺の長さは等しい。

C 線対称では，対応する点から対称の軸までの長さが等しかった。点対称では，対応する点から対称の中心までの長さが等しい。

2 点Kに対応する点Lをうちましょう

対応する点を結ぶ直線は対称の中心点Oを通るね
点Kから対称の中心を通る直線をひけば見つかるはずだね
辺BCの上に点Kはあるから，それに対応する点は辺GHの上にあるはずだ

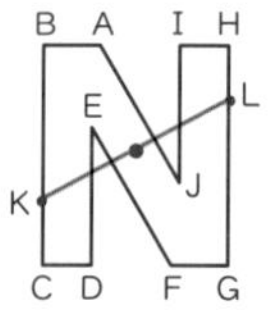

C 対称の中心から対応する辺までの長さは等しいか測ったら，同じ長さでした。

線対称の場合と混同して，混乱してしまう子もいる。線対称と点対称とを比べて考えることを意図的にし，線対称との違いに気づかせるようにする。

学習のまとめをする。

準備物	QR 板書用図 ・ものさし　・三角定規　・コンパス QR ワークシート①② QR ふりかえりシート

ICT	全体説明で使った図などは，タブレットに保存しておき，いつでも見ることができるようにすると，苦手な子どもも自分のペースで学習できる。

3 〈対応する点を見つけて，点対称な図形を完成させよう〉

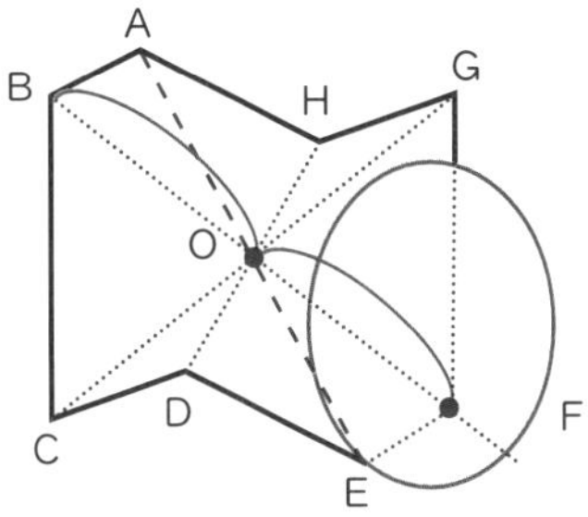

4
① 対称の中心 O を見つける。
② 点 B から対称の中心 O を通る直線をひく。
③ OB と等しい長さに OF をとる。
④ 辺 EF と辺 GF をひく。

いけるようにしましょう。

3 点対称図形の一部が消えているので，対応する点をとって図を完成させよう

T　点Fのまわりが消えてしまっています。点Fをとって，点対称な図形を完成させましょう。
C　まずは，対称の中心を見つけよう。

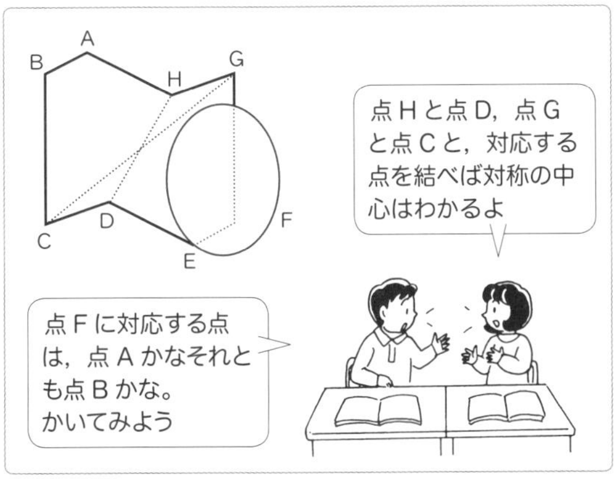

A
B
H
G
D
F
C
E
点 H と点 D，点 G と点 C と，対応する点を結べば対称の中心はわかるよ
点 F に対応する点は，点 A かなそれとも点 B かな。かいてみよう

4 点対称な図形を完成させましょう

T　点 F は何の点に対応しているのか，どうすれば点 F の位置がわかりますか。
C　点 B から対称の中心を通る直線をひけばわかる。

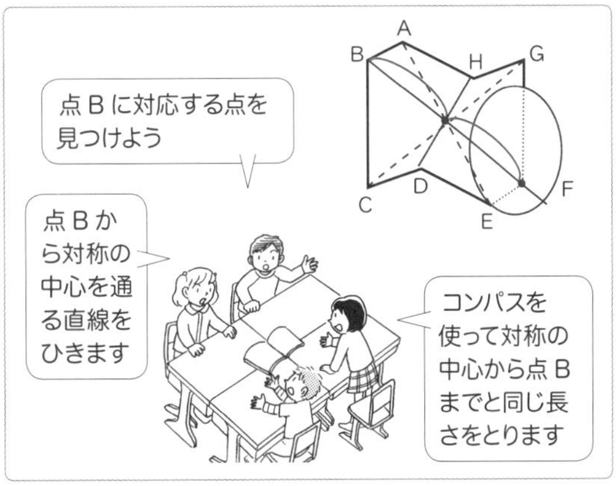

A
B
H
G
D
F
C
E
点 B に対応する点を見つけよう
点 B から対称の中心を通る直線をひきます
コンパスを使って対称の中心から点 B までと同じ長さをとります

T　点対称な図形が完成しましたね。次の時間には，もっと点対称な図形をかいてみましょう。

ふりかえりシートが活用できる。

第 8 時

点対称な図形の作図

本時の目標　点対称な図形の性質を生かして，点対称な図形の作図の方法を考え，作図することができる。

板書例

点対称な図形をかこう

1

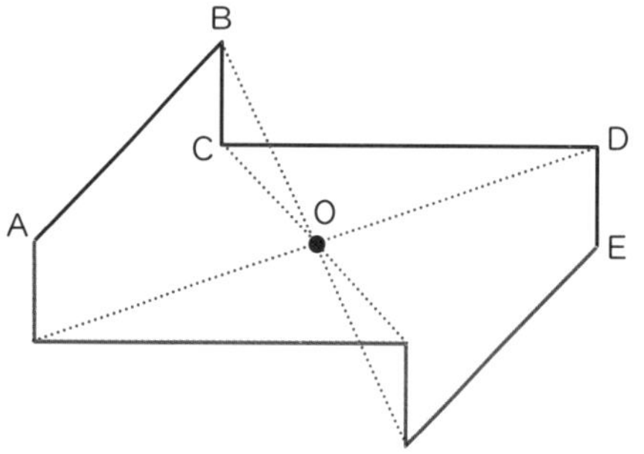

2 〈作図の手順〉

① 点 B から，対称の中心 O を通る直線をひく。

② 線 BO と同じ長さになるように反対側にコンパスで点 B に対応する点をとる。

③ 同じように，点 C と点 D に対応する点をとる。

④ 点 A から点 E まで順にとった点を，直線で結ぶ。

POINT　教科書の中には，方眼紙での作図を先行しているものもありますが，前時で学習した点対称の性質を生かすためにも，

1 点対称な図形をかく手順を考えよう

ワークシートで学習できる。

T　点 O を対称の中心にして，点対称な図形をかきます。
どんな図形ができそうですか。

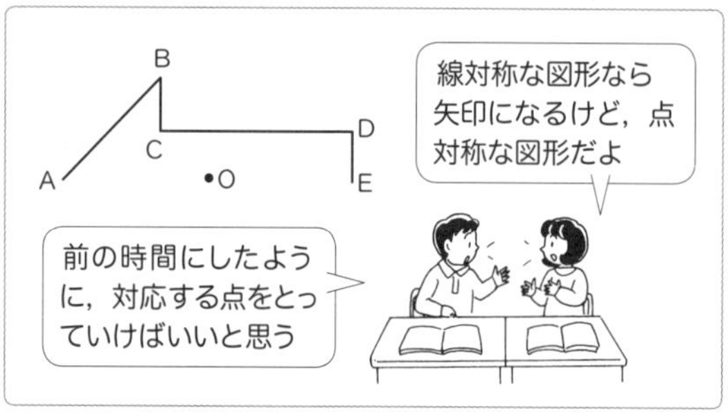

T　対応する点をとっていけば点対称な図形がかけそうですね。点 B はどうすればいいですか。

C　まず点 B から，対称の中心を通る直線をひきます。

C　それから，線 BO と同じ長さで反対側にコンパスを使って点をとれば，そこが対応する点です。

2 作図をして，確かめよう

T　対応する点をとるごとに，直線でつないでいくと，間違いなく点対称な図形がかけますよ。

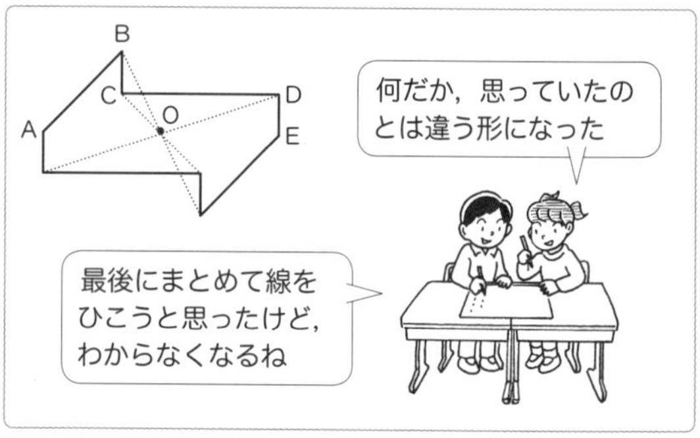

B
C
D
O
A
E
何だか，思っていたのとは違う形になった
最後にまとめて線をひこうと思ったけど，わからなくなるね

T　できた人は解答用の透明シートで確かめましょう。そして，かき方をまとめましょう。

パッとかぶせてみれば正確にかけているかがすぐにわかるように解答用の透明シートを作っておくと便利。
点対称な図形の場合は，方眼用紙よりも白紙の作図の方が点対称な図形の性質を生かした作図ができる。

準備物	QR 板書用図　・解答用透明シート ・ものさし　・三角定規　・コンパス QR ワークシート QR ふりかえりシート　・方眼用紙

ICT	点対称な図形を描く過程を教師がタブレットを使って説明する。その様子を子どもたちは手元のタブレットで一斉に見ながら授業を受けることができるようにしたい。

3 〈方眼紙（ほうがんし）にかいてみよう〉

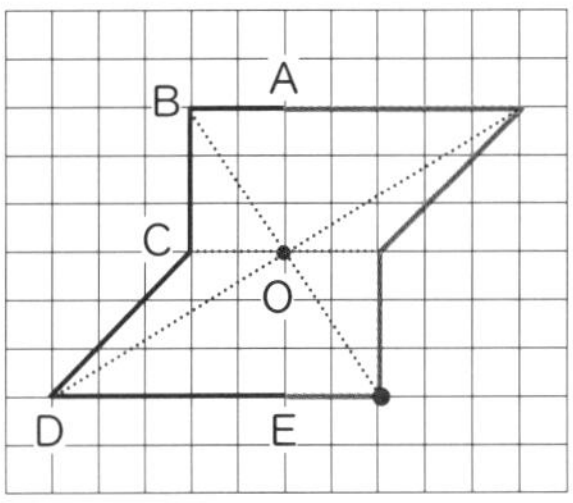

点Ｂは対称の中心から上に３，左に２の位置。
点Ｂに対応する点は，中心から下に３，右に２の位置。

点Ｃ，点Ｄも同じように対応する点をとる。

まとめ　対応する点をとり，対応する点を直線で結べば点対称な図形がかける。

4 〈練習をしよう〉

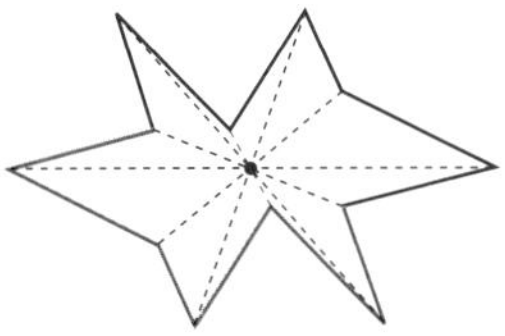

〈オリジナル作品に挑戦しよう〉

まずは白紙での作図をします。

3 方眼紙にも点対称な図形をかいてみよう

T　方眼紙にも，対応する点をとっていきます。どのようにすればいいですか。

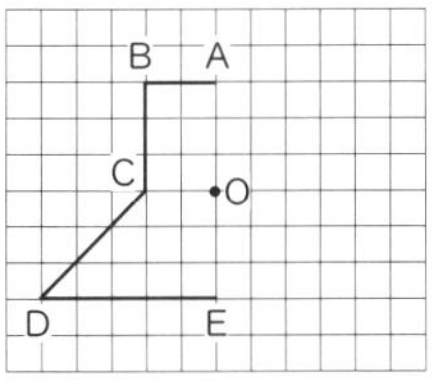

方眼にかくときは，方眼のマス目を数えるよ。点Ｂは対称の中心から上に３，左に２の位置にあるから，それに対応する点は，それとは反対に下に３，右に２の位置になる

点Ｄは対称の中心から下に３，左に５だから，対応する点は上に３，右に５のところにあるはず

方眼紙にかく場合は上のように，方眼上で位置を表す方法にもふれ，方眼のマス目の数を生かした作図ができるようにする。

学習のまとめをする。

4 練習問題や，オリジナルな点対称な図形を作図しよう

T　点対称な図形をかきましょう。どんな形になるのかな？

T　オリジナルな点対称な図，または点対称なマークの作図に挑戦してみましょう。

児童の作品例

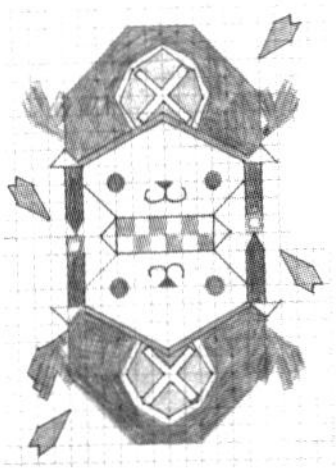

児童の作品例

C　線対称な図形みたいだけど，よく見ると点対称な図形だね。

ふりかえりシートが活用できる。

第 9 時

四角形，三角形と対称

本時の目標　四角形と三角形を「対称」という観点を通してみることができるようになる。

板書例

四角形を対称で仲間に分けてみよう

1 線対称・・・対称の軸で半分に折ると，ぴったり重なる
点対称・・・対称の中心のまわりを 180 度回転させるともとの形にぴったり重なる

2 〈線対称でも点対称でもある図形〉

正方形
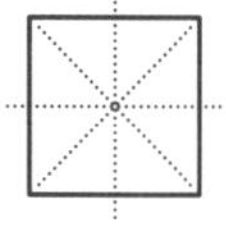

長方形
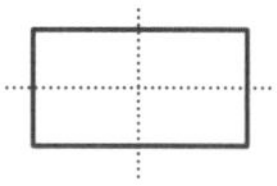

ひし形
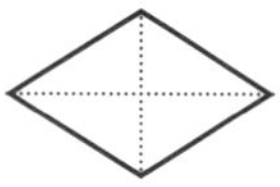

〈線対称な図形〉

たこ形
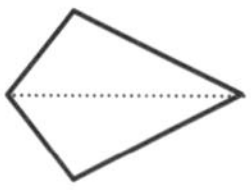

等脚台形
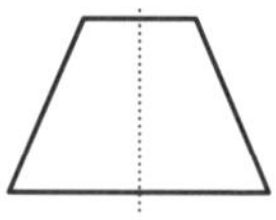

〈点対称な図形〉

平行四辺形
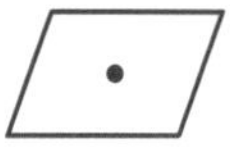

〈線対称でも点対称でもない図形〉

台形
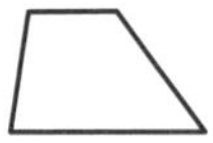

POINT 「線対称，点対称で 4 つのグループに分けてみよう」という課題に取り組み，そこから出てくる子どもたちの考えや疑問に

1 四角形を「対称」という観点で 4 つの仲間に分けてみよう

ワークシートで学習できる。

線対称と点対称について，ふりかえりをしておくといい。

1 つは，線対称でもあるし，点対称でもある図形だね

線対称だけど，点対称でない図形があるよ

点対称だけど，線対称でない図形があるよ

どちらでもない図形があるよ

2 グループ分けをしたときの話し合いの内容を紹介しよう

T　グループで話し合って，問題になったことは何でしたか。

ふつうの台形は違うけれど，等脚台形は線対称です。跳び箱の形だね

平行四辺形は線対称な図形ではないけど，180° 回転したら，ぴったり重なる点対称な図形でした

等脚台形やたこ形も扱って，図形の面白さに触れさせたい。

準備物	QR 板書用図　・三角形，四角形の用紙 QR ワークシート QR ふりかえりシート QR 動画「平行四辺形」	ICT	時間があれば，線対称や点対称になる図形を考え，自分なりに描かせてみると良い。描いた図形をタブレットで共有し，皆でなぜ線対称か，点対称かを話し合わせる。

3 〈四角形と対称について表にまとめよう〉

	線対称	対称の軸の本数	点対称
正方形	○	4	○
長方形	○	2	○
平行四辺形	×	0	○
台形（等脚台形）	×（○）	0（1）	×
	（線対称な台形もある）		
ひし形	○	2	○
たこ形	○	1	×

4 〈三角形と対称について表にまとめよう〉

	線対称	対称の軸の本数	点対称
直角三角形	×	0	×
二等辺三角形	○	1	×
正三角形	○	3	×

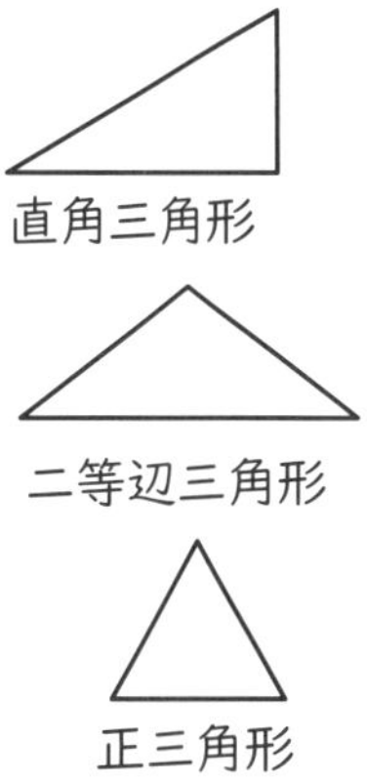

答えるように学習を進めましょう。

3 四角形を対称という観点で表にまとめよう

T　線対称な図形は，対称の軸が何本あるかも表にかきましょう。

正方形だと対称の軸は，縦，横，斜めに２本。全部で４本あるね
長方形も同じように４本ありそうな感じがする

吹き出しのように長方形には，対称の軸が４本あるように見える子もいるので，確かめることができる用紙を用意しておく。

子どもたちの発表をもとに板書の表をまとめる。

4 三角形も対称という観点で表にまとめよう

T　三角形も四角形と同じ観点で表にまとめてみましょう。

二等辺三角形と正三角形は線対称な図だね。対称の軸は何本かな
三角形は点対称な図形ではないね。

ふりかえりシートが活用できる。

第10時
正多角形と対称

本時の目標　正多角形を「対称」という観点を通して調べることができる。

板書例

正多角形を対称で調べてみよう

1

正三角形
正四角形（正方形）
正五角形
正六角形

正三角形	正四角形（正方形）	正五角形	正六角形
○ 線対称	○ 線対称	○ 線対称	○ 線対称
対称の軸 3 本	対称の軸 4 本	対称の軸 5 本	対称の軸 6 本
× 点対称	○ 点対称	× 点対称	○ 点対称

2

	線対称	対称の軸の本数	点対称
正三角形	○	3	×
正四角形	○	4	○
正五角形	○	5	×
正六角形	○	6	○

点対称は交互（こうご）に
（偶（ぐう）数の角をもつ
正多角形が点対称）

対称の軸の本数は，正多角形の
角の数と同じ。

POINT 対称の軸が入った正三角形から正二十角形までを順に見ていくと，円に近づくので歓声が起こります。対称について，きま

1 正三角形・正方形・正五角形と順に調べていこう

黒板に正多角形を提示する。子どもたちには，ワークシート①を配布し，それを見て考えることができるようにする。

正三角形
正四角形 (正方形)

正三角形は線対称な形。対称の軸は３本。でも，点対称ではないよ
正四角形は線対称でも点対称でもあるよ。対称の軸は４本

T　正五角形はどうですか。
C　線対称で対称の軸は５本です。
C　点対称ではありません。
T　ここまでを表にまとめましょう。

2 表にまとめていて，気がつくことはありませんか？

T　正六角形はどうですか。
C　線対称な図形で対称の軸は６本。そして点対称な図形でもあります。

	線対称	対称の軸の本数	点対称
正三角形	○	3	×
正四角形	○	4	○
正五角形	○	5	×
正六角形	○	6	○

正多角形はどれも線対称な形で，対称の軸は角の数と同じだ
点対称は正多角形の角の数によって交互になっている
対称の軸は頂点の数（辺の数）と同じ本数ある

準備物	QR 板書用図 QR ワークシート QR ふりかえりシート

ICT	三角形から正四角形、正五角形…正二十角形，円の図形を，あらかじめタブレットに用意しておき，授業で共有提示しなが説明すると理解が深まる。

3 〈 予想してから調べよう 〉

正七角形　正八角形　正十角形　正十一角形　正十二角形　正十五角形　正二十角形

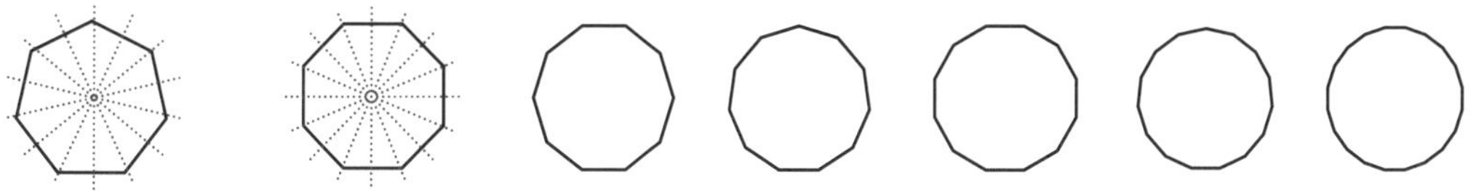

正七角形：○ 線対称　対称の軸 7 本　× 点対称

正八角形：○ 線対称　対称の軸 8 本　○ 点対称

	線対称	対称の軸	点対称
正七角形	○	7	×
正八角形	○	8	○
正九角形	○	9	×
正十角形	○	10	○
正十一角形	○	11	×
正十二角形	○	12	○
正十五角形	○	15	×
正二十角形	○	20	○

4 円

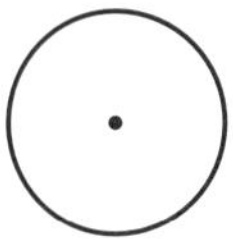

○ 線対称
対称の軸は無数
○ 点対称

感想
学習の感想を書く。

りがあることにも気づき，図形の面白さを味わうことができるでしょう。

3 正七角形，正八角形…の場合を予想して，調べてみよう

ワークシート②を活用する。

調べてワークシートに書き込むようにする。

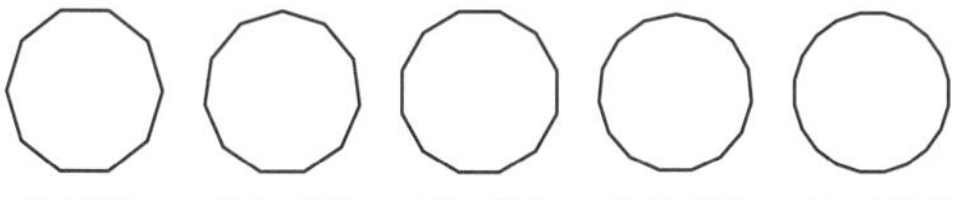

正十角形　正十一角形　正十二角形　正十五角形　正二十角形

決まりを見つけたから，それであっているかを調べよう

角が増えると，形はどんどん円に近づいていくね

正十角形をすぎると，『正多角形は全部線対称な形で，対称の軸は，頂点の数と同じ。角の数が偶数だと点対称で，奇数だと点対称ではない』という決まりごとで答えるようになる。

4 円になるとどうなるのでしょうか

T　円は線対称でしょうか。対称の軸は何本あるのでしょうか。そして，円は点対称でしょうか。

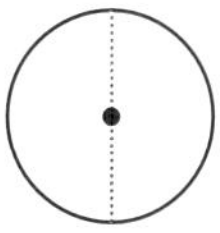

180° 回転させたら，ピッタリ重なる。対称の中心は円の中心だね

円の直径で半分に折ると重なるから，もちろん，線対称な図形だね

円の直径は，無数にあるから，対称の軸も無数にあるね

学習の感想を書く。

ふりかえりシートが活用できる。

発展
相互線対称と相互点対称

本時の目標　相互線対称や相互点対称があることを知り，進んで作図をしようとする。

板書例

はなれた線対称な図形

1

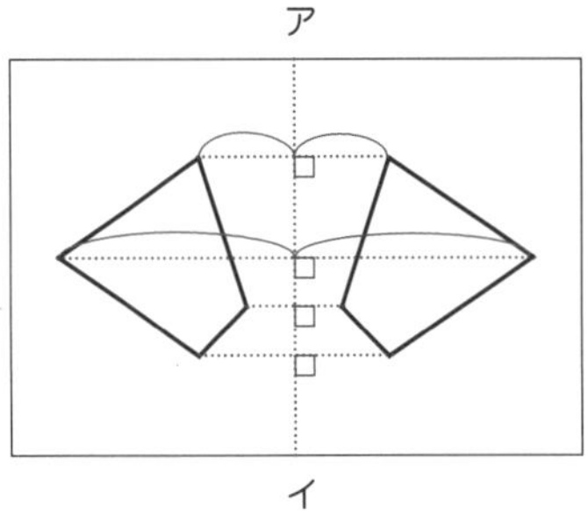

〈線対称な図形〉

・対称の軸で折るとぴったり重なる形
・対応する点を結んだ直線は対称の軸と垂直に交わる
・対応する点から対称の軸までは同じ長さ

3 〈線対称な図形をかく手順〉

① それぞれの点から対称の軸に垂直の線をひく。
② 対称の軸から同じ長さに対応する点をとる。
③ とった点と点を直線でつなぐ。

POINT 教科書にはくっついた自己線対称と自己点対称しか扱っていません。相互線対称（はなれ線対称）と相互点対称（はなれ点

1 半分に折るとぴったりと重なるでしょうか

黒板にも相互線対称な図形を掲示する。

ワークシートで学習する。

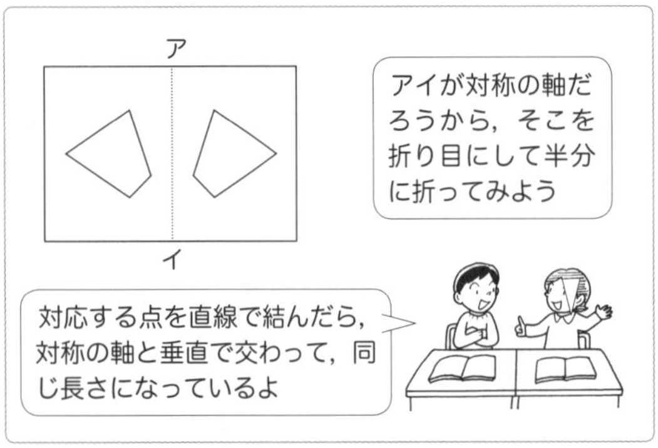

ア
イ
アイが対称の軸だろうから，そこを折り目にして半分に折ってみよう
対応する点を直線で結んだら，対称の軸と垂直で交わって，同じ長さになっているよ

半分で折ってぴったり重なることから，図形がはなれていても線対称になっていることが分かる。

対応する点と点を直線で結び，自己線対称と同じ性質になっていることを確かめると理解が深まる。

2 180°回転すると，もとの形にぴったり重なるでしょうか

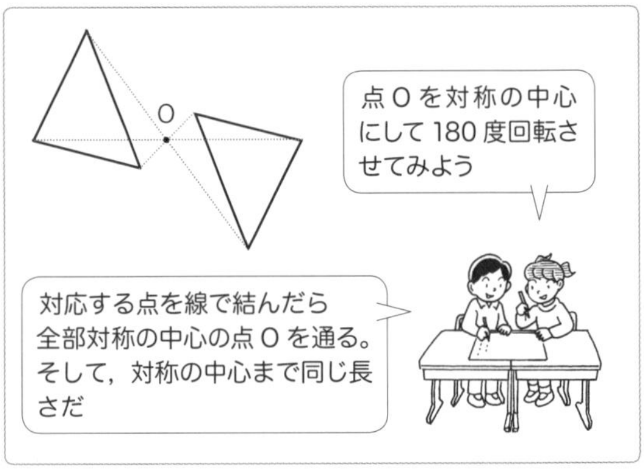

O
点Ｏを対称の中心にして180度回転させてみよう
対応する点を線で結んだら全部対称の中心の点Ｏを通る。そして，対称の中心まで同じ長さだ

180度回転させるとぴったり重なることから，はなれていても点対称になっていることがわかる。

対応する点と点を直線で結ぶと，自己点対称と同じ性質になっていることを確かめると，理解が深まる。

（動画を見て学習できる。）

準備物	QR 動画「相互点対称」 QR ワークシート ・方眼用紙 ・白紙	QR 板書用図 QR ドット用紙

ICT	それぞれの作品をタブレットに画像として保存しておく。その画像を教師に送信しておくと評価に役立つ。全員に共有しておくと，タブレット上でコンテストが開ける。

2 はなれた点対称な図形

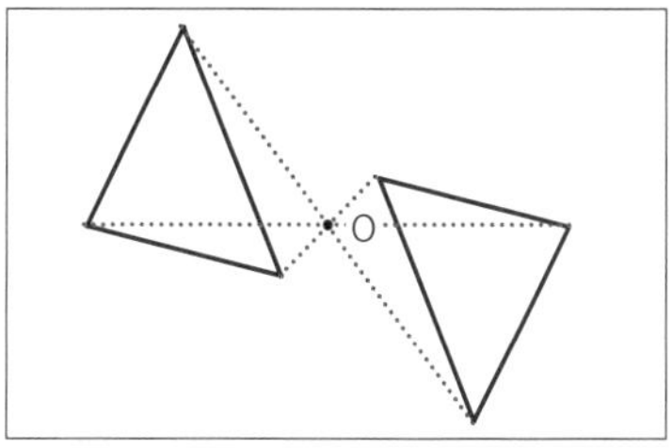

〈点対称な図形〉

・180 度回転してぴったり重なる形
・対応する点を結んだ直線は対称の中心を通る。
・対応する点から対称の中心までは同じ長さ

3 〈点対称な図形をかく手順〉

① それぞれの点から対称の中心を通る直線をひく。
② 対称の中心から同じ長さを反対側にコンパスでとり，対応する点とする。
③ とった点と点を直線でつなぐ。

4 〈子どもたちの作品を掲示〉

対称）を知ることで，対称の観点でものを見ることに広がりができます。

3 はなれている線対称な図形や，点対称な図形をかいてみよう

T　図形がはなれていても，線対称な図形，点対称な図形のかき方は同じです。それぞれ,かき方をふりかえってみましょう。

線対称な図形の場合は，まず，点から対称の軸に垂直の線をひいて，対称の軸から同じ長さに対応する点をとります。そして，最後に点と点をつなぐ直線をひいたらできあがりです。

点対称の図形の場合は，まず，点から対称の中心を通る直線をひきます。そして，点から対称の中心までと同じ長さで反対側にコンパスを使って対応する点をとります。最後にとった点を直線で結んだらできあがりです

線対称，点対称をまとめて復習する良い機会にする。
方眼紙と白紙と両方用意しておいて好きな方を選ぶようにする。

4 友達の作品を見てみよう

オリジナルな作品でも，何かのキャラクターを借りてきても良いことにする。点対称に比べると線対称の方が馴染みやすいことが自由作図からもわかる。

作品例

林

さくらんぼ

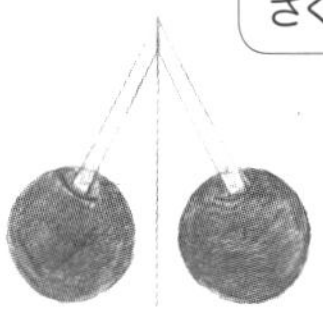

ちょうちょとチューリップ

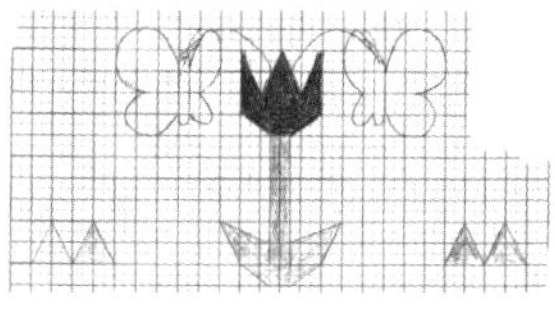

第１時・第２時　ワークシート見本

名前

（１）次のアルファベットににた形を㋐㋑の２つのなかまに分けましょう。

A D E F G H I M

N O P Q S W X Z

㋐　　　㋑

（２）㋐を２つに分けましょう。

［１］

名前

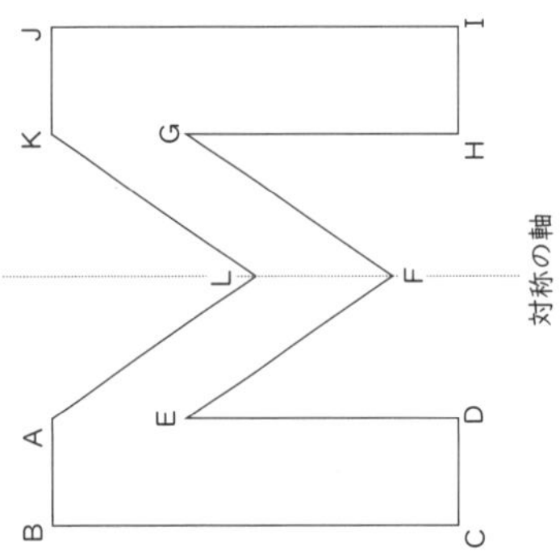

（１）重なる点を書きましょう。

①点 A…点（　　）
②点 B…点（　　）
③点 C…点（　　）
④点 D…点（　　）
⑤点 E…点（　　）

（２）重なる辺を書きましょう。

①辺 AB…辺（　　）
②辺 BC…辺（　　）
③辺 CD…辺（　　）
④辺 DE…辺（　　）
⑤辺 EF…辺（　　）
⑥辺 AL…辺（　　）

（３）重なる角を書きましょう。

①角 A…角（　　）
②角 B…角（　　）
③角 C…角（　　）
④角 D…角（　　）
⑤角 E…角（　　）

第2時・第4時　ふりかえりシート見本

名前

□1 下の図形を見て答えましょう。

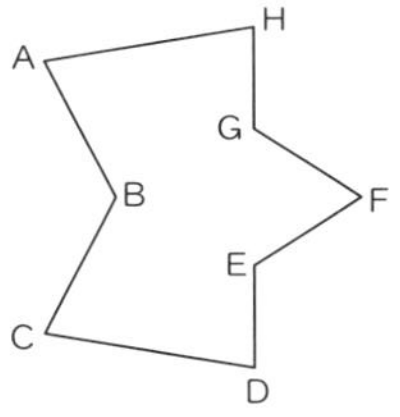

(1) 左の図形に対称の軸をかきましょう。

(2) 次の点に対応する点を書きましょう。

①点 A（　　　）②点 D（　　　）

(3) 次の辺に対応する辺を書きましょう。

①辺 AB（　　　）②辺 DE（　　　）

(4) 次の角に対応する角を書きましょう。

①角 E（　　　）　②角 H（　　　）

□2 次の線対称な図形について辺の長さや角度を答えましょう。

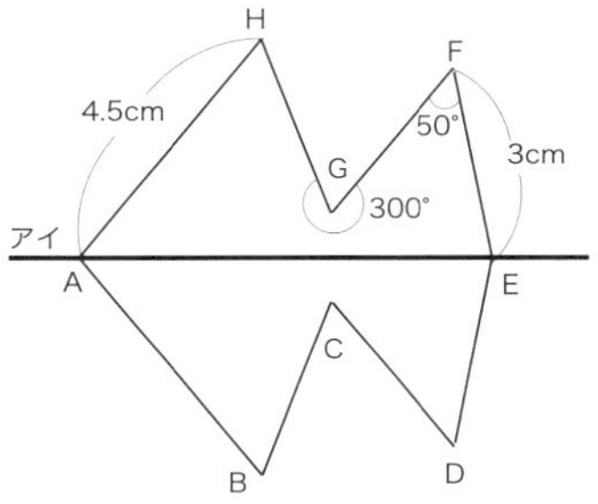

(1) 辺 AB は何 cm ですか。

（　　　　　）

(2) 辺 DE は何 cm ですか。

（　　　　　）

(3) 角 D は何度ですか。

（　　　　　）

名前

直線アイを対称の軸とした線対称な図形をかきましょう。

(1)

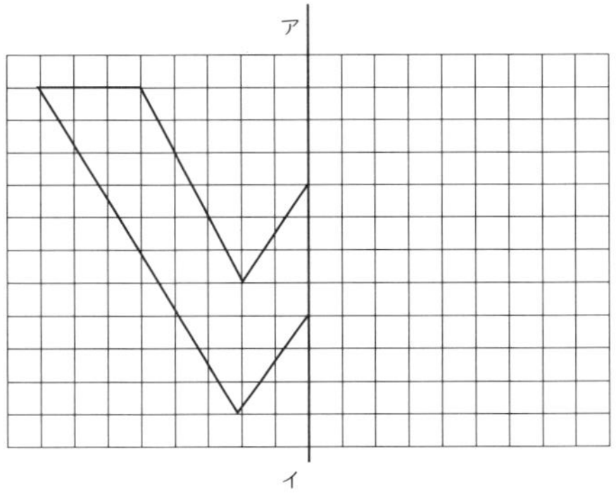

(2)

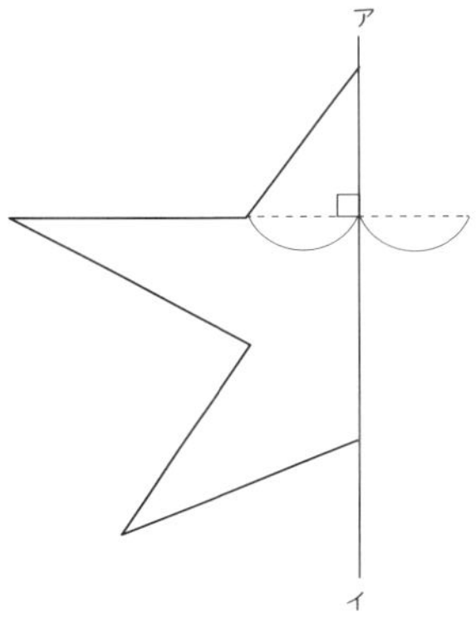

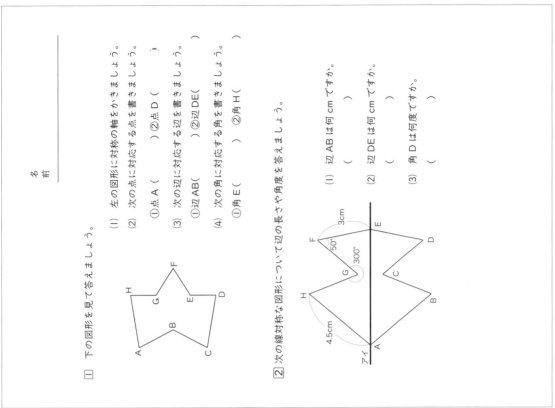

文字と式

全授業時数５時間

◎ 学習にあたって ◎

<この単元で大切にしたいこと>

本単元では，これまで学習したときに使った□や○の代わりに，ｘやｙの文字を使うことに慣れ親しむことです。最初の等号を含まない式では，式そのものが意味を表していることを理解できるようにし，等号を含む式では，「変化する２量の関係」を式に表します。そして，一方の数が変化して決まれば，もう一方の数も変化して決まる関係にあることへの理解をはかります。また，ｙに対応するｘの値を求める課題から，未知数を求める内容を扱います。

最後に，ｘ，ｙを使った式から，加減乗除の具体的な場面を考えたり，図形の面積を求める方法をｘ，ｙを使って表現した式と結びつける学習をします。数の代わりに文字を使って場面を簡潔に表すよさに親しみ，中学校における数学の素地を培うようにします。

<数学的見方考え方と操作活動>

円の直径の長さと円周の関係，かけ算とたし算の混合された場面，三角形の高さと面積の関係では，公式や言葉の式をつくってから，言葉をｘやｙに置き換えて式をつくります。ｘやｙができるだけ具体的な場面と結びつくようにします。そして，ｘに対応するｙの値を求めながら２つの量がどのような関係にあるかを読み取り，文字にあてはまる数の範囲が小数や分数まで拡張しても，式が成り立つことが理解できるようにします。

<個別最適な学び・協働的な学びのために>

文字を使って２つの量の関係を表す式を考えたり，式を読み取ったりする学習では，具体的な場面に結びつけながら考えられるようにします。

未知数を求めるときには，ｘに数を代入してあてはまる数を見つけるだけではなく，簡単な場合では逆算によって求める方法も取り入れるようにします。かけ算とたし算の混合された場面では，ｘに対応するｙの値を求めたあと，ｙに対応するｘの値を求めます。このとき，本格的な等式変形を使って未知数を求める指導は，中学校での学習にゆだねることにしますが，子どもによっては逆算で求めようとしたり，変化の様子を表から読み取って対応する値を予想することも考えられます。そのような場合は取り上げて話し合いができるようにします。

◎ 評　価 ◎

知識および技能	数量の関係を，言葉や記号の代わりに，文字を用いることを理解する。 具体的な場面を文字式に表したり，文字式から具体的な場面を表したり，文字に数をあてはめて答えを求めることができる。
思考力，判断力，表現力等	文字を用いて数量の関係を簡潔に表し，文字にあてはまる数を求める仕方について考えることができる。
主体的に学習に取り組む態度	文字を用いて式に表すことのよさに気づき，進んで学習に用いようとしている。

◎ 指導計画　5時間 ◎

時	題	目　標
1	x を使った式	数量の大きさを文字 x を用いた式で表すことができる。
2	x と y を使った式	2つの数量の関係を，文字 x と y を用いた式で表すことができる。
3	x にあてはまる数	逆算をするなどして，文字 x にあてはまる数を求めることができる。
4	x の値，y の値を求める	数量の関係を x と y を用いた式で表すことができ，x に対応した y の値を求めることができる。
5	文字を使った式の場面	文字式がどんな場面を表しているのか理解でき，文字式から場面を表現することができる。

第1時
x を使った式

本時の目標　数量の大きさを文字 x を用いた式で表すことができる。

板書例

代金の合計を表す式をつくろう

1 (1)〈1個50円のあめを買った代金を求める式を書きましょう〉

1個50円

2個のとき　50×2
3個のとき　50×3
4個のとき　50×4

2 □個のとき　50×□

x 個のとき　50×x　　□の代わりに x を使って表す

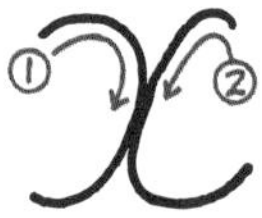

まとめ　変化する数のかわりに x を使って，式に表すことができる。

POINT　はじめのところで，これまで使ってきた□の代わりに x という文字が使われることが無理なく理解できるようにしましょう。

1 1個50円のあめを□個買ったときの代金を表す式を書きましょう

ワークシートを使って学習できる。

1あたりの数×いくつ分に合わせて式を書くといいね
50×□となるね

T　変化するのはどこの数字ですか。

C　□の中に入る数です。

T　では，変化しない数字は何ですか。

C　あめが1個50円の50という数です。

T　あめの個数が2個，3個，4個のときの代金を求める式を書きましょう。

C　50×2，50×3，50×4

2 □の代わりに x を使って，代金を求める式に表しましょう

□のかわりに x を使うんだね
50×x の式にすればいいね
x はいろんな数の代表なんだよ

T　x を書く練習をしておきましょう。

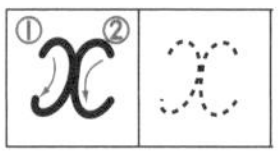

こんな話をします。

「皆さんは，1年生のときにいろんなものの個数を表す代表として数字を習いました。ゾウでもアリでも大きさや色に関係なく数字で表せることを知りました。今度は，いろんな数の代表として x という文字を使うことを知ったのです。物事をより広く大きなまとまりで捉えることができるようになりました。数字を使えば便利だったように，文字を使うとより便利なことが多いのです。」

学習のまとめをする。

準備物	QR ワークシート QR ふりかえりシート

ICT	文字を使った式を理解させることが主たる目標だが，それ以前に，問題文の意味の理解が難しい子どももいる。問題文の状況を絵に表し，タブレットで提示しても良い。

3 (2)〈$50 \times x$ の式の，x に個数を入れて代金を求めよう〉

x が 8 個のとき　$50 \times 8 = 400$　　400 円

x が 15 個のとき $50 \times 15 = 750$　　750 円

(3)〈代金が 1800 円のときのあめの個数を求めよう〉

$50 \times x = 1800$

$x = 1800 \div 50$

$x = 36$　　36 個

4 1 個 200 円のりんご x 個を 120 円の箱に入れたときの代金

$200 \times x + 120$

1 個 200 円

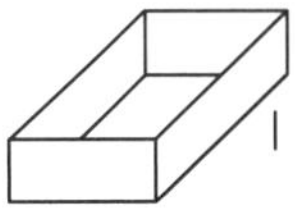
1 箱 120 円

x が 6 個のとき　$200 \times 6 + 120 = 1320$　　1320 円

x が 15 個のとき $200 \times 15 + 120 = 3120$　　3120 円

3 あめの個数が 8 個のときの代金を求めましょう

C　x に 8 をあてはめて計算すればいいです。

C　$50 \times x$　なので　$50 \times 8 = 400$，400 円

T　x に 15 をあてはめて計算しましょう。

代金が 1800 円のとき，あめの個数 x を求めましょう

50 × x ＝ 1800 のときの x を求めるんだ
x はわり算で求めることができそうだよ
1800 ÷ 50 ＝ 36
36 個だね

4 200 円のりんご x 個を 120 円の箱に入れたときの代金を表す式を書きましょう

りんごの代金だけなら 1 個の代金 × x になる
それに箱の代金をたす式になるね

C　式に表すと，$200 \times x + 120$　になります。

T　りんごが 6 個，15 個のときの代金の合計を求めましょう。

C　りんごが 6 個のとき，

$200 \times 6 + 120 = 1320$　　1320 円

C　りんごが 15 個のとき，

$200 \times 15 + 120 = 3120$　　3120 円

ふりかえりシートが活用できる。

第 2 時
x と y を使った式

本時の目標 2 つの数量の関係を，文字 x と y を用いた式で表すことができる。

板書例

2 つの量の関係を文字を使って表そう

1 〈直径と円周の関係〉

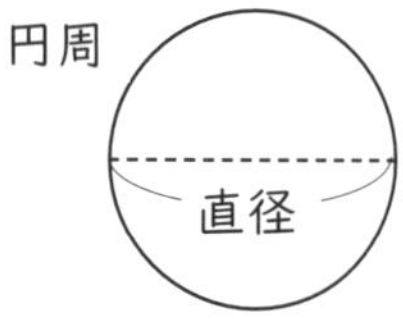

円周
直径

直径の長さ × 3.14 ＝円周の長さ

変化する

1	× 3.14	＝	3.14	
2	× 3.14	＝	6.28	
3	× 3.14	＝	9.42	
⬇			⬇	

変化する

2 $x \times 3.14 = y$

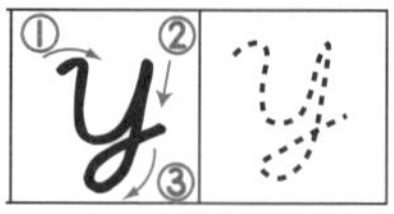

①
②
③

x の値が 10 のとき　$10 \times 3.14 = 31.4$　y の値 31.4

y の値が 9.42 のとき　$9.42 \div 3.14 = 3$　x の値 3

POINT 2 つの量の関係を絵や図に表したり，公式を提示したりすることで，式に表すことがスムーズにできるようになります。

1 円の直径の長さを x cm として，円周の長さを求める式を書きましょう

円周の長さを求めるのは 直径 × 円周率 だったね
直径 × 3.14 の直径を x で 表すと，x × 3.14 になるね

T　直径を 1，2，3 として円周の長さを求めましょう。

C　1 × 3.14 ＝ 3.14，　C　2 × 3.14 ＝ 6.28

C　3 × 3.14 ＝ 9.42

T　変化しないのは何ですか。

C　円周率の 3.14 は変化しません。

T　変化しているのは何ですか。

C　直径の長さです。円周の長さも直径が変化したら，変化しています。

2 円周の長さを y cm として，直径の長さと円周の長さの関係を式に表しましょう

1 × 3.14 ＝ 3.14
2 × 3.14 ＝ 6.28
3 × 3.14 ＝ 9.42
x × 3.14 ＝ y だね
x の値が変わると y の値もかわる
x が決まると y も決まる

T　x の値が 10 のとき，対応する y の値は何ですか。

C　31.4 です。

T　y の値が 9.42 のときの x の値はどうですか。

C　y の値が 9.42 に対応する x の値は 3 です。

T　y を書く練習をしておきましょう。

準備物
QR ワークシート
QR ふりかえりシート

ICT
公式を忘れている子どももいる。今までの公式をまとめたものをタブレットのシートに作成し，子どもたちのタブレットに送信しておくと，子どものペースで見返すことができる。

3 〈2 つの量の関係を式に表す〉

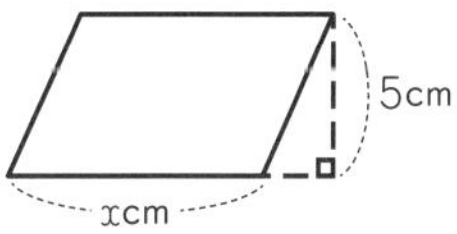

(1) 底辺が x cm で高さが 5cm の平行四辺形の面積は y cm² です。

$x \times 5 = y$

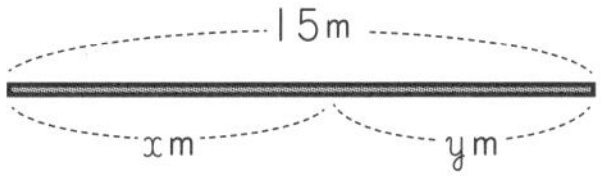

(2) 15m のテープを x m 使うと残りは y m です。

$15 - x = y$

(3) x dL のジュースを 3 人で分けて飲むと，1 人分は y dL になります。

$x \div 3 = y$

(4) 0.9 kg のバッグに x kg の荷物を入れると y kg になります。

$0.9 + x = y$

4 〈練習　$x \times 4 = y$　の式になるのはどれだろう〉

(1) $x \times 4 \div 2 = y$　(2) ○　(3) $x \div 4 = y$　(4) ○

まとめ　x と y を使って，2 つの量の関係を式に表すことができる。

3 2 つの量の関係を x と y を使って式に表しましょう

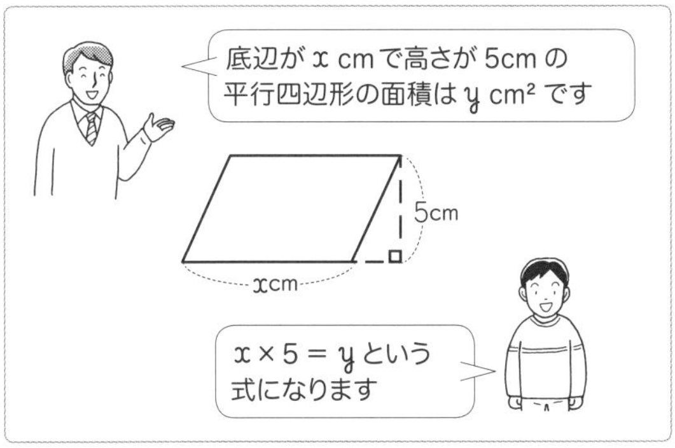

T　15m のテープを x m 使うと残りは y m です。

C　$15 - x = y$ だね，

T　x dL のジュースを 3 人で分けて飲むと，1 人分は y dL になります。

C　$x \div 3 = y$

T　0.9kg のバッグに x kg の荷物を入れると y kg になります。

C　$0.9 + x = y$ とたし算になるね。

4 ワークシートで練習しよう

ワークシートで学習する。

T　2 つの量の関係が，$x \times 4 = y$ の式になるのはどれですか。

(1) 底辺が $x$cm で高さが 4cm の三角形の面積は y cm² です。

(2) 1 辺の長さが $x$cm の正方形のまわりの長さは y cm です。

(3) x L のお茶を 4 つの水とうに等しく分けて入れると 1 人分は y L になります。

(4) 1 箱にももが x 個ずつ入っています。4 箱では，ももは全部で y 個になります。

三角形の面積＝底辺 × 高さ ÷ 2 だから，(1)は x × 4 ÷ 2 = y になります
(2)と(4)は そうだと思う
(3)は，x ÷ 4 = y になります

学習のまとめをする。

ふりかえりシートが活用できる。

第3時
xにあてはまる数

本時の目標 逆算をするなどして，文字xにあてはまる数を求めることができる。

板書例

xの数を求めよう

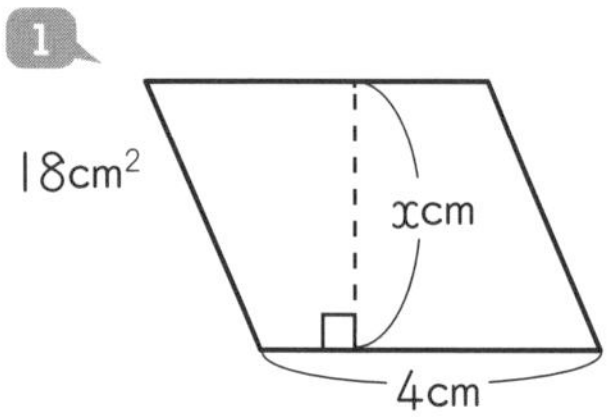

$4 \times x = 18$

$x = 18 \div 4$

$x = 4.5$

4.5cm

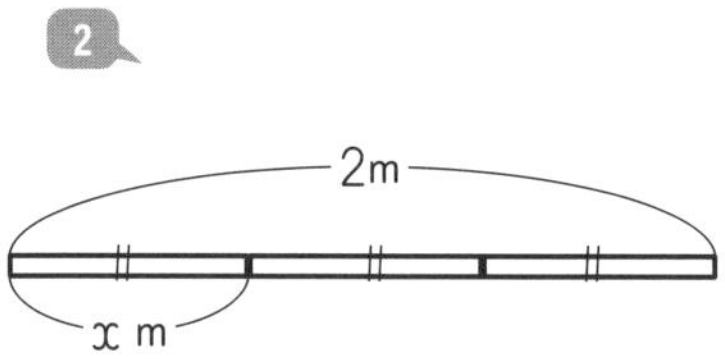

$x \times 3 = 2$

$x = 2 \div 3$

$x = \frac{2}{3}$

$\frac{2}{3}$ m

かけ算の式のxの値は，わり算で求めることができる。

POINT 四則計算全てのxの値を求める問題を取り上げる。逆算にならない場合のものを扱わない教科書もあるが，それでは十分

1 xを使って面積を求める式を書き，xの数を求めよう

T　平行四辺形の底辺が4cm，高さが$x$cmで面積が18cm²という場合を式で表しましょう。

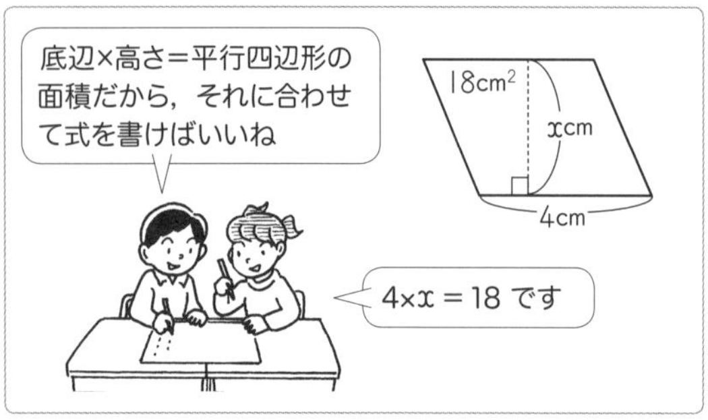

底辺×高さ＝平行四辺形の面積だから，それに合わせて式を書けばいいね
18cm²
$x$cm
4cm
4×x＝18です

T　xの値はどうすれば求めることができますか。

C　4とかけて18だから，わり算をすれば求められます。　$18 \div 4 = 4.5$　$x = 4.5$

下のように＝をそろえて書くといいことも教えたい。

$4 \times x = 18$

$x = 18 \div 4$

$x = 4.5$

2 xを使った式を書き，xの数を求めましょう

1本がx mのテープを3本つなぐと2 mでした
x×3＝2です
同じ長さのテープを3本つないだから，かけ算の式だね

T　xの値はどうすれば求めることができますか。

C　3をかけて2だから前の問題と同じように，わり算をすれば求められます。

C　$2 \div 3 = 0.666$　わりきれない。分数にしよう。

$x \times 3 = 2$

$x = 2 \div 3$

$x = \frac{2}{3}$

文字には整数だけでなく，小数や分数もあてはめることができることを知らせるための数値にしてある。

準備物 QR ふりかえりシート

ICT 練習問題を多めに，タブレットに用意しておく。早くできた子どもから，タブレットの問題を解くようにしておくと空白ができない。答えも作成し，送信しておく。

3 〈たし算の式の場合〉

$x + 6 = 13$
$x = 13 - 6$
$x = 7$

ひき算で求める

〈ひき算の式の場合〉

$x - 8 = 5$
$x = 5 + 8$
$x = 13$

たし算で求める

$14 - x = 6$
$x = 14 - 6$
$x = 8$

ひく数が x の場合は
ひき算で求める

〈わり算の式の場合〉

$x \div 8 = 5$
$x = 5 \times 8$
$x = 40$

かけ算で求める

$6 \div x = 2$
$x = 6 \div 2$
$x = 3$

わる数が x の場合は
わり算で求める

4 〈練習〉

① $x + 8 = 35$，$x = 35 - 8$，$x = 27$
② $17 + x = 41$，$x = 41 - 17$，$x = 24$
③ $x - 25 = 53$，$x = 53 + 25$，$x = 78$
④ $x - 2.3 = 4.1$，$x = 4.1 + 2.3$，$x = 6.4$

ではないので，全てを扱うようにする。

3 x にあてはまる数の求め方を調べてみよう

T　かけ算だったらわり算で求めることができました。たし算，ひき算，わり算の場合はどうなりますか。調べてみましょう。

x + 6 = 13 のたし算は，x = 13 − 6 ひき算で求められます
x − 8 = 5 のひき算は，x = 5 + 8 たし算で求められます
x ÷ 8 = 5 のわり算は，x = 5 × 8 かけ算で求められます

ひき算では，ひく数が x の場合は，たし算ではなくひき算で求めることになる。

$14 - x = 6$　　$x = 14 - 6$

また，わり算では，わる数が x の場合は，かけ算ではなくわり算で求めることになる。

$6 \div x = 2$　　$x = 6 \div 2$

このような逆算にならない場合も扱わないと不十分なので，軽くでも触れておく。

4 加減乗除の式に使われている x にあてはまる数を求める練習をしよう

① $x + 8 = 35$　② $17 + x = 41$
③ $x - 25 = 53$　④ $x - 2.3 = 4.1$
⑤ $5 \times x = 14$　⑥ $x \times 6 = 5$
⑦ $x \div 4 = 17$　⑧ $x \div 8 = 9$

① $x + 8 = 35$
$x = 35 - 8$
$x = 27$

② $17 + x = 41$
$x = 41 - 17$
$x = 24$

③ $x - 25 = 53$
$x = 53 + 25$
$x = 78$

④ $x - 2.3 = 4.1$
$x = 4.1 + 2.3$
$x = 6.4$

上記のように，１つ１つ等号をそろえて書いて求められるように指導する。

ふりかえりシートが活用できる。

第 4 時
x の値，y の値を求める

本時の目標 数量の関係を x と y を用いた式で表すことができ，x に対応した y の値を求めることができる。

板書例

文字を使った式をつくり，x や y の値を求めよう

1 1本 x 円の鉛筆（えんぴつ）5本と，150円の消しゴムを1個買った代金の合計は y 円です

鉛筆の代金 ＋ 消しゴムの代金 ＝ 代金の合計

鉛筆1本の値段（ねだん）(x) × 5 ＋ 150 ＝ 代金の合計 (y)

2 $x \times 5 + 150 = y$

x の値が 60 のとき

$60 \times 5 + 150 = 450$　y の値は 450

x（円）	60	70	80	90	100
y（円）	450	500	550	600	650

x の値が 10 増えると，y の値は 50 増える

y の値が 800 のとき

$x \times 5 + 150 = 800$

$x \times 5 = 650$

$x = 650 \div 5$

$x = 130$

x の値は 130

POINT y の値に対応する x の値を求める方法は，表や逆算で求めるようにしましょう。

1 1本 x 円の鉛筆を5本と150円の消しゴムを1個買った合計の代金は y 円でした。

T　x と y の関係を式に表しましょう。

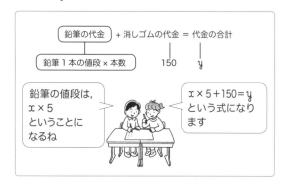

鉛筆の代金 ＋ 消しゴムの代金 ＝ 代金の合計

鉛筆1本の値段 × 本数　150　y

鉛筆の値段は，$x \times 5$ ということになるね

$x \times 5 + 150 = y$ という式になります

T　何の値と何の値が対応し，変化していますか。

C　鉛筆の値段と代金の合計です。

C　鉛筆1本の値段が決まると，代金の合計も決まります。

2 x の値に対応する y の値を求め，表にして考えましょう

T　x の値を 60 〜 100 までとして，表にまとめておきましょう。y の値がどのように変わっていくのか様子がよくわかります。

$x \times 5 + 150 = y$ という式の x に数をあてはめていけば，y の値が決まります

x の値が 60 のとき $60 \times 5 + 150 = 450$ y の値は 450

x の値が 70 のとき $70 \times 5 + 150 = 500$ y の値は 500

T　y の値（代金の合計）が 800（円）になるのは，x の値が何のときですか。

C　表を見ると y が 50 円ずつ増えているから，それで考えたら x の値が 130 のときだと思います。

C　計算をして求めることもできます。

準備物

QR ふりかえりシート

ICT

作成した問題を，タブレットのシートに記入し，教師に送信する。それをまとめて，子どものタブレットで共有すると，そのクラスのオリジナルの問題集ができる。

3

底辺が 4cm で高さが x cm の三角形の面積は y cm² です

底辺×高さ÷2＝三角形の面積

$4 \times x \div 2 = y$

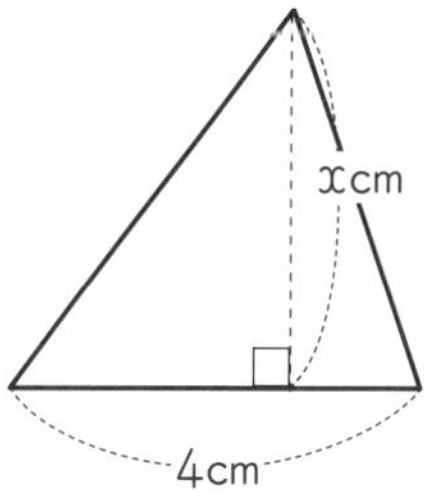

x の値が 5 のとき

$4 \times 5 \div 2 = 10$　　y の値は 10

x の値が 6 のとき

$4 \times 6 \div 2 = 12$　　y の値は 12

x (cm)	5	6	7	8	9	10
y (cm²)	10	12	14	16	18	20

x の値が 1 増えると，y の値は 2 増える

4

y の値が 24 のとき

$4 \times x \div 2 = 24$

$4 \times x = 48$

$x = 48 \div 4$

$x = 12$　　x の値は 12

3 底辺が 4cm で高さが $x$cm の三角形の面積が $y$cm² のとき，関係を式に表しましょう。

三角形の面積を求める公式は，底辺×高さ÷2 だから，それにあてはめて式にすればいいね

$4 \times x \div 2 = y$ という式になります

T　x の値を 5，6，7，8，…10 と変化させて，y の値を求めましょう。表にもまとめてみましょう。

C　x の値が 5 のとき　　$4 \times 5 \div 2 = 10$
　y の値は 10

C　x の値が 6 のとき　　$4 \times 6 \div 2 = 12$
　y の値は 12

x (cm)	5	6	7	8	9	10
y (cm²)	10	12	14	16	18	20

4 y の値が 24 になるときの，x の値は何ですか

表を見ると，x の値が 1 増えると y の値が 2 ずつ増えているから，それから考えると高さは 12 だと思う

$4 \times x \div 2 = 24$ を逆に計算していけばどうだろう。
÷2 で 24 になっているから，
$24 \times 2 = 48$

$4 \times x = 48$
$x = 48 \div 4$
$x = 12$

ふりかえりシートが活用できる。

第5時
文字を使った式の場面

本時の目標　文字式がどんな場面を表しているのか理解でき，文字式から場面を表現することができる。

板書例

文字を使った式の場面を考えよう

1 〈式とあてはまる文章を線で結ぶ〉

㋐ $30+x=y$　㋑ $30-x=y$　㋒ $30\times x=y$　㋓ $30\div x=y$

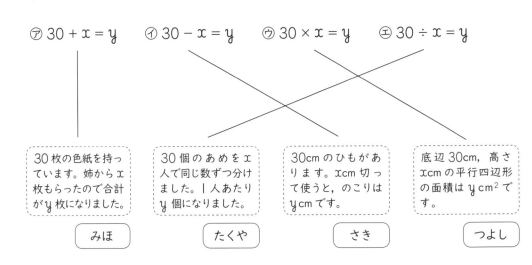

30枚の色紙を持っています。姉からx枚もらったので合計がy枚になりました。（みほ）

30個のあめをx人で同じ数ずつ分けました。1人あたりy個になりました。（たくや）

30cmのひもがあります。$x$cm切って使うと，のこりは$y$cmです。（さき）

底辺30cm，高さ$x$cmの平行四辺形の面積は$y\text{cm}^2$です。（つよし）

POINT まずは，これまでの学習を生かして個人で解決できるようにします。その後，ペアやグループで話し合う機会をとり，

1 文字を使った式と具体的な場面を結びつけましょう

ワークシートで学習できる。

T ㋐・㋑・㋒・㋓の式は，それぞれだれがつくった場面に合っているでしょうか。

㋐ $30+x=y$　㋑ $30-x=y$

㋒ $30\times x=y$　㋓ $30\div x=y$

たくやさんのは分けて1人あたりを求めているから
さきさんのは切った残りだから
みほさんのはもらったのを合わせているから
つよしさんのは，平行四辺形の面積を求めているから

個人で解決をしたら，話し合いをして確かめるようにする。

2 ひし形の面積を求めるための方法と式を線で結びましょう

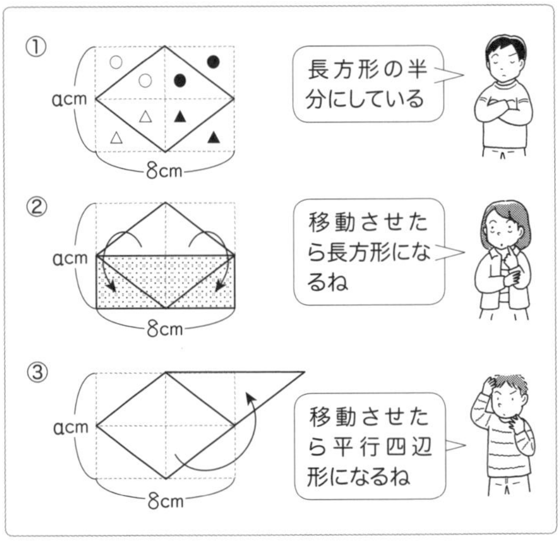

①
acm
8cm
長方形の半分にしている
②
acm
8cm
移動させたら長方形になるね
③
acm
8cm
移動させたら平行四辺形になるね

ここでもまずは，個人で解決をし，その後，話し合いをして確かめるようにする。理由も添えながら発表ができたら，おおいに称賛したい。

準備物
- 板書用図（QR）
- ワークシート（QR）
- ふりかえりシート（QR）

ICT
この時間のような活動では，ICT を使うかどうかは，子どもたちに任せたい。ノートでも良いしプリントでも良い，タブレットに説明するための画像を保存して，説明することも考えられる。

2 〈ひし形の面積を求める図とあてはまる式を線で結ぶ〉

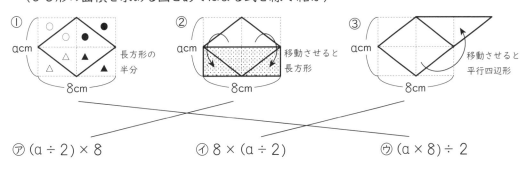

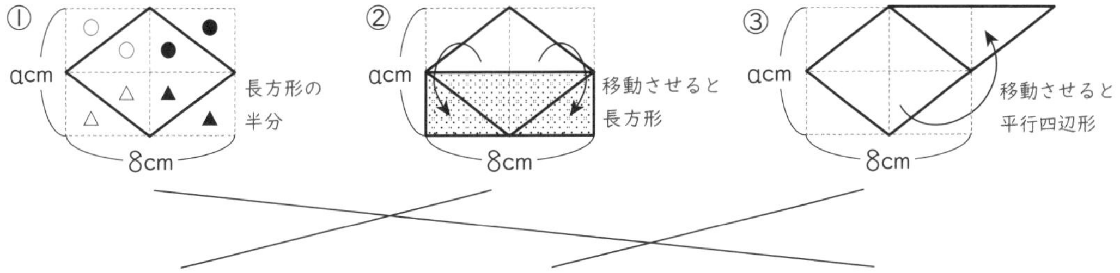

㋐ $(a \div 2) \times 8$　　㋑ $8 \times (a \div 2)$　　㋒ $(a \times 8) \div 2$

3 〈式にふさわしい場面を文章に表そう〉

Ⓐ $x \div 3 = y$　　Ⓘ $x \times 6 = y$　　Ⓤ $x \times 5 + 4 = y$

4 まとめ　式は，ことばと同じように場面を表すことができる

それが全体の発表に繋がるようにします。また，理由を添えた発表を促すことで深い学びになるようにしましょう。

3 文字を使った式から，具体的な場面を考えて文に表しましょう

T　次の３つの式から１つ選び，その式にふさわしい場面を考えて文章にしましょう。

Ⓐ $x \div 3 = y$　Ⓘ $x \times 6 = y$　Ⓤ $x \times 5 + 4 = y$

Ⓐ の $x \div 3 = y$ は x 個のものを３人に等分して１人分を求めるときに作れます

Ⓘ の $x \times 6 = y$ は，たて $x$cm × 横 6 cmの長方形の場面にすれば作れます

Ⓤ の $x \times 5 + 4 = y$ は，x 個ずつが５セットあって，単品が４個あるというようにすれば作れます

式から場面を文章で表すのを難しく感じる子もいる。少し例を示したり，ノートでふりかえりをしたりすることで書き出せるようにする。早くできた子どもには，３つの式全てに挑戦させたい。

4 書いた文章を発表し合って確かめよう

全員が発表の機会がもてるように，まずグループ（または，ペア）で発表し合う。そこでは，直したらいいことも出し合う。

そして，全体でもⒶⒾⓊの順番で発表する。（よくわかるように，投影機などで，書いたものが見えるようにする。）

発表を聞いて，気がついたことなど，感想を出し合う。

Ⓐ の $x \div 3 = y$
x 人の子どもたちが３つのグループに分かれると，１つのグループは y 人になりました。どうですか

Ⓤ の $x \times 5 + 4 = y$
毎日，x ページずつ５日読んだら，まだ４ページ残っている本の全ページ数は y ページです。どうですか

学習のまとめをする。

ふりかえりシートが活用できる。

第5時　ワークシート見本

名前 ＿＿＿＿＿＿＿＿＿＿

□1　㋐・㋑・㋒・㋓の文字を使った式は，だれの文を表していますか。線で結びましょう。

㋐　$30 + x = y$

㋑　$30 - x = y$

㋒　$30 \times x = y$

㋓　$30 \div x = y$

30枚の色紙を持っています。姉から x 枚もらったので合計が y 枚になりました。
（みほ）

30個のあめを x 人で同じ数ずつ分けました。１人あたり y 個になりました。。
（たくや）

30枚の色紙を持っています。姉から x 枚もらったので合計が y 枚になりました。
（さき）

30枚の色紙を持っています。姉から x 枚もらったので合計が y 枚になりました。
（つよし）

□2　ひし形の面積を求めるための方法の図と式を線で結びましょう。

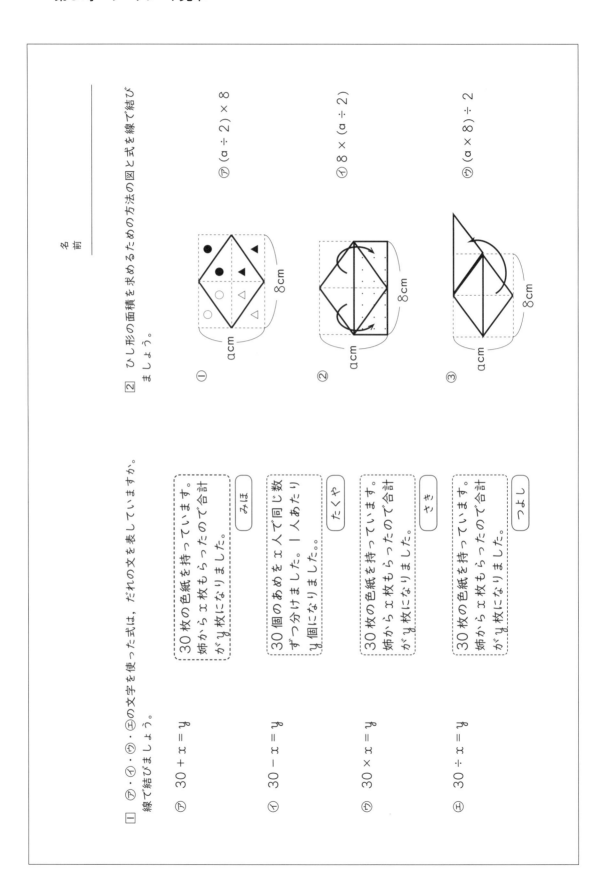

①
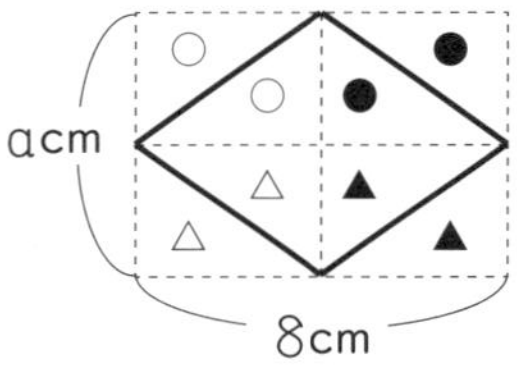

②
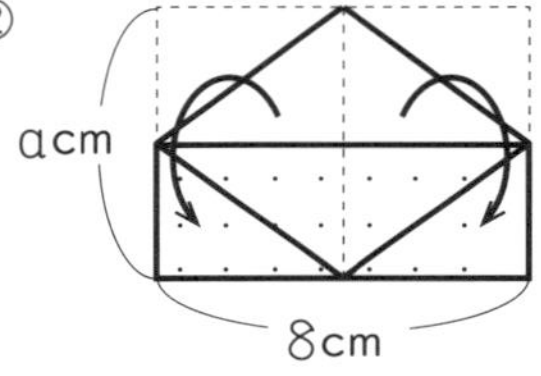

③
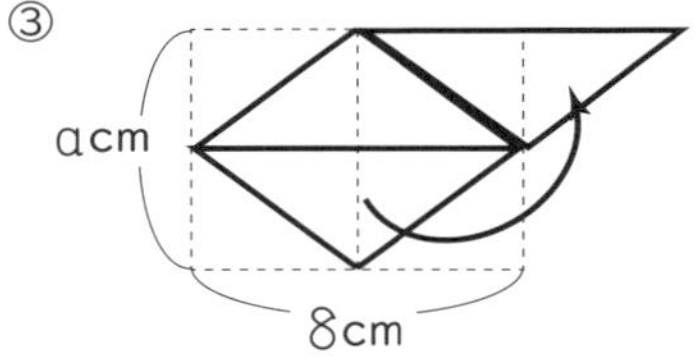

㋐ $(a \div 2) \times 8$

㋑ $8 \times (a \div 2)$

㋒ $(a \times 8) \div 2$

第1時・第5時　ふりかえりシート見本

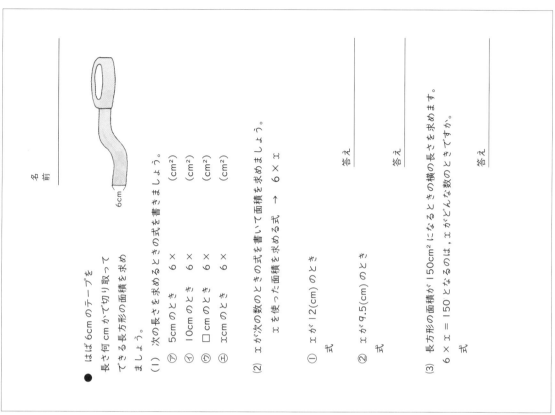

名前

● はば 6cm のテープを長さ何 cm かで切り取ってできる長方形の面積を求めましょう。

(1)　次の長さを求めるときの式を書きましょう。

㋐　5cm のとき　　6 ×　　　　　　(cm²)

㋑　10cm のとき　6 ×　　　　　　(cm²)

㋒　□ cm のとき　6 ×　　　　　　(cm²)

㋓　$x$cm のとき　6 ×　　　　　　(cm²)

(2)　x が次の数のときの式を書いて面積を求めましょう。

x を使った面積を求める式　→　$6 \times x$

①　x が 12(cm) のとき

式

答え ＿＿＿＿＿＿

②　x が 9.5(cm) のとき

式

答え ＿＿＿＿＿＿

(3)　長方形の面積が 150cm² になるときの横の長さを求めます。

$6 \times x = 150$ となるのは，x がどんな数のときですか。

式

答え ＿＿＿＿＿＿

名前

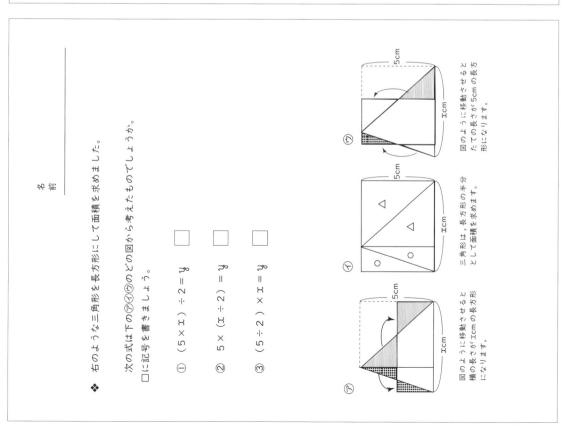

❖ 右のような三角形を長方形にして面積を求めました。

次の式は下の㋐㋑㋒のどの図から考えたものでしょうか。
□に記号を書きましょう。

①　$(5 \times x) \div 2 = y$　□

②　$5 \times (x \div 2) = y$　□

③　$(5 \div 2) \times x = y$　□

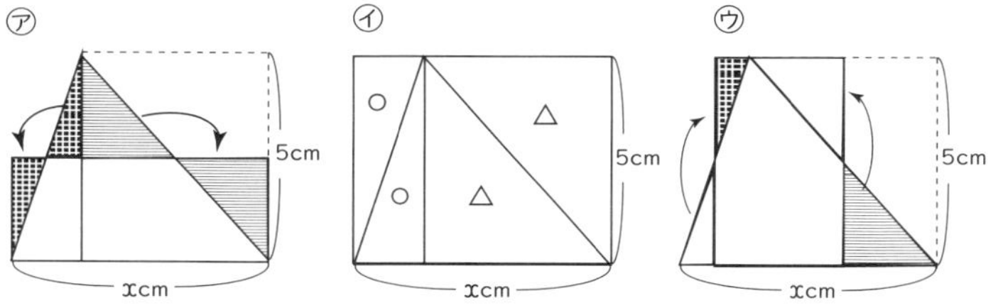

㋐　図のように移動させると横の長さが $x$cm の長方形になります。

㋑　三角形は，長方形の半分として面積を求めます。

㋒　図のように移動させるとたての長さが 5cm の長方形になります。

分数×整数・分数÷整数

全授業時数５時間

◎ 学習にあたって ◎

＜この単元で大切にしたいこと＞

本単元は，分数×分数・分数÷分数の学習につながっていく単元です。計算の仕方だけを学ぶのでは，演算決定の根拠を理解できず，かけ算かわり算かの判断ができなかったり，わり算でも被除数と除数をまちがったりしてしまいます。そのため，かけ算・わり算の意味についてもしっかり振り返っておくことにします。そして，本単元では乗数・除数が整数に限られますが，以後の学習にも生かせるように，「かけ・わり４マス表」を使うことで，かけ算とわり算の関係を整理する学習をしておきます。また，本単元での計算でのつまずきの多くは約分です。単元の指導時間が短い中で，約分に触れる機会を多く設けています。

＜数学的見方考え方と操作活動＞

分数×整数・分数÷整数の計算規則を機械的に教えるのではなく，図を使って子どもたち自身が自ら計算の規則を発見し，なぜそうなるのかを重視することが，本単元の理解を深めるだけでなく，物事を考えていく基礎になると考えます。

＜個別最適な学び・協働的な学びのために＞

本単元では，乗数・除数は整数に限られるのでかけ算わり算の区別は比較的簡単ですが，なぜかけ算なのか，なぜわり算なのかを説明できるようにします。÷分数になると，わり算を等分では説明できなくなります。１あたりを求めることがわり算であることを，右のような「かけ・わり４マス表」を使って説明できるようにします。

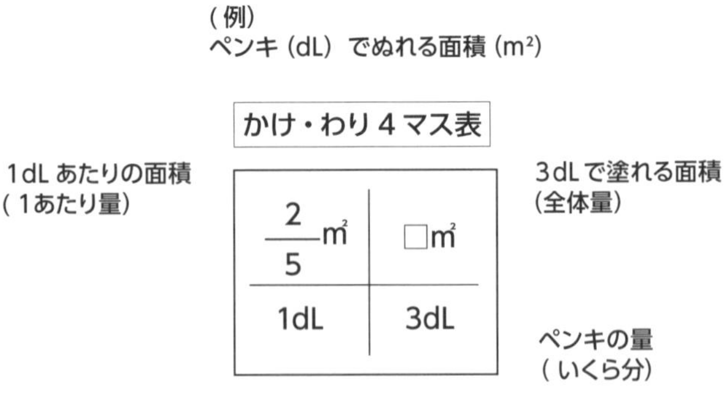

◎評　価◎

知識および技能	分数に整数をかけたり，わったりする計算の意味が分かり，計算できる。
思考力，判断力，表現力等	分数に整数をかけたり，わったりする計算を，筋道をたてて考えることができる。
主体的に学習に取り組む態度	分数に整数をかけたり，わったりする計算の仕方を自分から進んで考えようとする。

◎指導計画　5時間◎

時	題	目　標
1	分数×整数の意味と計算	分数×整数の意味や計算の仕方がわかり，その計算ができる。
2	分数×整数の計算 (約分あり)	分数×整数の計算の途中で，約分のある場合の計算の仕方がわかる。
3	分数÷整数の意味と計算	分数÷整数の意味がわかり，その計算方法を考える。
4	分数÷整数の計算 (約分あり)	分数÷整数の計算方法がわかり，約分のある計算もできるようになる。
5	分数×整数と分数÷整数の仕上げ	分数×整数，分数÷整数の立式の判断ができる。また，分数×整数，分数÷整数の計算に習熟する。

第1時

分数×整数の意味と計算

本時の目標　分数×整数の意味や計算の仕方がわかり，その計算ができる。

板書例

分数の計算を考えよう

1 | dL のペンキで $\frac{2}{5}$ m² のかべをぬることができます。
3dL のペンキでは，何 m² のかべをぬることができますか。

式　$\frac{2}{5} \times 3 = \frac{6}{5}$

$\frac{2}{5}$ m²	□ m²
1dL	3dL

2

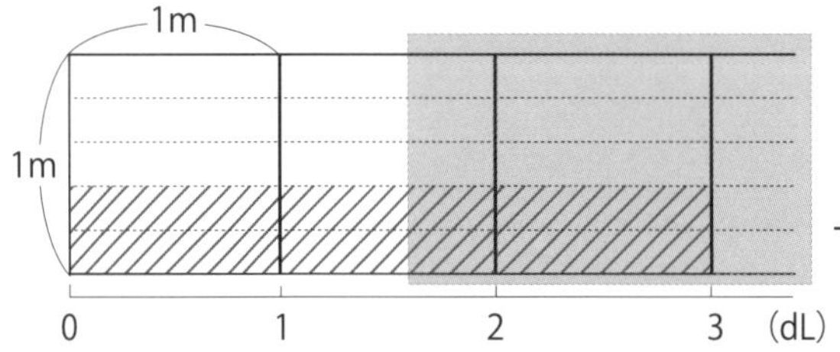

画用紙を右にずらす。→

答え　$\frac{6}{5}$ m²

POINT　ペンキが塗れる面積に色を塗ることで，かけ算の答えである面積を目で見ることができるようになります。

1　3dL のペンキでは，何 m² の壁を塗ることができますか

ワークシートを使って学習できる。

T　1 dL のペンキで $\frac{2}{5}$ m² の壁を塗ることができます。3 dL のペンキでは，何 m² の壁を塗ることができますか。まず，式をたててみましょう。

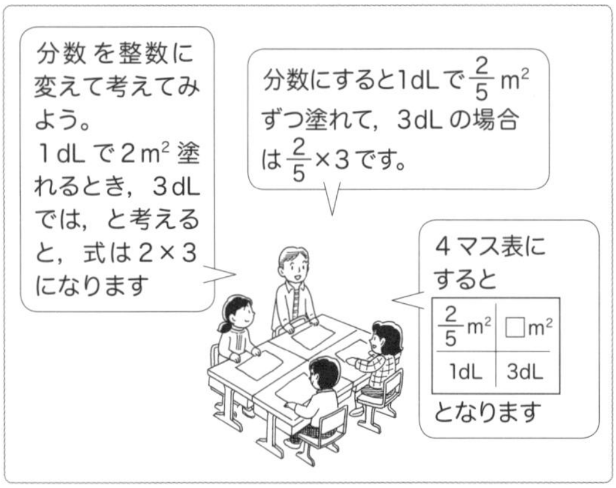

分数を整数に変えて考えてみよう。1 dL で 2 m² 塗れるとき，3 dL では，と考えると，式は 2×3 になります
分数にすると1dLで $\frac{2}{5}$ m² ずつ塗れて，3dL の場合は $\frac{2}{5}$×3 です。
4 マス表にすると
$\frac{2}{5}$ m² | □m²
1dL | 3dL
となります

「かけ・わり 4 マス表」を使う。かけ算わり算の文章問題の立式に役立つ表なので，はじめから使って学習を進める。

2　ワークシートに 3dL 分の色をぬって答えを見つけよう

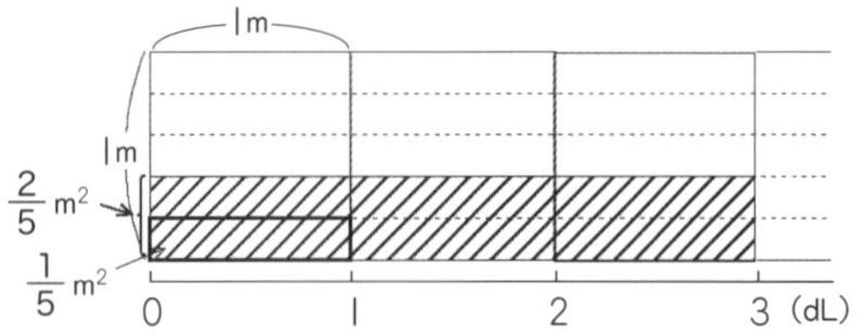

$\frac{2}{5}$ m² が3つで $\frac{6}{5}$ m² です
$\frac{1}{5}$ m² が 6 つで $\frac{6}{5}$ m² です

板書の図では，画用紙などを右にずらしながら，2 dL ではこれだけ塗れるというように，1dL 分ずつ塗り広げることがわかるようにする。

準備物	QR ワークシート QR 板書用図　・画用紙 QR ふりかえりシート

ICT	計算方法を考え，話し合う時には、タブレットのシートにそれぞれの考えを書き，班やグループ，全体で共有しながら進めていくとよい。

3 〈図を見ながら計算方法を考えよう〉

分母　1を何等分しているか

分子　等分したものが何個あるか

$$\frac{2}{5}\times 3=\frac{2\times 3}{5}=\frac{6}{5}$$

$\frac{1}{5}$ が 2 × 3 ある

1m² を 5 等分している

まとめ　分数に整数をかける計算は，分母はそのままにして分子にその整数をかけます。　$\frac{b}{a}\times c=\frac{b\times c}{a}$

4 〈計算練習をしよう〉

① $\frac{4}{9}\times 2=\frac{4\times 2}{9}=\frac{8}{9}$

② $\frac{2}{7}\times 6=\frac{2\times 6}{7}=\frac{12}{7}$

3 $\frac{2}{5}\times 3=\frac{6}{5}$ から計算方法を考えよう

T　$\frac{2}{5}\times 3=\frac{6}{5}$ から気づくことはありませんか。

C　分母はそのままで，分子に整数をかけて答えを求めています。

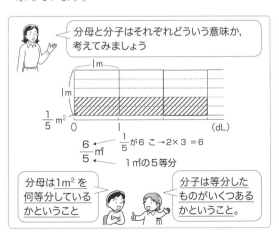

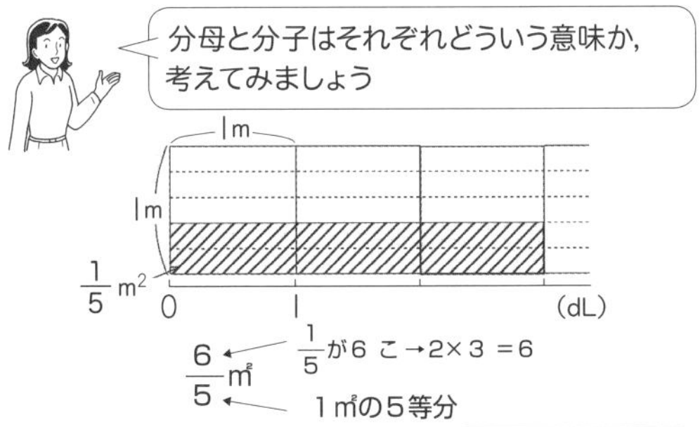

分母は1m²を何等分しているかということ

分子は等分したものがいくつあるかということ。

C　分子にかける数の整数をかければいいね。

学習のまとめをする。

4 $\frac{b}{a}\times c=\frac{b\times c}{a}$ で計算練習をしよう

ワークシートの計算練習をする。

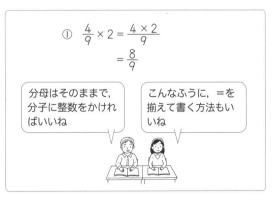

① $\frac{4}{9}\times 2=\frac{4\times 2}{9}=\frac{8}{9}$

分母はそのままで，分子に整数をかければいいね

こんなふうに，＝を揃えて書く方法もいいね

分数の計算で分子に４×２のように書くのは初めてなので，１問ずつていねいに計算の途中の式を書くように指示をする。

ふりかえりシートが活用できる。

第 2 時

分数×整数の計算（約分あり）

本時の目標　分数×整数の計算の途中で，約分のある場合の計算の仕方がわかる。

板書例

分数のかけ算の答えをかんたんに表そう

1　1本が $\frac{7}{8}$ m のなわとびのひもを 4本作ります。ひもは，何 m 必要ですか。

式　$\frac{7}{8}\times 4$

$\frac{7}{8}$ m	□ m
1本	4本

㋐　$\frac{7}{8}\times 4=\frac{7\times 4}{8}$

$=\frac{\cancel{28}^{7}}{\cancel{8}_{2}}$

㋑　$\frac{7}{8}\times 4=\frac{7\times \cancel{4}^{1}}{\cancel{8}_{2}}$

$=\frac{7}{2}$

答え　$\frac{7}{2}$ m

2　〈 $\frac{6}{7}\times 14$ の計算をしよう〉

㋐　$\frac{6}{7}\times 14=\frac{6\times 14}{7}$

$=\frac{\cancel{84}^{12}}{\cancel{7}_{1}}$

㋑　$\frac{6}{7}\times 14=\frac{6\times \cancel{14}^{2}}{\cancel{7}_{1}}$

$=12$

まとめ　計算の途中で約分する方がかんたんに計算できる。

POINT　計算の途中で約分したら，すっきり，楽に計算できる感覚がもてるようになるといいでしょう。

1 縄跳びのひもは何 m 必要ですか

T　1本が $\frac{7}{8}$ m の縄跳びのひもを 4本作ろうと思います。ひもは何m 必要ですか。

C　式は $\frac{7}{8}\times 4$ です。

C　表にかくと右のようになります。1あたり量といくら分をかけて，全体の量を求めます。

$\frac{7}{8}$ m	□ m
1本	4本

答えが約分できるから，約分しました

㋐ $\frac{7}{8}\times 4=\frac{7\times 4}{8}=\frac{\cancel{28}^{7}}{\cancel{8}_{2}}$

計算の途中で約分しました

㋑ $\frac{7}{8}\times 4=\frac{7\times \cancel{4}^{1}}{\cancel{8}_{2}}=\frac{7}{2}$

約分する方法は上記のように 2通りあります。途中で約分する方が簡単な問題に出会うと，その方が便利であることがわかる。

2 ㋐と㋑のどちらが簡単か考えよう

T　$\frac{6}{7}\times 14$ の計算を㋐と㋑ 2つの方法でしてみましょう。

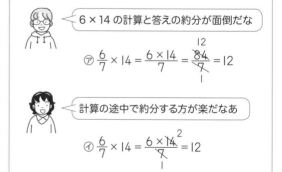

6 × 14 の計算と答えの約分が面倒だな

㋐ $\frac{6}{7}\times 14=\frac{6\times 14}{7}=\frac{\cancel{84}^{12}}{\cancel{7}_{1}}=12$

計算の途中で約分する方が楽だなあ

㋑ $\frac{6}{7}\times 14=\frac{6\times \cancel{14}^{2}}{\cancel{7}_{1}}=12$

上記のように途中の式もノートに書き，約分したことも消さずに残しておくように指導する。そうすれば，答えが違っている場合は，どこで間違っていたのかを確認できる。

学習のまとめをする。

準備物	QR ワークシート①② QR ふりかえりシート

ICT	計算迷路や暗号を探し出すプリントなどをできるだけ多く用意し，子どもたちのタブレットに送信しておく。子どもは自分のペースで学習を進めることができる。

3 〈楽しんで計算練習をしよう〉

① 計算迷路

約分を忘れずにする。

答えの大きい方へ進む。

答えの分母がちがったら，通分して比べる。

② とびらを開ける暗号を探し出そう

約分を忘れずにする。

答えの分母と分子を表にあてはめて文字を見つけていく

分子／分母	3	4	5	7	8	9	10
2	さ	ん	く	す	う	や	の
3	ぶ	を	ん	す	ん	す	う
4	わ	の	か	け	ざ	ん	を
5	し	れ	っ	か	り	れ	ん
6	し	ゅ	ず	う	し	よ	う
7	が	ん	☆	ば	ぶ	れ	☆
9	♪	が	ん	ば	れ	♪	に

3 計算練習を楽しくやろう

ワークシートで学習する。

① 計算迷路

T 分数のかけ算迷路です。答えの大きい方に進みましょう。約分できるときは必ず約分しましょう。

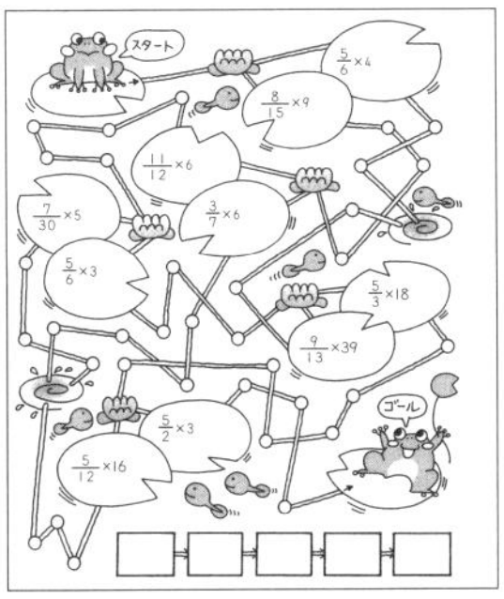

計算したら分母が違うよ
そんなときは通分して比べたらいいよ

② とびらを開ける暗号文を見つけ出そう

T 答えを文字の表にあてはめて，暗号を探し出しましょう。ここでも気をつけることは，約分ですよ。

①の計算をしたら，$\frac{9}{2}$ になった。右のように，分母と分子の数で交ったところが，暗号の文字になるね

分子／分母	3	4	5	7	8	9	10
2	さ	ん	く	す	う	や	の
3	ぶ	を	ん	す	ん	す	う
4	わ	の	か	け	ざ	ん	を
5	し	れ	っ	か	り	れ	ん
6	し	ゅ	ず	う	し	よ	う
7	が	ん	☆	ば	ぶ	れ	☆
9	♪	が	ん	ば	れ	♪	に

ふりかえりシートが活用できる。

第3時

分数÷整数の意味と計算

本時の目標 分数÷整数の意味がわかり，その計算方法を考える。

板書例

分数の計算を考える

1

2dL のペンキで $\frac{4}{5}$ m² のかべをぬることができます。
1dL のペンキでは，何 m² のかべをぬることができますか。

□ m²	$\frac{4}{5}$ m²
1dL	2dL

1 あたりを求めるのはわり算

式 $\frac{4}{5} \div 2 = \frac{4 \div 2}{5}$

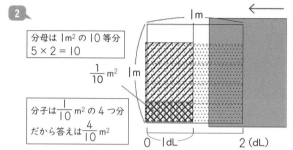

$= \frac{2}{5}$

答え $\frac{2}{5}$ m²

2

分母は 1m² の 10 等分
$5 \times 2 = 10$

分子は $\frac{1}{10}$ m² の 4 つ分
だから答えは $\frac{4}{10}$ m²

画用紙を左にずらす。

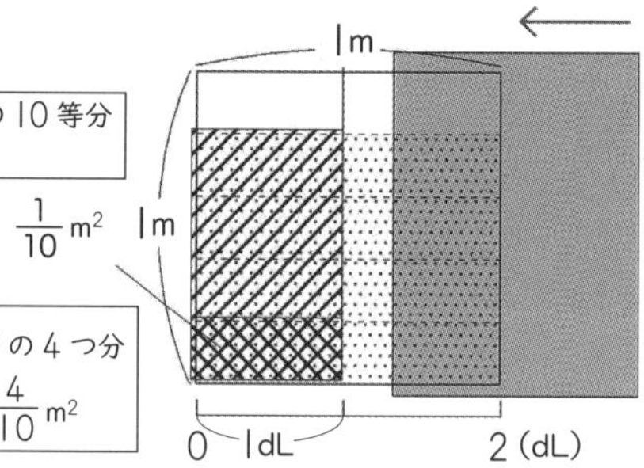

まとめ

1 あたり量を求めるときは，分数の場合でもわり算の式になる

POINT わり算の式だから，計算もわり算で行おうと考えるのが自然です。ここでは，無理に分母に整数をかけることはしないで

1 かけ・わり 4 マス表を書いて，何算の式になるか考えましょう

T　2dL のペンキで $\frac{4}{5}$ m² の壁を塗ることができます。1dL では何 m² の壁を塗ることができますか。

□m²	$\frac{4}{5}$ m²
1dL	2dL

1dL あたりを求めるからわり算です

□× 2 = $\frac{4}{5}$ だから□を求める式は $\frac{4}{5}$ ÷ 2 です

T　1 dL で塗れる面積を求めるときはわり算です。

1 あたり量を求めるのはわり算であることを確認しておく。

2 1dL で塗れる面積に色を塗って答えを求めよう

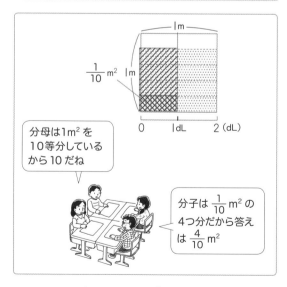

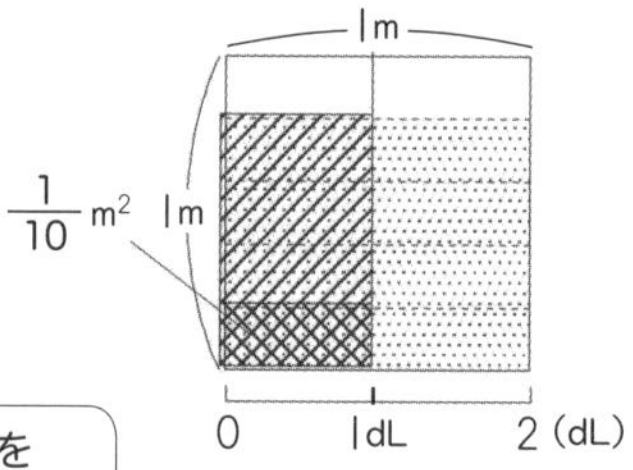

分母は1m² を 10等分しているから 10 だね

分子は $\frac{1}{10}$ m² の 4つ分だから答えは $\frac{4}{10}$ m²

C　答えは，$\frac{4}{10}$ を約分して $\frac{2}{5}$ になります。

黒板では画用紙を左にずらしながら，1 dL ではこれだけ塗れますというようにする。

準備物	
	QR ワークシート QR ふりかえりシート QR 板書用図 ・画用紙

ICT	
	計算方法を考え話し合う時には，タブレットのシートにそれぞれの考えを書き，班やグループ，全体で共有しながら進めていくとよい。

3 〈計算方法を考えましょう〉

㋐ $\frac{4}{5} \div 2 = \frac{4}{5 \times 2}$

$= \frac{\cancel{4}^{2}}{\cancel{10}_{5}}$

分母に整数をかける

㋑ $\frac{4}{5} \div 2 = \frac{4 \div 2}{5}$

$= \frac{2}{5}$

分子を整数でわる

4 〈計算練習をしてみよう〉

① $\frac{2}{3} \div 3$

㋐ $\frac{2}{3} \div 3 = \frac{2}{3 \times 3}$

$= \frac{2}{9}$

分子を 3 でわれるようにして計算する

㋑ $\frac{2}{3} = \frac{6}{9}$　　$\frac{6}{9} \div 3 = \frac{6 \div 3}{9}$

$= \frac{2}{9}$

おきましょう。

3 計算の方法を考えよう

T　式は，$\frac{4}{5} \div 2$ です。答えは，$\frac{4}{10} = \frac{2}{5}$ となりました。これから，計算方法はどのようになるか考えてみましょう。

$\frac{4}{5} \div 2 = \frac{2}{5}\ (\frac{4}{10})$

÷2は，分母の5にかけたらいいと思います。
$\frac{4}{5} \div 2 = \frac{4 \div 2}{5} = \frac{2}{5}$ 分子を2でわります
わり算なのに，かけ算するのは変だよ

二通りの考え方が出てくると予想される。どちらの考え方が良いと教師が決めないで，どちらの考え方も称賛する。

4 自分で考えた計算方法で計算してみよう

ワークシートで学習する。

T 「分数÷整数」の計算方法を考えましたね。自分が正しいと思う計算方法でワークシートの計算を解いてみましょう。

① $\frac{2}{3} \div 3$

$\frac{2}{3} \div 3 = \frac{2}{3 \times 3} = \frac{2}{9}$
となります

$\frac{2}{3}$ を $\frac{6}{9}$ にして分子が 3 でわれるようにします。
$\frac{6}{9} \div 3 = \frac{6 \div 3}{9} = \frac{2}{9}$
となる

ふりかえりシートが活用できる。

第4時 分数÷整数の計算（約分あり）

本時の目標　分数÷整数の計算方法がわかり，約分のある計算もできるようになる。

板書例

分数÷整数の計算ができるようになろう

1 3dL のペンキで $\frac{4}{5}$ m² のかべをぬることができます。
|dL のペンキでは，何 m² のかべをぬることができますか。

2 式 ① $\frac{4}{5} \div 3 = \frac{4}{5 \times 3}$

② $\frac{4}{5} \div 3 = \frac{4 \times 3}{5 \times 3} \div 3$

$= \frac{4 \times 3 \div 3}{5 \times 3}$

$= \frac{4}{5 \times 3}$

分母は |m² の |5 等分
5 × 3 = |5

$\frac{1}{15}$ m²

分子は $\frac{1}{15}$ m² の 4 つ分
だから答えは $\frac{4}{15}$ m²

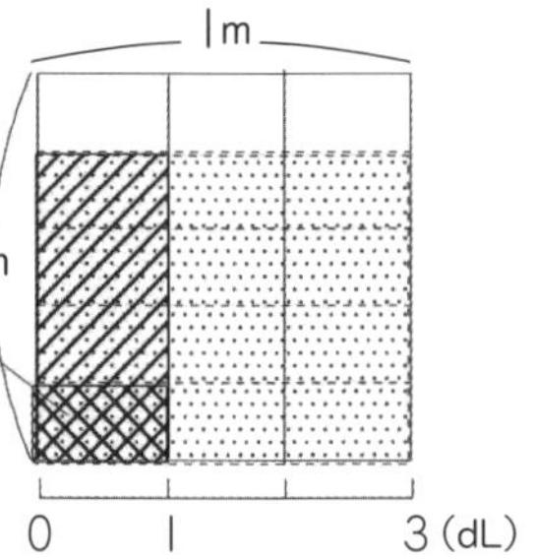

答え $\frac{4}{15}$ m²

まとめ　分数を整数でわる計算は，分子をそのままにして分母に整数をかける。

$\frac{b}{a} \div c = \frac{b}{a \times c}$

POINT　計算の習熟練習も数をこなすような練習だけでなく，楽しく取り組めるような工夫も必要です。

1　4マス表にかいて立式しよう

問題文を提示する。

T　どんな式になるでしょう。かけ・わり 4 マス表をかいて考えましょう。

4マス表をかけば，何算になるかが，すぐにわかるね。便利だね

□m²	$\frac{4}{5}$ m²
1dL	3dL

1あたり量を求めるからわり算で間違いない

T　図から答えがわかりますか。

C　1m² を 15 に分けているから，分母は 15 です。

C　答えになる 1dL あたりでみると，$\frac{1}{15}$ m² が 4 個あるから，答えは $\frac{4}{15}$ m² です。

2　計算方法を考えよう

2つの計算方法を見つけていましたね。どちらか選んでやってみましょう

こうすれば，分子のわり算でできるよ $\frac{4}{5} = \frac{12}{15}$

分母に 3 をかけた方が簡単よ

T　$\frac{4}{5}$ を $\frac{12}{15}$ にして，わり算にするのはよく考えましたね。$\frac{4}{5}$ を $\frac{12}{15}$ にするときにどうしていますか。

C　分母と分子に 3 をかけています。

T　では，そこから計算を書いてみますよ。

$$\frac{4}{5} \div 3 = \frac{4 \times 3}{5 \times 3} \div 3 = \frac{4 \times 3 \div 3}{5 \times 3} = \frac{4}{5 \times 3}$$

C　結局，分母に 3 をかけることになっているね。

納得の仕方は一様ではないが，分数÷整数は整数を分母にかけることを説明する。

準備物	
	QR ワークシート（あみだくじ） QR ふりかえりシート QR 板書用図

ICT	
	計算迷路や暗号を探し出すプリントなどをできるだけ多く用意し，子どもたちのタブレットに送信しておく。子どもは自分のペースで学習を進めることができる。

3 〈計算をしよう〉

$$\frac{6}{5} \div 4$$

$$\frac{6}{5} \div 4 = \frac{6}{5 \times 4} = \frac{\overset{3}{\cancel{6}}}{\underset{10}{\cancel{20}}}$$

$$\frac{6}{5} \div 4 = \frac{\overset{3}{\cancel{6}}}{5 \times \underset{2}{\cancel{4}}} = \frac{3}{10}$$

まとめ　計算のと中で約分できるときは，約分してから計算しましょう（まな板約分）

4 〈ワクワク計算練習をしよう〉

3 約分のある計算の方法を考えよう

T　次の計算をしてみましょう。

T　かけ算と同じように，途中で約分したらいいですね。

$\frac{\overset{3}{\cancel{6}}}{5 \times \underset{2}{\cancel{4}}}$ と約分しましたね。まな板みたいだから，「まな板約分」ですね。

学習のまとめをする。

4 ワクワク計算練習をしよう

T　計算をして，あみだくじで答えを書きましょう。約分を忘れないようにしましょう。

ふりかえりシートが活用できる。

第5時
分数×整数と分数÷整数の仕上げ

本時の目標
分数×整数, 分数÷整数の立式の判断ができる。また, 分数×整数, 分数÷整数の計算に習熟する。

板書例

分数×整数, 分数÷整数の仕上げをしよう

1

□1 4mで $\frac{20}{9}$ kgのパイプがあります。
このパイプ1mの重さは何kgですか。

□kg	$\frac{20}{9}$kg
1m	4m

式 $\frac{20}{9} \div 4 = \frac{\overset{5}{\cancel{20}}}{9 \times \underset{1}{\cancel{4}}}$

$= \frac{5}{9}$

答え $\frac{5}{9}$kg

2

□2 1mが $\frac{8}{9}$ kgのパイプがあります。
このパイプ3mの重さは何kgですか。

$\frac{8}{9}$kg	□kg
1m	3m

式 $\frac{8}{9} \times 3 = \frac{8 \times \overset{1}{\cancel{3}}}{\underset{3}{\cancel{9}}}$

$= \frac{8}{3}$

答え $\frac{8}{3}$kg

POINT 4マス表にかいてから, 立式するように, 分数のかけ算わり算の計算では「まな板約分」を丁寧に書くように指導しま

1 □1の問題を解決しましょう。

T　□1の問題を解決しましょう。かけ算かわり算か, わかりますか。

C　かけ・わり4マス表をかいてみよう。

まずは1人で解決したあとで, 隣の人と確かめ合い, 全体での確かめに繋げていく。

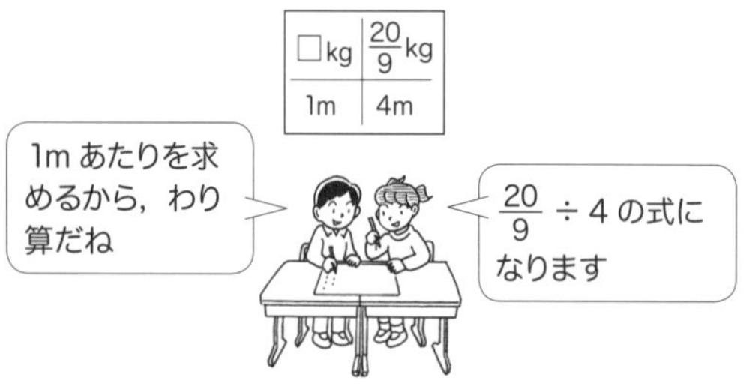

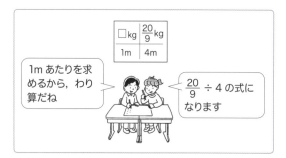

C　約分を忘れずに計算しました。

C　答えは, $\frac{5}{9}$kgになりました。

2 □2の問題を解決しましょう。

T　□2の問題を解決しましょう。かけ算かわり算か, わかりますか。

C　□1の問題文と似ているな。これも早速かけ・わり4マス表をかいてやってみよう。

C　この計算でも約分を忘れずに計算しよう。

C　答えは, $\frac{8}{3}$kgになりました。

準備物	QR ワークシート（サボテン迷路） QR ふりかえりシート	ICT	基本がしっかりできてから，迷路プリントなどを活用させたい。基本が不十分な子どもには、計算練習プリントを送信する。

3 〈計算練習〉

① $\frac{5}{7} \times 2$　② $\frac{3}{8} \times 4$　③ $\frac{9}{20} \times 8$　④ $\frac{4}{9} \times 18$

⑤ $\frac{3}{4} \div 6$　⑥ $\frac{4}{5} \div 2$　⑦ $\frac{20}{9} \div 5$　⑧ $\frac{6}{5} \div 4$

4 〈計算サボテン迷路に挑戦しよう〉

スタート $\frac{5}{2} \div 2 = \frac{5}{4}$　$\frac{5}{4} \times 3 = \frac{15}{4}$　$\frac{15}{4} \div 10 = \frac{3}{8}$　$\frac{3}{8} \times 6 = \frac{9}{4}$

$\frac{9}{4} \div 5 = \frac{9}{20}$　$\frac{9}{20} \times 12 = \frac{27}{5}$　$\frac{27}{5} \div 9 = \frac{3}{5}$　$\frac{3}{5} \times 3 = \frac{9}{5}$

$\frac{9}{5} \div 6 = \frac{3}{10}$　$\frac{3}{10} \times 10 = \boxed{3}$ ゴール

しょう。

3 計算練習をしましょう

T　かけ算とわり算の両方があります。間違わないように気を付けてしましょう。

① $\frac{5}{7} \times 2$　② $\frac{3}{8} \times 4$　③ $\frac{9}{20} \times 8$　④ $\frac{4}{9} \times 18$

⑤ $\frac{3}{4} \div 6$　⑥ $\frac{4}{5} \div 2$　⑦ $\frac{20}{9} \div 5$　⑧ $\frac{6}{5} \div 4$

かけ算は分子に，わり算は分母に整数をかけるのを間違わずにしよう
約分を忘れずにしましょう

T　できた後は，隣の人と確かめて答え合わせをしましょう。

4 計算サボテン迷路に挑戦しましょう

T　分数のかけ算とわり算の計算が混ざった迷路です。通った整数をかけたり，わったりして次へと進みます。

最後の答えは3になったスッキリ！
スタート
さぼてん
答え
ゴール

ふりかえりシートが活用できる。

第２時　ワークシート見本

分数かけ算迷路

◎次の計算をして，答えの大きい方へ進み，ゴールまで行きましょう。通ったほうの答えを□に書きましょう。約分できるものは，必ず約分しましょう。

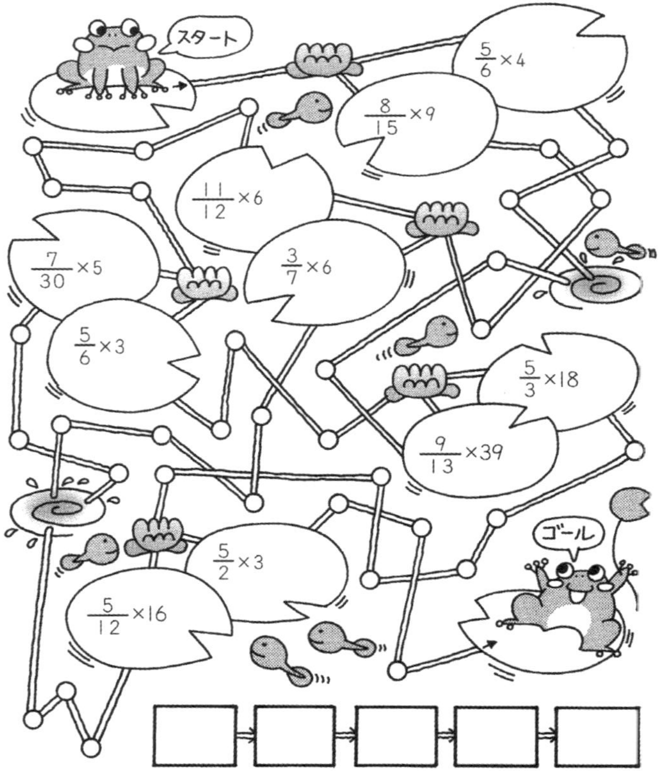

とびらを開ける暗号を探し出そう

◎とびらをあける暗号をさがし出しましょう。計算の答え（約分できるものはする）の分母をたてに，分子を横に見て，そこに書かれた文字をならべましょう。

分子＼分母	3	4	5	7	8	9	10
2	さ	ん	く	す	う	や	の
3	ぶ	を	ん	す	ん	す	う
4	わ	の	か	け	ざ	ん	を
5	し	れ	っ	か	り	れ	ん
6	し	ゅ	ず	う	し	よ	う
7	が	ん	☆	ば	ぶ	れ	☆
9	♪	が	ん	ば	れ	♪	に

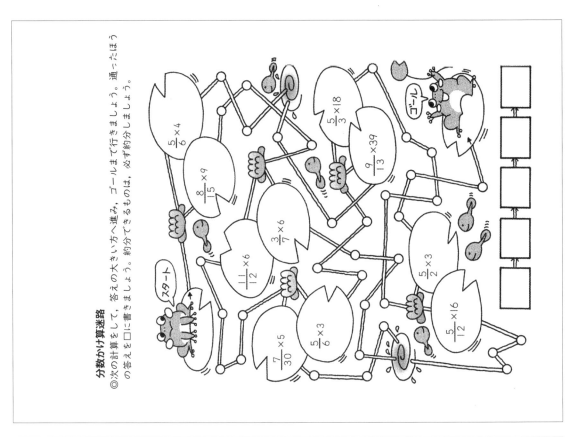

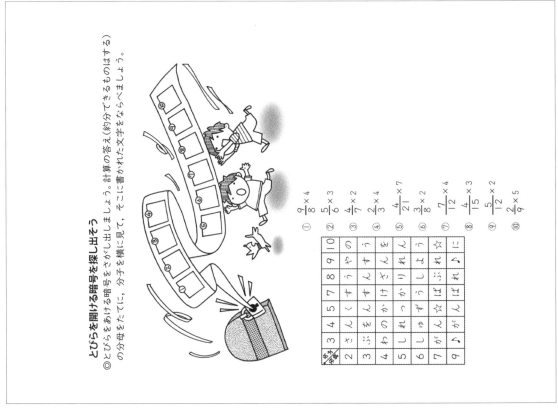

① $\frac{9}{8}\times4$
② $\frac{5}{6}\times3$
③ $\frac{4}{7}\times2$
④ $\frac{2}{3}\times4$
⑤ $\frac{4}{21}\times7$
⑥ $\frac{3}{8}\times2$
⑦ $\frac{7}{12}\times4$
⑧ $\frac{4}{15}\times3$
⑨ $\frac{5}{12}\times2$
⑩ $\frac{2}{9}\times5$

第４時・第５時　ワークシート見本

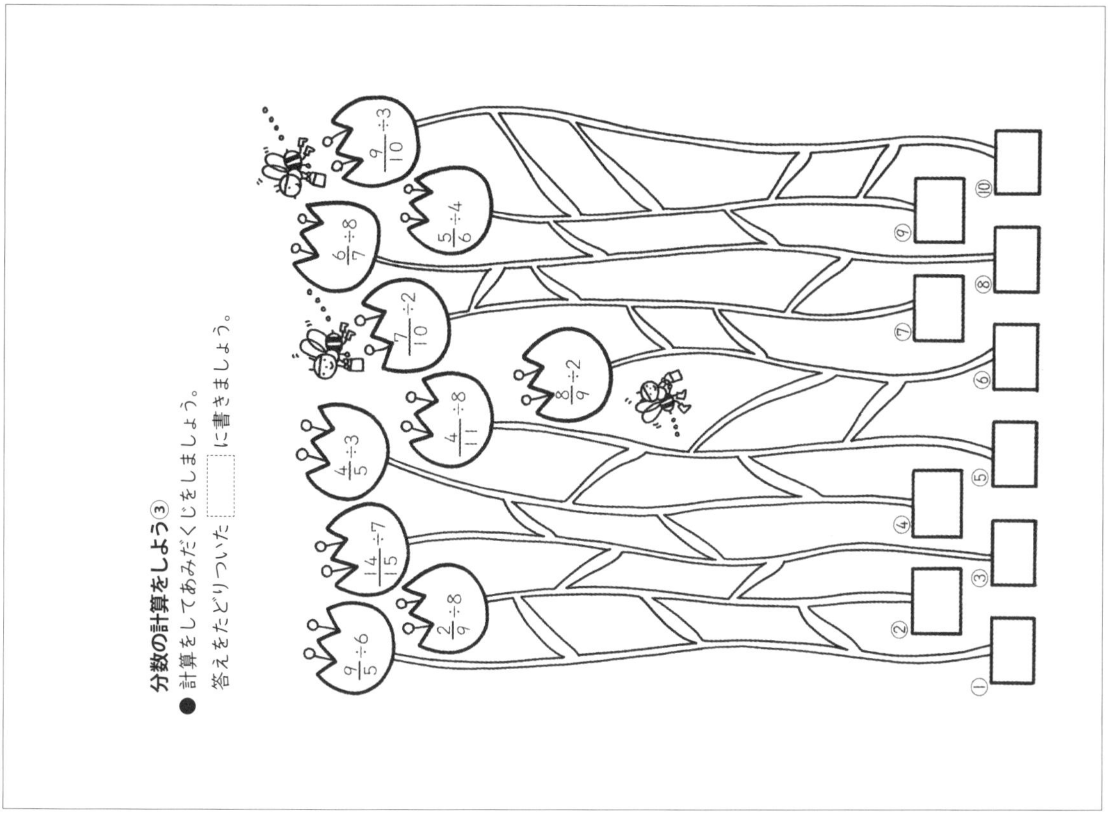

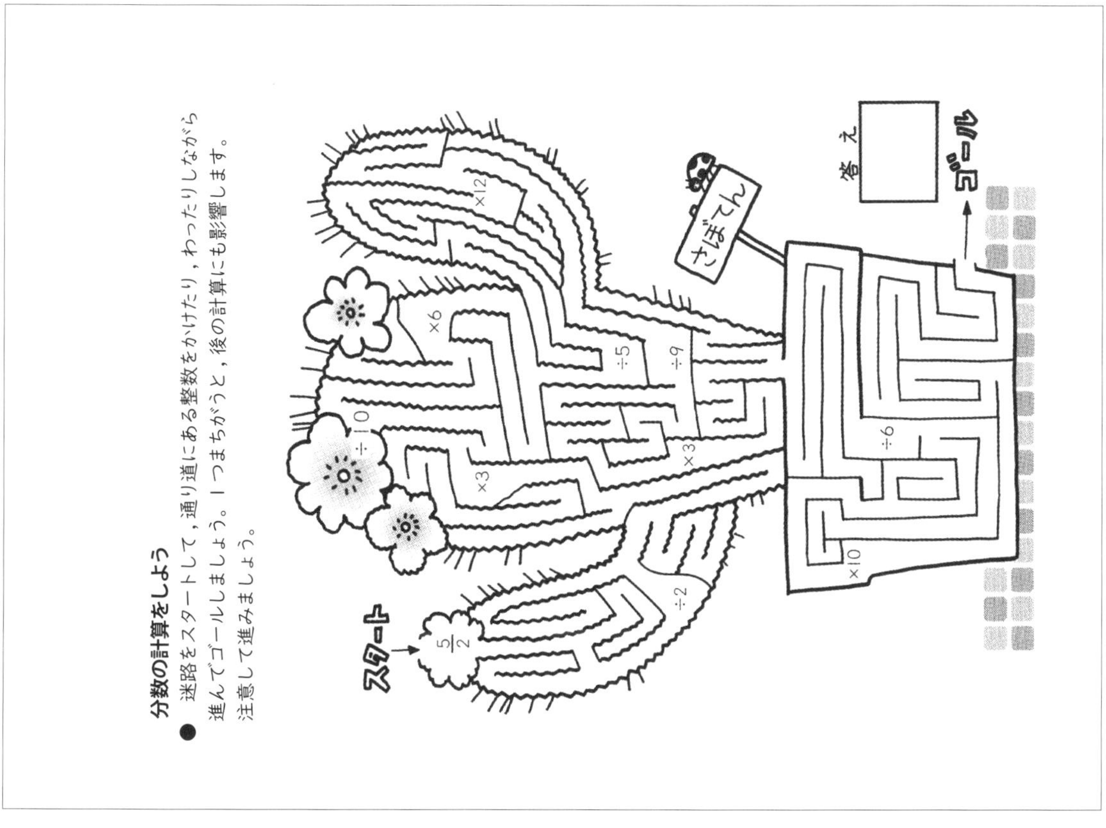

分数のかけ算

全授業時数９時間

◎ 学習にあたって ◎

＜この単元で大切にしたいこと＞

この単元の学習は，これまで学習してきたかけ算の意味と計算を，分数に適応するものです。分数の乗除は，整数の乗除のように場面を頭の中で思い浮かべるのことは困難です。そこで，「かけ・わり４マス表」で乗除の意味を丁寧に指導します。

また，色塗りなどをして，分数×分数の図を構成し，そこから答えや計算規則を考える数学的活動をすることで，楽しく理解する授業展開ができます。

(整数 × 整数) $2 \times 3 = 6$

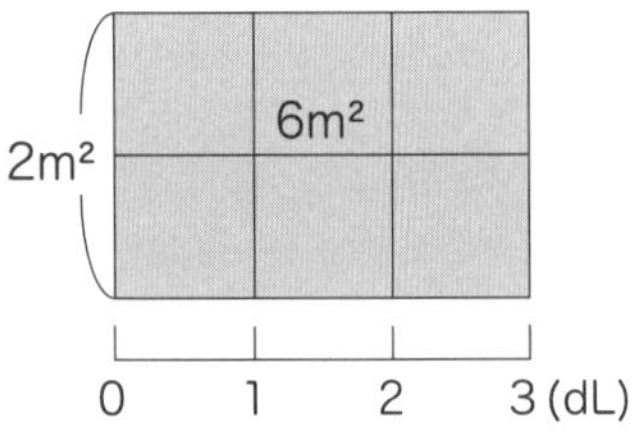

(小数 × 小数) $2.3 \times 3.2 = 7.36$

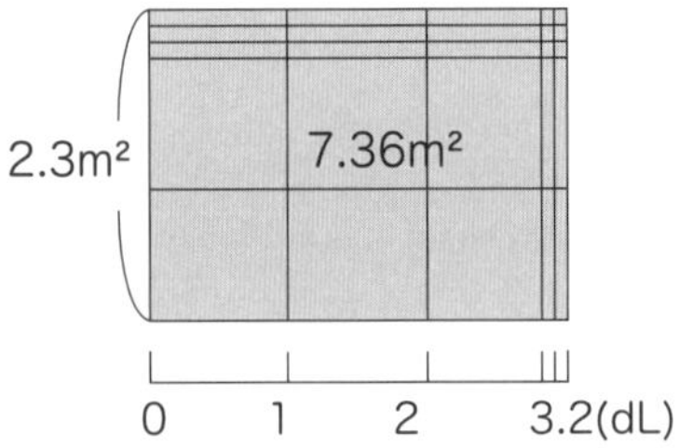

(分数 × 分数) $\frac{4}{5} \times \frac{2}{3} = \frac{8}{15}$

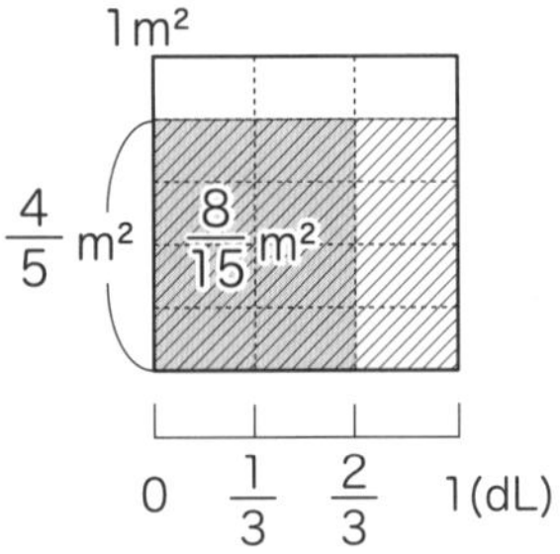

＜数学的見方考え方と操作活動＞

どの教科書も分数のかけ算では，上のような図を使った説明を取り入れています。子どもたちは見ただけだと，図の意味がはっきり分からないでしょう。自分で図を構成していく過程を通して，図の意味が理解できるものです。手を動かして考えることは，理解を深く確かなものにします。

＜個別最適な学び・協働的な学びのために＞

分数は日常的には割合を表すときに扱われることが多いので，注意しないと割合の見方で分数を考えてしまいます。どちらも $\frac{1}{3}$ L なのに下の B さんのような間違いをしてしまいます。

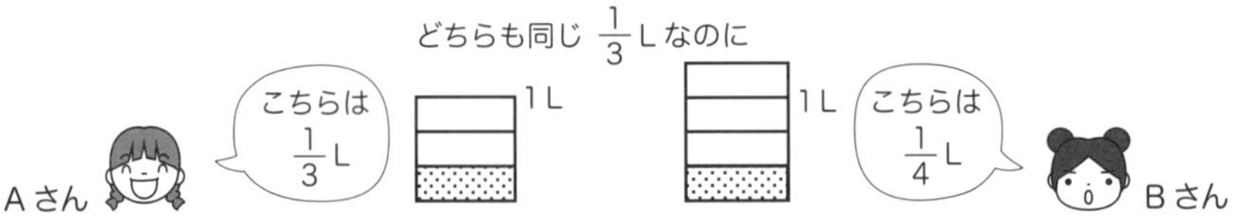

１Lや１mなど，１の大きさが明確になっていないと，このような間違いを起こしてしまいます。ですから，ここでは量をもとにして，１単位の大きさを明らかにして図に表します。操作活動を丁寧に行えば，どの子も自分自身の手で図が構成できます。そして，どの子も答えを見つけ出したり，分数のかけ算の意味や計算規則を考えることができるようになります。

◎ 評　価 ◎

知識および技能	分数をかける意味と計算の仕方が分かり，その計算ができる。
思考力，判断力，表現力等	分数をかける計算の仕方を，筋道を立てて考えることができる。
主体的に学習に取り組む態度	これまでの学習を生かし，分数のかけ算の意味を考えようとする。

◎ 指導計画　9時間 ◎

時	題	目　標
1	分数をかける意味	分数をかけることの意味を考える。
2	分数×分数の計算	分数×分数の計算の仕方を考え，計算ができるようになる。
3	分数×分数 （約分あり）	分数×分数で，約分のある計算ができるようになる。
4	整数×分数， 帯分数×帯分数	文章問題の立式ができる。 整数×分数や帯分数の計算は，仮分数に直して計算すればよいことがわかり，計算できるようになる。
5	分数で求める面積	辺の長さが分数になっても，面積の公式をあてはめて面積を求めることができる。
6	3 □の計算	分数の連乗（3 □）の計算の仕方を理解し，その計算ができる。
7	積の大きさ	真分数をかけると，積がかけられる数よりも小さくなることがわかる。
8	逆数	逆数の意味とその求め方を理解する。
9	時間を表す分数	時間を表す分数を理解する。 時間・分・秒の関係を分数で表すことができる。

第1時 分数をかける意味

本時の目標　分数をかけることの意味を考える。

板書例

計算の意味を考えよう

|dL のペンキで ㋐ m² のかべをぬることができます。
㋑ dL のペンキでは，何 m² のかべをぬることができますか。

1 〈㋐を 3　㋑を 2 にして〉

1dLでぬれる量→　←ぬれる面積　←ペンキの量

3m²	□ m²
1dL	2dL

式　$3 \times 2 = 6$

答え　6m²

2 〈㋐を $\frac{4}{5}$　㋑を 2 にして〉

1dLでぬれる量　ぬれる面積　ペンキの量

$\frac{4}{5}$m²	□ m²
1dL	2dL

式　$\frac{4}{5} \times 2 = \frac{8}{5}$

答え　$\frac{8}{5}$ m²

|dL でぬれる面積×ペンキの量＝ぬれる面積

POINT「かけわり 4 マス表」を使うことで，分数をかける意味も理解でき，演算決定もできるようになります。

1 かけ算の意味をもう一度確認しましょう。

ワークシートを使って学習できる。

T　1 dL のペンキでかべを 3m² ぬれるペンキがあります。このペンキ 2 dL ではかべを何m²ぬることができますか。

問題文の㋐に 3 を㋑に 2 のカードを貼る。

1dLでぬれる量→　←ぬれる面積　←ペンキの量

3m²	□m²
1dL	2dL

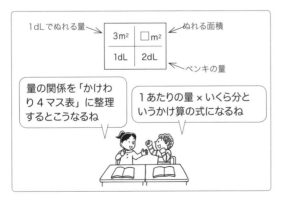

量の関係を「かけわり 4 マス表」に整理するとこうなるね

1 あたりの量 × いくら分というかけ算の式になるね

「かけわり 4 ます表」は前の単元（分数×整数）で教えておく。「かけわり 4 ます表」でかけ算の意味を確かめる。

2 分数×整数の場合を確かめて次へつなげる

T　1 dL のペンキでかべを $\frac{4}{5}$ m²ぬれるペンキがあります。このペンキ 2 dL ではかべを何m²ぬることができますか。

問題文の㋐を $\frac{4}{5}$ のカードに貼りかえ，2 dL のペンキでぬれる面積を求める。

1dLでぬれる量　ぬれる面積　ペンキの量

$\frac{4}{5}$m²	□m²
1dL	2dL

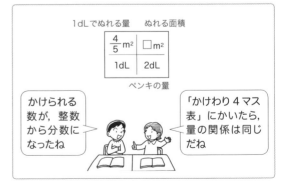

かけられる数が，整数から分数になったね

「かけわり 4 マス表」にかいたら，量の関係は同じだね

1 dL でぬれる面積×ペンキの量＝ぬれる面積
（1 あたりの量）×（いくら分）＝（全体の量）

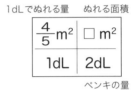

準備物		ICT	
QR 動画「分数×分数」（ペンキ） QR ワークシート　QR ふりかえりシート QR 板書用図 ・画用紙			シェーマ図やマス図の元を，タブレットのシートで作成して，子どもたちに送信しておく。そのシートをもとに，考えをタブレットで共有しながら話し合う。

3 〈㋐を $\frac{4}{5}$ ㋑を $\frac{2}{3}$ にして〉

1dLでぬれる量　ぬれる面積

$\frac{4}{5}$ m^2	□ m^2
1dL	$\frac{2}{3}$ dL

ペンキの量

式　$\frac{4}{5} \times \frac{2}{3}$

まとめ

1dL でぬれる面積×ペンキの量＝ぬれる面積
1dL でぬれる面積やペンキの量が分数になっても，整数のときと同じように，かけ算の式になる。

4 〈図に表して答えを見つけよう〉

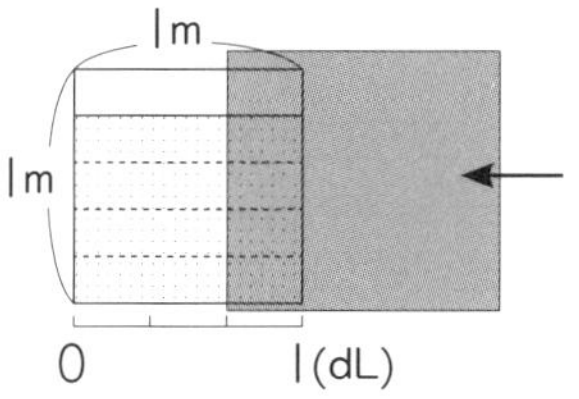

$\frac{2}{3}$ dL まで動かせば答えが見える。

答えは $\frac{4}{5}$ m^2 よりもせまくなる。

3 分数×分数にしてみよう

T　$\frac{2}{3}$ dL のペンキでは何㎡のかべにぬることができますか。どのような式になるか考えよう。

問題文の㋑を $\frac{2}{3}$ のカードに貼りかえる。

1dLでぬれる量　ぬれる面積

$\frac{4}{5}$ m^2	□ m^2
1dL	$\frac{2}{3}$ dL

ペンキの量

かけわり4マス表にかいたら，量の関係は，やっぱり同じだね

ペンキの量が分数になっても，かけ算で求めるのは同じだね

黒板の「ことばの式」を見ながらまとめる。

T　ペンキの量が分数でも，整数のときと同じように，かけ算の式をたてることができます。

学習のまとめをする。

4 詳しい図に表してみよう

T　答えを見つけるために詳しい図をかいてみましょう。

1dL で $\frac{4}{5}$ m^2 ですね。
画用紙は，どこまで動かせばいいですか

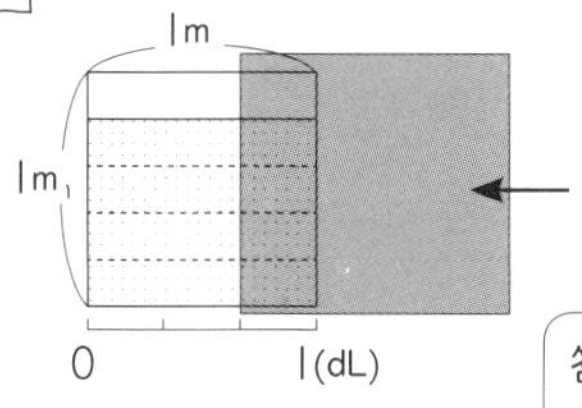

答えは，$\frac{4}{5}$ m^2 よりも狭くなるね

$\frac{2}{3}$ dL まで動かしたら，答えにあたる広さがわかる

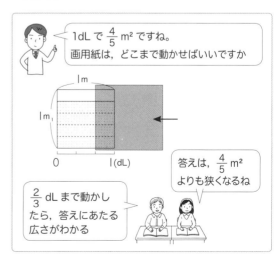

T　次の時間に図から答えを求めてみましょう。

ふりかえりシートが活用できる。

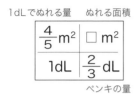

第2時

分数×分数の計算

本時の目標　分数×分数の計算の仕方を考え，計算ができるようになる。

板書例

分数×分数の計算の仕方を考えよう

ⅠdL のペンキで $\frac{4}{5}$ m² のかべをぬることができます。
$\frac{2}{3}$ dL のペンキでは，何 m² のかべをぬることができますか。

1

1dLでぬれる量	ぬれる面積
$\frac{4}{5}$ m²	□ m²
1dL	$\frac{2}{3}$ dL

ペンキの量

式　$\frac{4}{5} \times \frac{2}{3}$

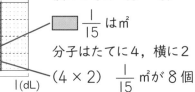

※画用紙を $\frac{2}{3}$ dL までずらす

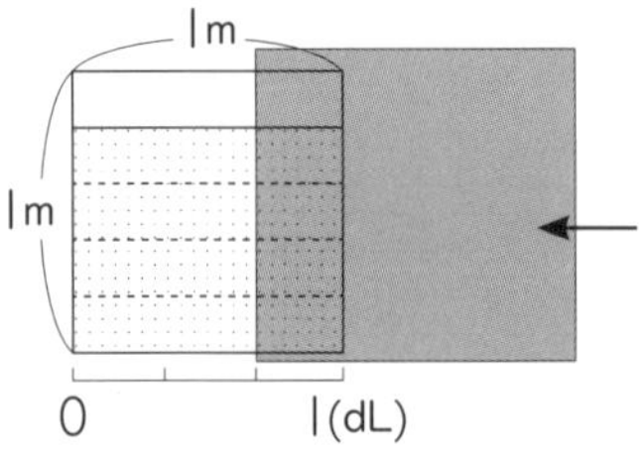

1m
1m
0
1(dL)

2

Aさんの考え

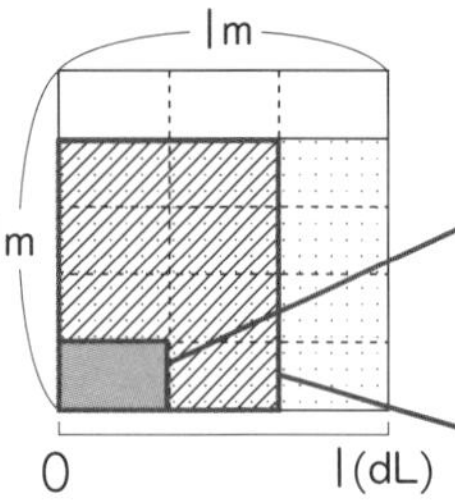

1m
1m
0
1(dL)

分母はたてに5等分・
横に3等分（5 × 3）

$\frac{1}{15}$ はm²

分子はたてに4，横に2
（4 × 2）　$\frac{1}{15}$ m²が 8 個

$$\frac{4}{5} \times \frac{2}{3} = \frac{4 \times 2}{5 \times 3}$$
$$= \frac{8}{15}$$

POINT　分数のかけ算は，なぜ分母どうし分子どうしをかければいいのか，図を使って考えて説明したり，理解できたりするように

1　色をぬって答えを見つけよう

T　1dLのペンキで $\frac{4}{5}$ m²ぬれるペンキがあります。$\frac{2}{3}$ dL のペンキでは，何m²ぬれますか，

C　式は $\frac{4}{5} \times \frac{2}{3}$ になります。

T　ワークシートの図の答えになるところに色をぬって考えましょう。

黒板では画用紙を1dL から左にずらして $\frac{2}{3}$ dL でぬれる面積を調べる。

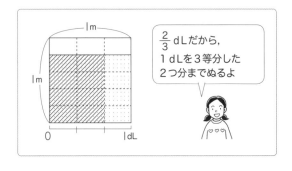

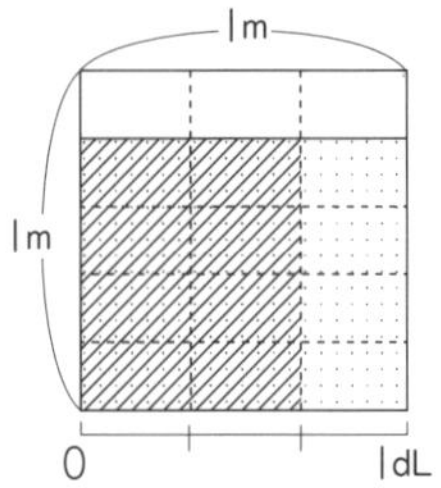

1m
1m
0
1dL

$\frac{2}{3}$ dLだから，
1dLを3等分した
2つ分までぬるよ

2　計算の方法を考えよう(1)

Aさんの発表例

縦の線を引いて見ると，1m² がたてに5，横に3で，15等分されています。図のように，マス1つ分の面積は $\frac{1}{15}$ m² です
答えになるところには $\frac{1}{15}$ m² が 8 つあるので，答えは $\frac{8}{15}$ m² です
計算の仕方は，1m² を 5 × 3 に分けているから，分母は 5×3。それが 4 × 2 あるから，分子は 4 × 2。だから，$\frac{4}{5} \times \frac{2}{3} = \frac{4 \times 2}{5 \times 3} = \frac{8}{15}$ です

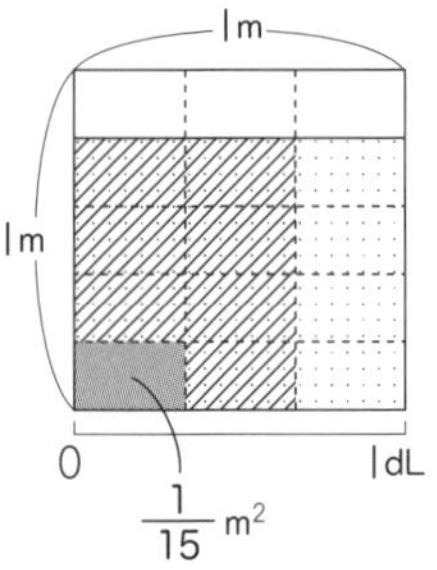

1m
1m
0
1dL
$\frac{1}{15}$ m²

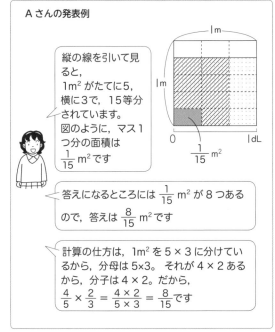

準備物
・色鉛筆　・画用紙　・ものさし
QR 板書用図
QR ワークシート
QR ふりかえりシート

ICT
4マス図を使って，なぜ分母同士をかけるのか，分子同士をかけるのかを説明させたい。自分の考えをタブレットのシートに記入し，画像を共有しながら考えを話し合わせたい。

3 Bさんの考え

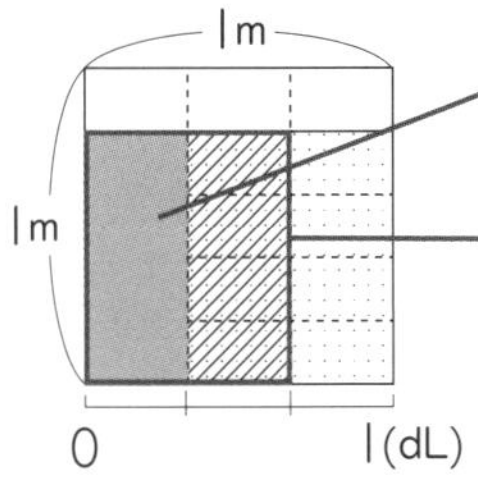

$\frac{4}{5}$ m^2 の3等分だから　$\frac{4}{5} \div 3 = \frac{4}{15}$　$\frac{4}{5} \div 3 \times 2 = \frac{4 \times 2}{5 \times 3}$

$\frac{4}{15}$ の2つ分だから　$\frac{4}{15} \times 2 = \frac{8}{15}$　$= \frac{8}{15}$

4 まとめ

分数×分数の計算は，
分母どうし，分子どうしをかければよい　$\frac{b}{a} \times \frac{d}{c} = \frac{b \times d}{a \times c}$

〈計算練習をしよう〉

① $\frac{3}{4} \times \frac{5}{8}$　② $\frac{2}{3} \times \frac{2}{7}$　③ $\frac{2}{5} \times \frac{1}{3}$

④ $\frac{5}{3} \times \frac{2}{7}$　⑤ $\frac{10}{9} \times \frac{8}{7}$　⑥ $\frac{6}{5} \times \frac{7}{5}$

しましょう。

3 計算の方法を考えよう(2)

Bさんの発表例

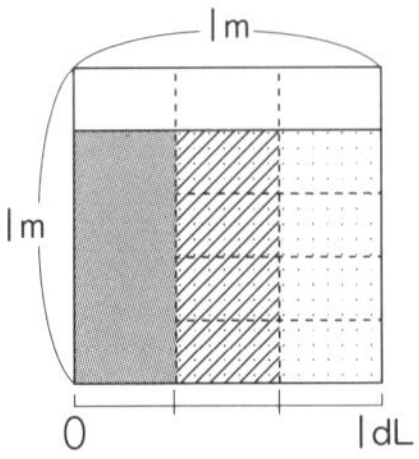

答えの部分は $\frac{4}{5}$ m^2 を3等分した2つ分と考えました

$\frac{4}{5}$ m^2 の3等分だから
$\frac{4}{5} \div 3 = \frac{4}{5 \times 3} = \frac{4}{15}$
になり，その2つ分だから
$\frac{4}{15} \times 2 = \frac{4 \times 2}{15} = \frac{8}{15}$ となります

まとめると
計算は $\frac{4}{5} \times \frac{2}{3} = \frac{4 \times 2}{5 \times 3} = \frac{8}{15}$ です

4 計算方法をまとめて，練習しよう

2つの発表から，分母は5×3＝15，分子は4×2＝8であることを確認し，分数×分数は，分母どうし，分子どうしをかければよいことを話し合う。

学習のまとめをする。

T　計算練習をしましょう。

① $\frac{3}{4} \times \frac{5}{8}$
② $\frac{2}{3} \times \frac{2}{7}$
③ $\frac{2}{5} \times \frac{1}{3}$
④ $\frac{5}{3} \times \frac{2}{7}$
⑤ $\frac{10}{9} \times \frac{8}{7}$
⑥ $\frac{6}{5} \times \frac{7}{5}$

分母は分母どうし，分子は分子どうしかければできるね

ふりかえりシートが活用できる。

第3時

分数×分数（約分あり）

本時の目標 分数×分数で，約分のある計算ができるようになる。

板書例

約分のある計算の仕方を考えよう

1 $\boxed{\frac{3}{4} \times \frac{2}{3}}$

Ⓐ $\frac{3}{4} \times \frac{2}{3} = \frac{3 \times 2}{4 \times 3}$

$= \frac{6}{12}$　<u>約分していない</u>

Ⓑ $\frac{3}{4} \times \frac{2}{3} = \frac{3 \times 2}{4 \times 3}$

$= \frac{\cancel{6}^{1}}{\cancel{12}_{2}}$　<u>答えで約分</u>

Ⓒ $\frac{3}{4} \times \frac{2}{3} = \frac{{}^{1}\cancel{3} \times \cancel{2}^{1}}{{}_{2}\cancel{4} \times \cancel{3}_{1}}$

$= \frac{1}{2}$　<u>計算のと中で約分</u>

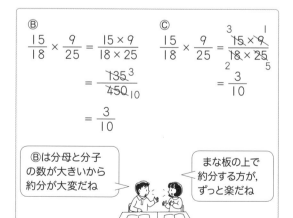

2 $\boxed{\frac{15}{18} \times \frac{9}{25}}$

Ⓑ $\frac{15}{18} \times \frac{9}{25} = \frac{15 \times 9}{18 \times 25}$

$= \frac{\cancel{135}^{3}}{\cancel{450}_{10}}$　＜大変だ

Ⓒ $\frac{15}{18} \times \frac{9}{25} = \frac{{}^{3}\cancel{15} \times \cancel{9}^{1}}{{}_{2}\cancel{18} \times \cancel{25}_{5}}$

$= \frac{3}{10}$

（POINT）計算間違いの多くは，約分です。計算の途中で約分しても不十分なときがあります。答えでもう一度約分できないか確かめる

1 $\frac{3}{4} \times \frac{2}{3}$ の計算をしてみよう

Ⓐ

$\frac{3}{4} \times \frac{2}{3} = \frac{3 \times 2}{4 \times 3}$

$= \frac{6}{12}$

Ⓑ

$\frac{3}{4} \times \frac{2}{3} = \frac{3 \times 2}{4 \times 3}$

$= \frac{\cancel{6}^{1}}{\cancel{12}_{2}}$

$= \frac{1}{2}$

Ⓒ

$\frac{3}{4} \times \frac{2}{3} = \frac{{}^{1}\cancel{3} \times \cancel{2}^{1}}{{}_{2}\cancel{4} \times \cancel{3}_{1}}$

$= \frac{1}{2}$

T　ⒷとⒸどちらの約分のしかたが便利か，次の計算で考えてみましょう。

2 約分の仕方を比べてみよう

T　Ⓑ（最後に約分する方法）とⒸ（途中で約分する方法）では，どちらの方が簡単にできるでしょうか。

Ⓑ

$\frac{15}{18} \times \frac{9}{25} = \frac{15 \times 9}{18 \times 25}$

$= \frac{\cancel{135}^{3}}{\cancel{450}_{10}}$

$= \frac{3}{10}$

Ⓒ

$\frac{15}{18} \times \frac{9}{25} = \frac{{}^{3}\cancel{15} \times \cancel{9}^{1}}{{}_{2}\cancel{18} \times \cancel{25}_{5}}$

$= \frac{3}{10}$

Ⓑは分母と分子の数が大きいから約分が大変だね
まな板の上で約分する方が，ずっと楽だね

計算の途中で約分した方が，便利で簡単という意見を引き出したい。

準備物	QR ふりかえりシート QR ワークシート	ICT	約分をしなければいけない場合の計算問題を多く用意し，子どもたちのタブレットに送信しておく。簡単な計算から難しい計算まで幅広く用意しておく。

3 〈この計算はいいのかな？〉

Ⓑ $\frac{27}{8} \times \frac{12}{9} = \frac{\overset{9}{\cancel{27}} \times \overset{6}{\cancel{12}}}{\underset{4}{\cancel{8}} \times \underset{3}{\cancel{9}}}$

$= \frac{54}{12}$ ＜ まだ約分できる　$\frac{\overset{9}{\cancel{54}}}{\underset{2}{\cancel{12}}}$

まとめ
- 計算のと中で約分した方が，計算がかんたんで楽にできる。
- 答えのところで，もう一度約分できないか確かめよう。

4 〈難しい計算にチャレンジしよう〉

① $\frac{11}{9} \times \frac{6}{33} = \frac{\overset{1}{\cancel{11}} \times \overset{2}{\cancel{6}}}{\underset{3}{\cancel{9}} \times \underset{3}{\cancel{33}}}$

$= \frac{2}{9}$

② $\frac{19}{5} \times \frac{16}{57} = \frac{\overset{1}{\cancel{19}} \times 16}{5 \times \underset{3}{\cancel{57}}}$

$= \frac{16}{15}$

ように注意を促しておきましょう。

3 こんなこともあるから，気をつけよう

T　次の計算はどうですか。途中で約分しているよ。

$\frac{27}{8} \times \frac{12}{9}$

$= \frac{\overset{9}{\cancel{27}} \times \overset{6}{\cancel{12}}}{\underset{4}{\cancel{8}} \times \underset{3}{\cancel{9}}}$

$= \frac{54}{12}$

まだ，6 で約分できるよ $\frac{54}{12} = \frac{9}{2}$

途中で約分したけど
まだ約分できるね

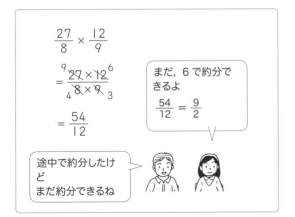

計算途中で約分していても上記のような間違いがあるので，答えで約分できないか，再度確認するようにさせたい。

学習のまとめをする。

4 難しい計算にもチャレンジしよう

T　① $\frac{11}{9} \times \frac{6}{33}$ と ② $\frac{19}{5} \times \frac{16}{57}$ の計算にチャレンジしよう。

①の 11 と 33 は 11 で約分できるね

②の 19 と 57 は，19 で約分できるね

約分で，わる数が 7 や 11，13，17，19 など大きい数になると難しくなる。そのような問題にもトライさせて，計算力をつけさせたい。

ふりかえりシートが活用できる。

第 4 時

整数×分数，帯分数×帯分数

本時の目標

文章問題の立式ができる。
整数×分数や帯分数の計算は，仮分数に直して計算すればよいことがわかり，計算できるようになる。

板書例

整数や帯分数のある問題を解決しよう

1

[1] 1mが 120 円のロープがあります。このロープ $\frac{3}{4}$ m のねだんはいくらですか。

1m 分のねだん　$\frac{3}{4}$ m 分のねだん

120 円	□円
1m	$\frac{3}{4}$ m

いくら分

式 $120 \times \frac{3}{4} = \frac{120}{1} \times \frac{3}{4}$

$= \frac{\overset{30}{\cancel{120}} \times 3}{1 \times \cancel{4}_{1}}$

$= 90$

整数を分数に直して計算する

答え 90 円

2

[2] 1mが $1\frac{1}{2}$ kg の鉄の棒（ぼう）があります。この鉄の棒 $1\frac{1}{3}$ m の重さは何 kg ですか。

$1\frac{1}{2}$ kg	□ kg
1m	$1\frac{1}{3}$ m

式 $1\frac{1}{2} \times 1\frac{1}{3} = \frac{3}{2} \times \frac{4}{3}$

$= \frac{\overset{1}{\cancel{3}} \times \overset{2}{\cancel{4}}}{\underset{1}{\cancel{2}} \times \underset{1}{\cancel{3}}}$

$= 2$

帯分数を仮分数に直して計算する

答え 2 kg

POINT かけ算の単元だからかけ算の式にするのではなく，量の関係を「かけわり 4 マス表」に整理して，立式できるようにして

1 [1]の問題を解決しましょう。

T　1 mが 120 円のロープがあります。このロープ $\frac{3}{4}$ mの値段はいくらですか。

C　かけ・わり 4 マス表をかいて立式して解決しよう。

120 円	□円
1m	$\frac{3}{4}$ m

式は $120 \times \frac{3}{4}$ です。

整数も分数になおせば，今までと同じように計算できるはずだよ
120を分数にすると $\frac{120}{1}$ です

2 [2]の問題を解決しましょう。

T　1 mが $1\frac{1}{2}$ kg の鉄の棒があります。この鉄の棒 $1\frac{1}{3}$ mの重さは何 kg ですか。

C　これもかけ・わり 4 マス表をかいて立式しよう。式は，$1\frac{1}{2} \times 1\frac{1}{3}$ です。

T　今までと同じように計算するには，どうすればいいでしょうか。

準備物	QR ワークシート QR ふりかえりシート

ICT	問題文をタブレットのシートに作成する。式と答えまで完成したら，全員が共有できるようにしておく。クラスのオリジナル問題集ができる。

3 〈計算練習〉

① $2\times\frac{3}{4}=\frac{\overset{1}{\cancel{2}}\times 3}{\underset{2}{\cancel{4}}}$

$=\frac{3}{2}\ (1\frac{1}{2})$

② $75\times\frac{2}{3}=\frac{\overset{25}{\cancel{75}}\times 2}{\underset{1}{\cancel{3}}}$

$=50$

③ $1\frac{1}{5}\times\frac{1}{3}=\frac{6}{5}\times\frac{1}{3}$

$=\frac{\overset{2}{\cancel{6}}\times 1}{5\times\underset{1}{\cancel{3}}}$

$=\frac{2}{5}$

④ $2\frac{1}{3}\times 1\frac{2}{7}=\frac{7}{3}\times\frac{9}{7}$

$=\frac{\overset{1}{\cancel{7}}\times\overset{3}{\cancel{9}}}{\underset{1}{\cancel{3}}\times\underset{1}{\cancel{7}}}$

$=3$

4 〈問題文作りにチャレンジ〉

㋐ $900\times\frac{2}{3}$

㋑ $1\frac{3}{4}\times 1\frac{2}{3}$

例　1kgが900円のさとうがあります。$\frac{2}{3}$kg では代金は何円ですか。

例　1m が $1\frac{3}{4}$kg のホースがあります。$1\frac{2}{3}$m では何 kg ですか。

おきましょう。

3 計算練習をしましょう

T　整数も帯分数も仮分数に直せば，今までと同じように計算できますね。

学習のまとめをする。

T　次の計算練習をしましょう。

① $2\times\frac{3}{4}$

② $75\times\frac{2}{3}$

③ $1\frac{1}{5}\times\frac{1}{3}$

④ $2\frac{1}{3}\times 1\frac{2}{7}$

整数も帯分数も仮分数にすれば，今まで通りに計算できるね

ここでも，約分を忘れずにしましょう

4 問題文作りにチャレンジしよう。㋐ $900\times\frac{2}{3}$ ㋑ $1\frac{3}{4}\times 1\frac{2}{3}$ のどちらかを選んで作ろう

T　今までに学習した文章題を参考にして書いてもいいですよ。かけ・わり 4 マス表にもかいてみよう。

作品例

900 円	□円
1kg	$\frac{2}{3}$ kg

かけわり 4 マス表は上のようになります。考えた問題文は，「1kg が 900 円の砂糖があります。$\frac{2}{3}$ kg では代金は何円ですか。」です

$1\frac{3}{4}$ kg	□ kg
1m	$1\frac{2}{3}$ m

「1m が $1\frac{3}{4}$ kg のホースがあります。$1\frac{2}{3}$ m では何 kg ですか。」としました

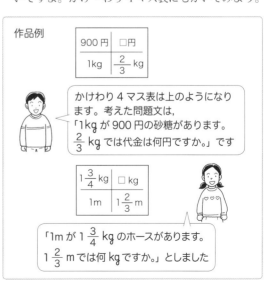

ふりかえりシートが活用できる。

第 5 時

分数で求める面積

本時の目標

辺の長さが分数になっても，面積の公式をあてはめて面積を求めることができる。

板書例

長さが分数の面積を求めよう

1

$\boxed{1}$ 縦が $\frac{3}{5}$ m，横が $\frac{3}{4}$ m の長方形の面積

式 $\frac{3}{5} \times \frac{3}{4} = \frac{3 \times 3}{5 \times 4}$

$= \frac{9}{20}$　　$\frac{9}{20}$ m²

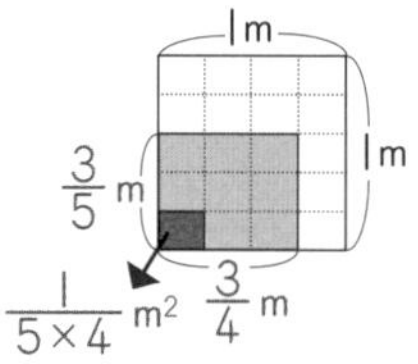

$\frac{1}{5 \times 4}$ ㎡が
3 × 3 個分

$\frac{9}{20}$ ㎡

2

$\boxed{2}$ 1辺が $1\frac{1}{3}$ m の正方形の面積

式 $1\frac{1}{3} \times 1\frac{1}{3} = \frac{4}{3} \times \frac{4}{3}$

$= \frac{4 \times 4}{3 \times 3}$

$= \frac{16}{9}$　　$\frac{16}{9}$ m²

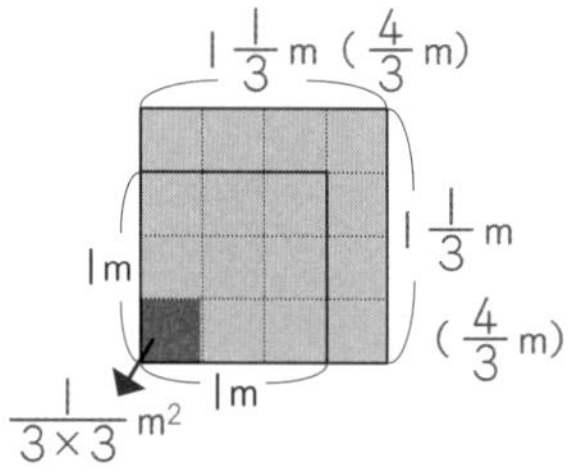

$\frac{1}{3 \times 3}$ ㎡が
4 × 4 個分

$\frac{16}{9}$ ㎡

POINT 長さが分数で表された図形の面積も公式が使えることを，図を通して確認できるようにしましょう。

1 縦が $\frac{3}{5}$ m，横が $\frac{3}{4}$ mの長方形の面積を求めよう

C　縦×横だから，$\frac{3}{5} \times \frac{3}{4}$ の式になります。

C　計算すると $\frac{3 \times 3}{5 \times 4} = \frac{9}{20}$　　$\frac{9}{20}$ m² になるね。

T　面積が $\frac{9}{20}$ m² になることを図で確かめてみましょう。

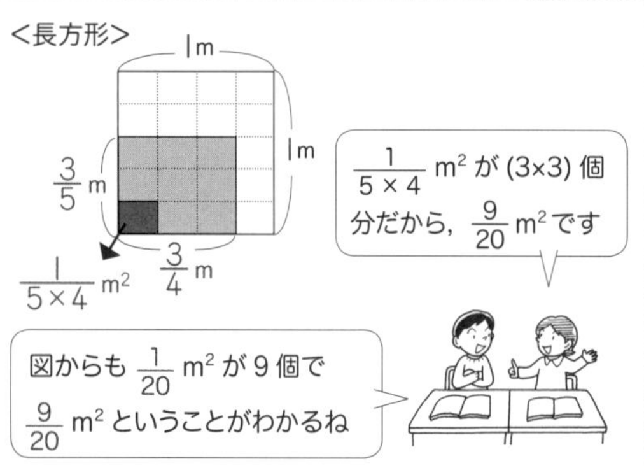

長さに分数が用いられていても，面積の公式が使えることが理解できる。

2 1辺が $1\frac{1}{3}$ mの正方形の面積を求めよう

T　正方形の面積を，面積の公式にあてはめて求めてみましょう。

C　正方形の面積を求める公式は，1辺× 1辺です。

C　式は $1\frac{1}{3} \times 1\frac{1}{3}$ です。

T　図に表して確かめてみましょう。

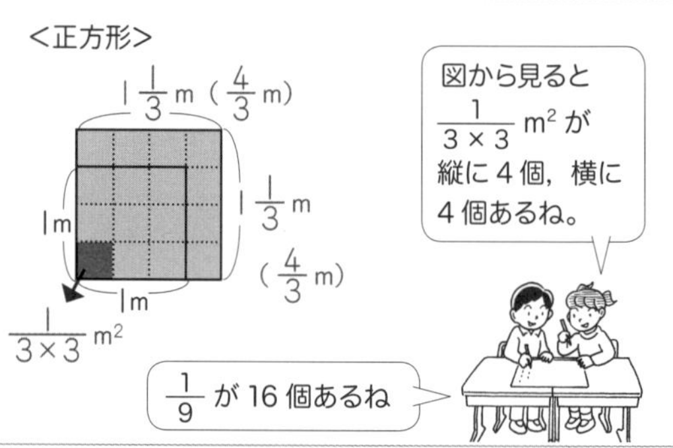

図を見るときの視点は，1㎡の正方形が何こに分かれているかを表しているのが分母，それが全部で何個あるかを表しているのが分子ということ。

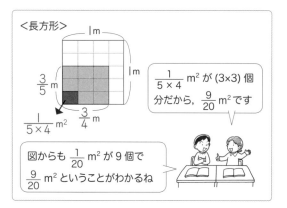

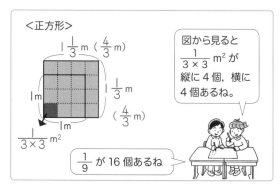

準備物	
	QR 板書用図 QR ワークシート QR ふりかえりシート

ICT 図形の面積の問題は，タブレットを使って手元で操作しながら考えると理解が深まる。問題や図形を子どもたちのタブレットに送信しておく。

3 〈平行四辺形〉

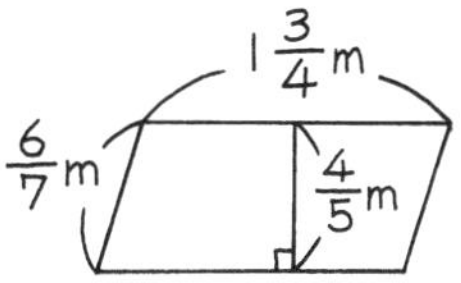

平行四辺形の面積＝底辺×高さ

式 $1\frac{3}{4}\times\frac{4}{5}=\frac{7\times\cancel{4}^{1}}{_{1}\cancel{4}\times 5}$

$=\frac{7}{5}$

$\frac{7}{5}$ m²

まとめ 長さが分数で表されていても，公式を使って面積を求めることができる。

4 〈学習を生かして求めよう〉

＜長方形＞

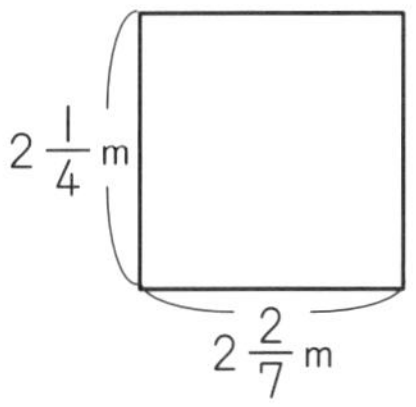

＜正方形＞

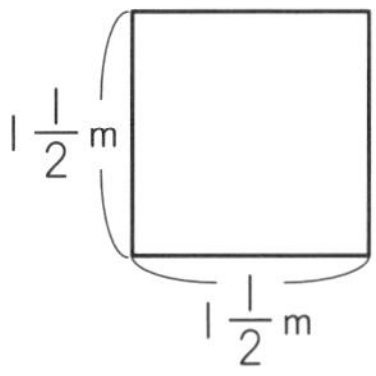

＜平行四辺形＞

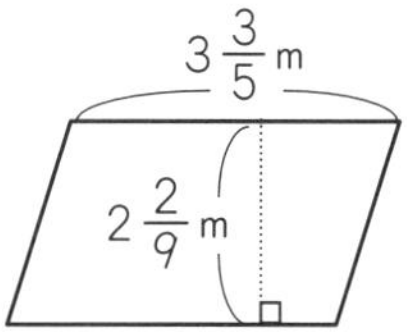

3 平行四辺形の面積を求めよう

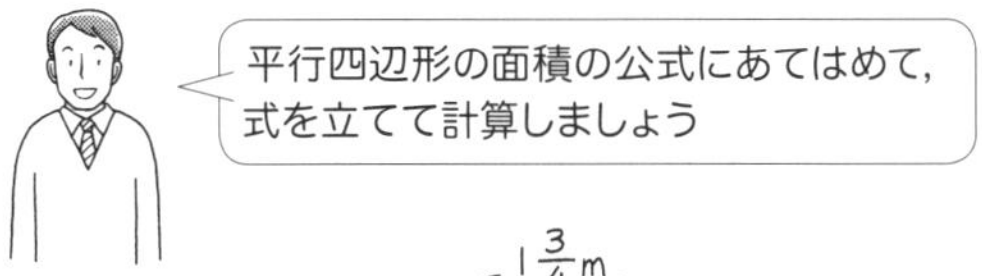

平行四辺形の面積の公式にあてはめて，式を立てて計算しましょう

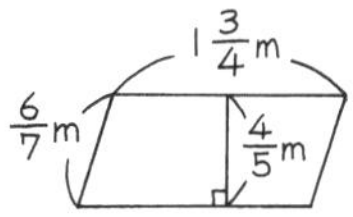

公式や底辺と高さの関係について確認しながら進める。

学習のまとめをする。

4 学習を生かして，長方形，正方形，平行四辺形の面積を求めよう

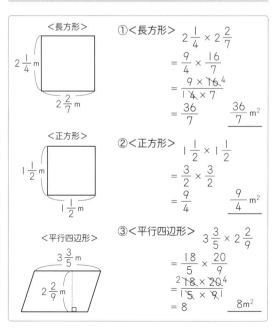

＜長方形＞

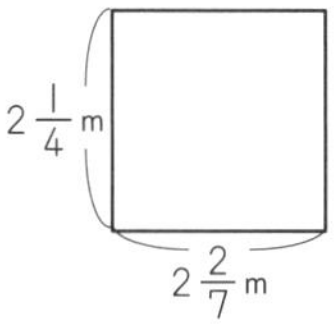

①＜長方形＞ $2\frac{1}{4}\times 2\frac{2}{7}$

$=\frac{9}{4}\times\frac{16}{7}$

$=\frac{9\times\cancel{16}^{4}}{_{1}\cancel{4}\times 7}$

$=\frac{36}{7}$　　$\frac{36}{7}$ m²

＜正方形＞

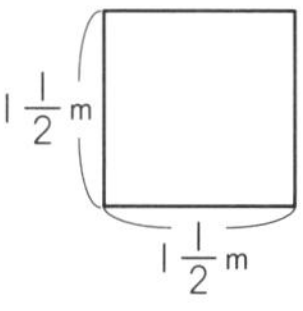

②＜正方形＞ $1\frac{1}{2}\times 1\frac{1}{2}$

$=\frac{3}{2}\times\frac{3}{2}$

$=\frac{9}{4}$　　$\frac{9}{4}$ m²

＜平行四辺形＞

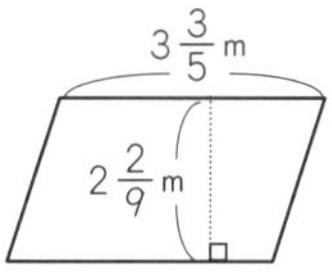

③＜平行四辺形＞ $3\frac{3}{5}\times 2\frac{2}{9}$

$=\frac{18}{5}\times\frac{20}{9}$

$=\frac{^{2}\cancel{18}\times\cancel{20}^{4}}{_{1}\cancel{5}\times\cancel{9}_{1}}$

$=8$　　8m²

ふりかえりシートが活用できる。

第6時
3口の計算

本時の目標 分数の連乗（3口）の計算の仕方を理解し，その計算ができる。

板書例

分数の3口のかけ算ができるようになろう

1 $\frac{4}{5} \times \frac{5}{12} \times \frac{6}{7}$

Ⓐ
$$= \frac{4 \times 5}{5 \times 12} \times \frac{6}{7} = \frac{1 \times 6}{3 \times 7} = \frac{2}{7}$$

Ⓑ
$$= \frac{4 \times 5 \times 6}{5 \times 12 \times 7} = \frac{2}{7}$$

Ⓒ
$$= \frac{4 \times 5 \times 6}{5 \times 12 \times 7} = \frac{2}{7}$$

2 〈いろいろな計算にチャレンジ〉

① $\frac{3}{4} \times \frac{8}{15} \times \frac{5}{9} = \frac{3 \times 8 \times 5}{4 \times 15 \times 9} = \frac{2}{9}$

② $\frac{6}{7} \times \frac{7}{10} \times 1\frac{3}{8} = \frac{6 \times 7 \times 11}{7 \times 10 \times 8} = \frac{33}{40}$

③ $\frac{5}{6} \times 9 \times \frac{3}{20} = \frac{5 \times 9 \times 3}{6 \times 1 \times 20} = \frac{9}{8}\left(1\frac{1}{8}\right)$

POINT 3口の計算になると，約分の組み合わせが多くなり，約分で間違う子も多くなるので，丁寧に扱います。

1 3つの数のかけ算の仕方を考えよう

T $\frac{4}{5} \times \frac{5}{12} \times \frac{6}{7}$ の計算をしてみましょう。

個人で解決する時間をとる。

T 3人の計算方法を比べましょう。（板書Ⓐ，Ⓑ，Ⓒ）

Ⓐは，はじめに $\frac{4}{5} \times \frac{5}{12}$ をして，その答えに $\frac{6}{7}$ をかけています

Ⓑと Ⓒは，分数3つを一度に計算していますが，約分の順番が違っているみたいだね

C 答えが同じになるから，まとめて計算してもいいね。

C 約分も，順番が違っても同じに答えになるね、

3口の計算も，計算の途中で約分できるものはすべて約分した方が良いことを伝える。

2 いろいろな計算にチャレンジしよう

T これまでに学習したことを生かせばできますよ。

① $\frac{3}{4} \times \frac{8}{15} \times \frac{5}{9}$

② $\frac{6}{7} \times \frac{7}{10} \times 1\frac{3}{8}$

③ $\frac{5}{6} \times 9 \times \frac{3}{20}$

約分を忘れないようにしよう

帯分数や整数は仮分数にすればよかったね

準備物
- QR 板書用図
- QR ワークシート
- QR ふりかえりシート

ICT
3口の計算になると，約分の組み合わせが多くなり，混乱する子どもが多くなる。基本的な3口の計算の過程を画像にしておき，子どもたちに送信しておくと，子どものペースで振り返ることができる。

3 〈直方体の体積〉

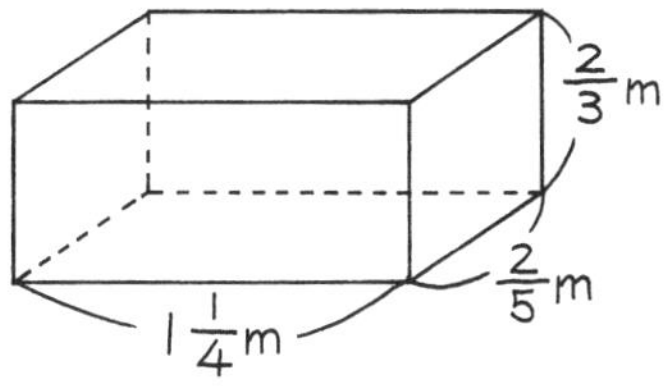

縦×横×高さ

式 $\frac{2}{5} \times 1\frac{1}{4} \times \frac{2}{3} = \frac{2 \times 5 \times 2}{5 \times 4 \times 3}$

$= \frac{1}{3}$　　$\frac{1}{3}$ m³

まとめ　分数の数が増えても，分数のかけ算は分母どうし，分子どうしをまとめて計算できる。どんな順番で約分しても答えは同じ。

4 〈いろいろな直方体の体積〉

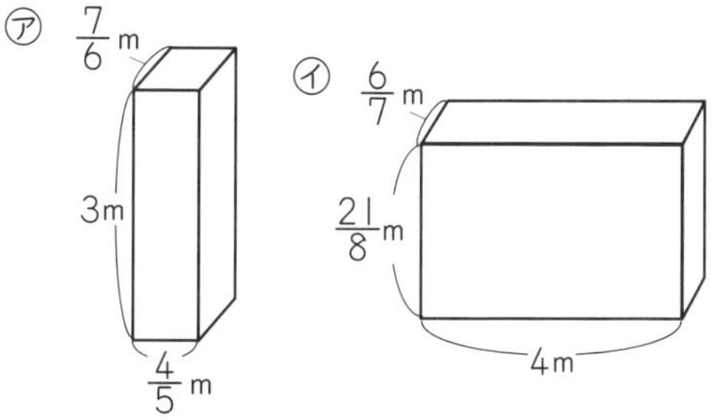

㋐ $\frac{7}{6} \times \frac{4}{5} \times 3 = \frac{7 \times 4 \times 3}{6 \times 5 \times 1}$

$= \frac{14}{5}$　　$\frac{14}{5}$ $(2\frac{4}{5})$ m³

㋑ $\frac{6}{7} \times 4 \times \frac{21}{8} = \frac{6 \times 4 \times 21}{7 \times 8}$

$= 9$　　9 m³

3 直方体の体積を求めよう

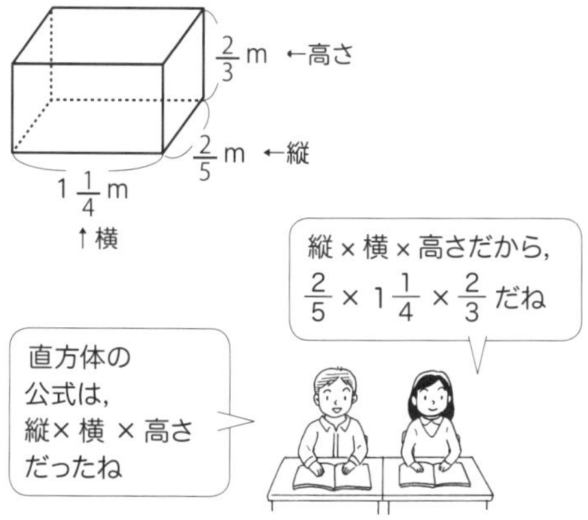

前時の面積に加えて，長さが分数で表されている立体の体積も公式にあてはめて立式し，計算すればいいことがわかる。

学習のまとめをする。

4 学習を生かして，いろいろな直方体の体積を求めよう

T　体積を求める練習をしましょう。

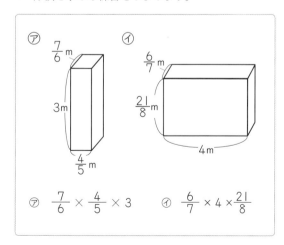

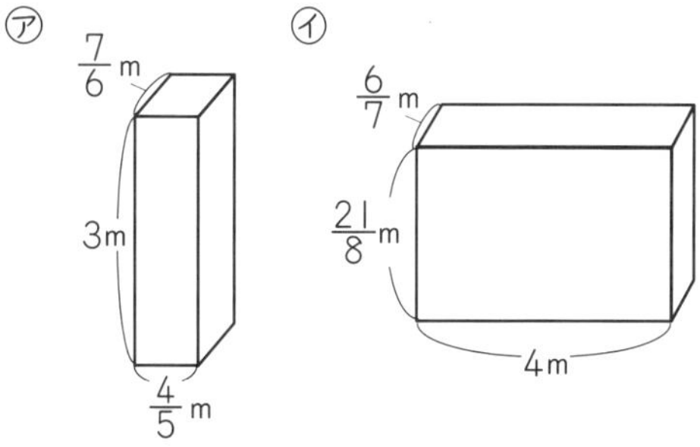

㋐ $\frac{7}{6} \times \frac{4}{5} \times 3$　　㋑ $\frac{6}{7} \times 4 \times \frac{21}{8}$

ふりかえりシートが活用できる。

第7時

積の大きさ

本時の目標　真分数をかけると，積がかけられる数よりも小さくなることがわかる。

板書例

積の大きさを考えよう

1

① 1m80円のリボンがあります。
このリボン $1\frac{1}{2}$ m，$\frac{7}{5}$ m，$\frac{4}{5}$ m，$\frac{1}{4}$ m の代金はいくらでしょうか。

2

80より

ア　$80 \times 1\frac{1}{2}$ (大きい・小さい)　※「大きい」に丸

イ　$80 \times \frac{7}{5}$ (大きい・小さい)　※「大きい」に丸

ウ　$80 \times \frac{4}{5}$ (大きい・小さい)　※「小さい」に丸

エ　$80 \times \frac{1}{4}$ (大きい・小さい)　※「小さい」に丸

3

② 1m が $1\frac{1}{2}$ g の銅線があります。
$1\frac{2}{3}$ m，$\frac{5}{6}$ m，$\frac{6}{5}$ m，$\frac{2}{3}$ m の重さは何 g でしょうか。

$1\frac{1}{2} \times 1\frac{2}{3} = 2\frac{1}{2}$ (大)

$1\frac{1}{2} \times \frac{5}{6} = 1\frac{1}{4}$ (小)

$1\frac{1}{2} \times \frac{6}{5} = 1\frac{4}{5}$ (大)

$1\frac{1}{2} \times \frac{2}{3} = 1$ (小)

POINT ×小数で，真小数をかけたときは，積はかけられる数より小さくなることから，×分数でも同じようになることを

1 かける数の大きさから考えよう

T　1ｍ８０円のリボンがあります。このリボン $1\frac{1}{2}$ ｍ，$\frac{7}{5}$ ｍ，$\frac{4}{5}$ m，$\frac{1}{4}$ mの代金を求める式を書きましょう。

ア　$80 \times 1\frac{1}{2}$　イ　$80 \times \frac{7}{5}$　ウ　$80 \times \frac{4}{5}$　エ　$80 \times \frac{1}{4}$

T　答えは，80よりも大きくなるでしょうか。予想してみましょう。

ウ，エは1mより短いので80円より安くなります

分数でも，1より小さい数をかけたらかけられる数より積は小さくなります

小数のかけ算でも1より小さい数をかけたら，積はかけられる数より小さくなりました

2 かける数と積の大きさの関係を考えよう

T　計算をして，確かめましょう。

C　$80 \times 1\frac{1}{2} = 120$　だから80より大きくなった。

C　$80 \times \frac{7}{5} = 112$　これも80より大きい。

C　$80 \times \frac{4}{5} = 64$　は80より小さい。

C　$80 \times \frac{1}{4} = 20$　も80より小さい。

1よりも大きい数をかけたとき，積は，かけられる数より大きくなります。

分数のときも，小数の時と同じように1より小さい数をかけると，積はかけられる数より小さくなります

準備物	QR ワークシート QR ふりかえりシート	ICT	1よりも大きいか，小さいか，図などを使って説明を聞いたり，させたりする。その時に，手元のタブレットで画像を見ながら行うと理解が深まる。

まとめ　分数のかけ算でも，１より小さい数をかけると，積はかけられる数よりも小さくなり，１より大きい数をかけると，積はかけられる数よりも大きくなります。

4 〈積の大きい順に並べましょう〉

ア $\frac{4}{5}\times\frac{3}{5}$　イ $\frac{4}{5}\times1$　ウ $\frac{4}{5}\times\frac{5}{4}$　エ $\frac{4}{5}\times\frac{4}{5}$

かける数の大きい順　$\frac{5}{4}$　１　$\frac{4}{5}$　$\frac{3}{5}$

ウ $\frac{4}{5}\times\frac{5}{4}$　イ $\frac{4}{5}\times1$　エ $\frac{4}{5}\times\frac{4}{5}$　ア $\frac{4}{5}\times\frac{3}{5}$

説明できるようにしましょう。

3 かける数と積の関係をまとめましょう

T　分数×分数の時はどうなるか計算しましょう。

$$1\frac{1}{2}\times1\frac{2}{3}=\frac{3\times5}{2\times3}=\frac{5}{2}=2\frac{1}{2}$$

$$1\frac{1}{2}\times\frac{5}{6}=\frac{\overset{1}{\cancel{3}}\times5}{2\times\underset{2}{\cancel{6}}}=\frac{5}{4}=1\frac{1}{4}$$

$$1\frac{1}{2}\times\frac{6}{5}=\frac{3\times\overset{3}{\cancel{6}}}{\underset{1}{\cancel{2}}\times5}=\frac{9}{5}=1\frac{4}{5}$$

$$1\frac{1}{2}\times\frac{2}{3}=\frac{\overset{1}{\cancel{3}}\times\overset{1}{\cancel{2}}}{\underset{1}{\cancel{2}}\times\underset{1}{\cancel{3}}}=1$$

真分数をかけた答えは $1\frac{1}{2}$ より小さくなりました

T　分数のかけ算でも，１より小さい数をかけると積はかけられる数より小さくなり，１より大きい数をかけると積はかけられる数より大きくなります。

学習のまとめをする。

4 学習を生かして解決しよう

T　ア，イ，ウ，エのかけ算の式を見て，積の大きい順に並べましょう。

$\frac{4}{5}$ と何をかけているかを見ればいいんだね

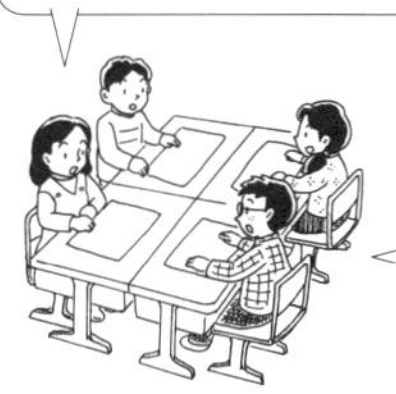

かける数は大きい順だと $\frac{5}{4}$・1・$\frac{4}{5}$・$\frac{3}{5}$ だから，答えもその順になるね

計算をして確かめることで，どの子も納得できるようにする。

ふりかえりシートが活用できる。

第8時 逆数

本時の目標　逆数の意味とその求め方を理解する。

板書例

積が1になる数をみつけよう

1 〈長方形の面積〉

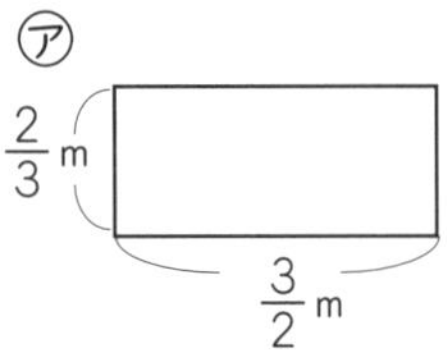

$\frac{2}{3}\times\frac{3}{2}=1$

1 m²

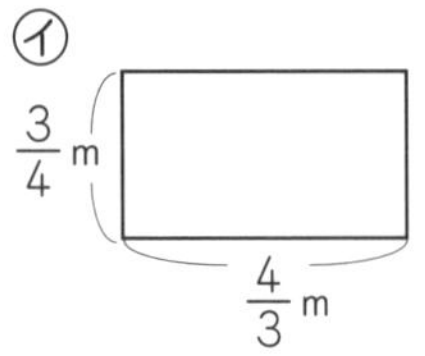

$\frac{3}{4}\times\frac{4}{3}=1$

1 m²

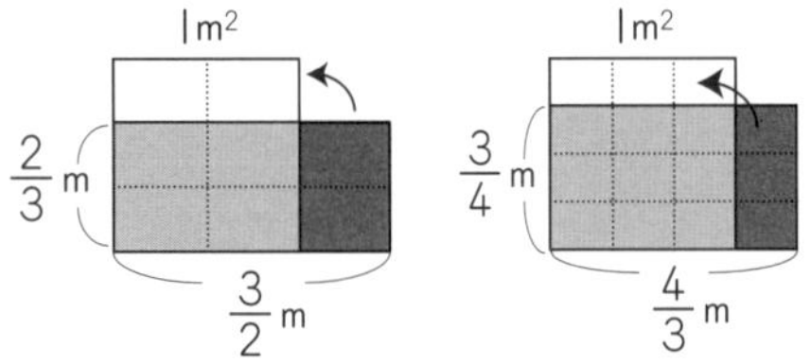

2 〈積が1になる式を作ろう〉

$\frac{□}{□}\times\frac{□}{□}=1$

2，3，4，5 のカードが 6 枚ずつ

$\frac{5}{2}\times\frac{2}{5}=1$　　$\frac{3}{4}\times\frac{4}{3}=1$

$\frac{4}{2}\times\frac{2}{4}=1$　　$\frac{3}{5}\times\frac{5}{3}=1$

$\frac{2}{3}\times\frac{3}{2}=1$　　$\frac{4}{5}\times\frac{5}{4}=1$

まとめ

2つの数の積が1になるとき，一方の数をもう一方の数の逆数という

POINT　逆数とは何か？長方形の面積やカードゲームを通して，興味をもって見つけようと関心をもつことができるようにしましょう。

1 長方形の面積を求めよう。

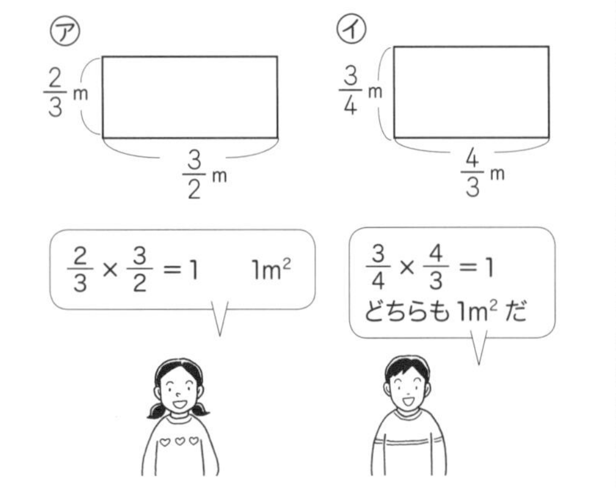

T　本当に 1 m²になるか，図を使って確かめましょう。

パズルのようにうまくはまるので，子どもたちも楽しく納得できる。

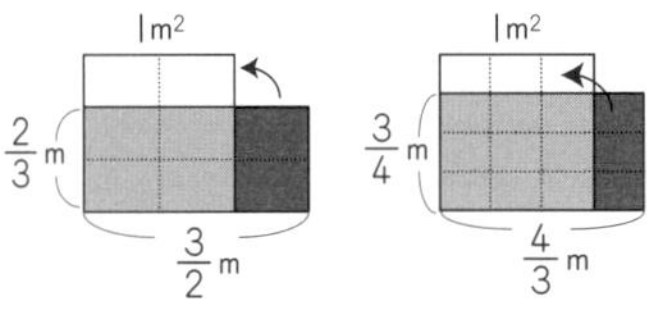

2 積が1になる式をつくろう

T　2・3・4・5 のカードが 6 枚ずつあります。このカードを使って積が 1 になる分数のかけ算の式を作りましょう。

(1) $\frac{5}{2}\times\frac{2}{5}=1$　　(2) $\frac{3}{4}\times\frac{4}{3}=1$

(3) $\frac{4}{2}\times\frac{2}{4}=1$　　(4) $\frac{3}{5}\times\frac{5}{3}=1$

(5) $\frac{2}{3}\times\frac{3}{2}=1$　　(6) $\frac{4}{5}\times\frac{5}{4}=1$

T　気づいたことを言いましょう。

C　かけられる数とかける数の分母と分子が反対になっています。

T　このような数を逆数といいます。つまり $\frac{2}{5}$ の逆数は $\frac{5}{2}$，$\frac{3}{4}$ の逆数は $\frac{4}{3}$ です。

学習のまとめをする。

準備物	
	QR ワークシート QR ふりかえりシート QR 板書用図

ICT	
	逆数の意味を図を使って説明を聞いたり，説明をしたりすると良い。ただ分母と分数を逆にするというだけではなく，その意味をタブレットを使って説明する。

3 〈整数や小数の逆数〉

$2 = \frac{2}{1}$ 　 $\frac{2}{1} \times \frac{1}{2}$ 　 $\frac{1}{2}$ 　整数は分母が１の分数にして逆数にする

$0.7 = \frac{7}{10}$ 　 $\frac{7}{10} \times \frac{10}{7}$ 　 $\frac{10}{7}$ 　小数も分数にして逆数にする

4 〈練習しよう〉

① $\frac{3}{7}$ 　 $\frac{7}{3}$

② $\frac{11}{2}$ 　 $\frac{2}{11}$

③ $\frac{1}{6}$ 　 6

④ $\frac{1}{15}$ 　 15

⑤ 9 　 $\frac{1}{9}$

⑥ 13 　 $\frac{1}{13}$

⑦ 0.6 　 $\frac{\cancel{10}^{5}}{\cancel{6}_{3}}$

⑧ 0.24 　 $\frac{\cancel{100}^{25}}{\cancel{24}_{6}}$

ここでも約分を忘れない

3 整数や小数の逆数を求めよう

T　2 や 0.7 の逆数は，それぞれどうやって求めたらいいでしょうか。

整数や小数の逆数は，整数や小数を分数になおしてからする。

もとの数と逆数は等しくはないから「＝」で結ばない。

4 型分けして練習問題をしよう

T　① $\frac{3}{7}$ 　② $\frac{11}{2}$ 　③ $\frac{1}{6}$ 　④ $\frac{1}{15}$ 　⑤ 9　⑥ 13　⑦ 0.6　⑧ 0.24 の逆数を求めましょう。

⑤⑥は整数の逆数，⑦⑧は小数の逆数で約分をする。

ふりかえりシートが活用できる。

第 9 時
時間を表す分数

本時の目標
時間を表す分数を理解する。
時間・分・秒の関係を分数で表すことができる。

板書例

時間を分数で表そう

1 〈分数で表した時間を分に直す〉

$\frac{1}{3}$ 時間は何分ですか。

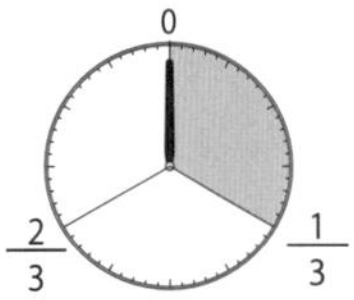

0
$\frac{1}{3}$
$\frac{2}{3}$

$\frac{1}{3}$ 時間＝ 20 分

60 分	□分
1 時間	$\frac{1}{3}$ 時間

$60 \times \frac{1}{3} = 20$

$60 \times \frac{2}{3} = 40$

2 〈分数を用いて分から時間に直す〉

10 分，40 分，15 分，45 分はそれぞれ何時間ですか。

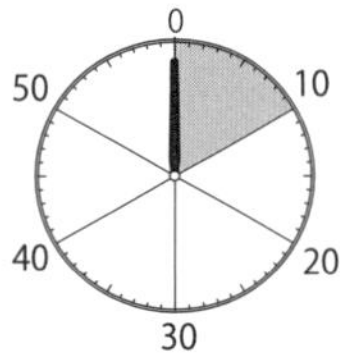

0
10
20
30
40
50

60 分	10 分
1 時間	□時間

$10 \div 60 = \frac{10}{60} = \frac{1}{6}$　　10 分 ＝ $\frac{1}{6}$ 時間

60 分	40 分
1 時間	□時間

$40 \div 60 = \frac{40}{60} = \frac{2}{3}$　　40 分 ＝ $\frac{2}{3}$ 時間

60 分	15 分
1 時間	□時間

$15 \div 60 = \frac{15}{60} = \frac{1}{4}$　　15 分 ＝ $\frac{1}{4}$ 時間

60 分	45 分
1 時間	□時間

$45 \div 60 = \frac{45}{60} = \frac{3}{4}$　　45 分 ＝ $\frac{3}{4}$ 時間

POINT 時計の文字盤を見てわかった「分数で表した時間」を計算でも求められることがわかると，理解が深まります。

1 分数で表された時間を分の単位で表そう

時計文字盤を 3 等分し，$\frac{1}{3}$ 時間の目盛りをうつ。

T $\frac{1}{3}$ 時間は，何分ですか。

0
$\frac{1}{3}$
$\frac{2}{3}$
文字盤を見たら 20 分だとわかります

T かけわり 4 マス表にかいて，式を考えましょう。
C かけわり 4 マス表をかくと，かけ算の式になることがわかります。

60 分	□分
1 時間	$\frac{1}{3}$ 時間

$60 \times \frac{1}{3} = 20$　20 分

時間は計算で求めてから，時計文字盤で確かめる。

2 時間を分数で表そう

時計文字盤に 10 分の線をひき，何時間にあたるかを考える。

1 時間は 60 分だから，10 分は $\frac{10}{60}$ 時間
約分して $\frac{1}{6}$ 時間

T かけわり 4 マス表にかいて，考えてみよう。
C わり算で答えが求められることがわかります。

60 分	10 分
1 時間	□時間

$10 \div 60 = \frac{1}{6}$

T 10 分，40 分，15 分，45 分はそれぞれ何時間ですか。

40 分，15 分，45 分についてもわり算で答えを求めた後で，時計文字盤で確かめる。

準備物	QR 板書用図 QR ワークシート QR ふりかえりシート

ICT	実際の時計の写真をタブレットで撮影し，その画像に書き込みをしながら全体共有で説明をすると，理解がしやすくなる。

3 〈分を時間で表そう〉 4マス表で考える

6分

60分	6分
1時間	□時間

$6 \div 60 = \frac{\cancel{6}^{1}}{\cancel{60}_{10}}$　　6分$= \frac{1}{10}$時間

12分

60分	12分
1時間	□時間

$12 \div 60 = \frac{\cancel{12}^{1}}{\cancel{60}_{5}}$　　12分$= \frac{1}{5}$時間

18分

$18 \div 60 = \frac{\cancel{18}^{3}}{\cancel{60}_{10}}$　18分$= \frac{3}{10}$時間

35分

$35 \div 60 = \frac{\cancel{35}^{7}}{\cancel{60}_{12}}$　35分$= \frac{7}{12}$時間

4 〈分を秒で，秒を分で表そう〉

① $\frac{1}{6}$分$=$10秒

$60 \times \frac{1}{6} = 10$

② $\frac{4}{15}$分$=$16秒

$60 \times \frac{4}{15} = 16$

③ 12秒$= \frac{1}{5}$分

$12 \div 60 = \frac{\cancel{12}^{1}}{\cancel{60}_{5}}$

④ 50秒$= \frac{5}{6}$分

$50 \div 60 = \frac{\cancel{50}^{5}}{\cancel{60}_{6}}$

3 もっと，分を時間で表そう

T　6分，12分，18分，35分は何時間かな。
C　「かけわり4ます表」で考えてみよう。

6分は

60分	6分
1時間	□時間

6÷60で $\frac{1}{10}$ 時間です。

18分は $\frac{18}{60} = \frac{3}{10}$　$\frac{3}{10}$時間です

12分は $\frac{12}{60} = \frac{1}{5}$　$\frac{1}{5}$時間です

35分は $\frac{35}{60} = \frac{7}{12}$　$\frac{7}{12}$時間です

4 分を秒で，秒を分で表そう

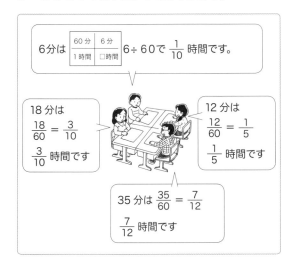

T　① $\frac{1}{6}$分は，何秒でしょうか。

60秒	□秒
1分	$\frac{1}{6}$分

$60 \times \frac{1}{6} = \frac{{}^{10}\cancel{60} \times 1}{1 \times \cancel{6}_{1}} = 10$

$\frac{1}{6}$分$=$10秒です

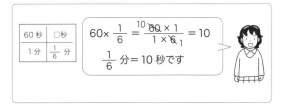

② $\frac{4}{15}$分も同じようにする。

60秒	12秒
1分	□分

T　③ 12秒は何分でしょうか。
C　$12 \div 60 = \frac{12}{60}$　　12秒$= \frac{1}{5}$分です。

④ 50秒も同じようにする。

ふりかえりシートが活用できる。

第２時　ワークシート見本

名前

(1)　1 dL のペンキで板を $\frac{4}{5}$ m^2 ぬれるペンキがあります。
このペンキ $\frac{2}{3}$ dL では板を何m^2ぬることができますか。

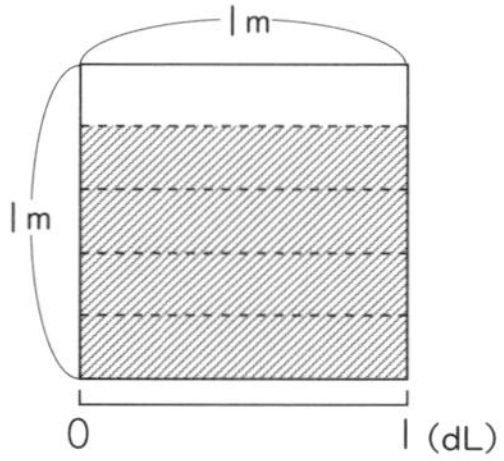

式

自分の考え

まとめ

(2)　練習問題をしましょう。

① $\frac{3}{4} \times \frac{5}{8}$

② $\frac{2}{3} \times \frac{2}{7}$

③ $\frac{2}{5} \times \frac{1}{3}$

④ $\frac{5}{3} \times \frac{2}{7}$

⑤ $\frac{10}{9} \times \frac{8}{7}$

⑥ $\frac{6}{5} \times \frac{7}{5}$

第３時・第７時　ふりかえりシート見本

名前＿＿＿＿＿＿＿＿

● 次の計算をしましょう。

① $\frac{3}{2} \times \frac{4}{9}$　　② $\frac{1}{2} \times \frac{2}{3}$

③ $\frac{7}{18} \times \frac{5}{7}$　　④ $\frac{6}{5} \times \frac{5}{6}$

⑤ $\frac{7}{10} \times \frac{4}{21}$　　⑥ $\frac{5}{8} \times \frac{4}{15}$

⑦ $\frac{24}{25} \times \frac{5}{8}$　　⑧ $\frac{14}{5} \times \frac{15}{28}$

名前＿＿＿＿＿＿＿＿

1 下の㋐～㋔の式を見て答えましょう。

㋐ $8 \times \frac{5}{7}$　㋑ 8×1　㋒ $8 \times 1\frac{1}{7}$　㋓ $8 \times \frac{1}{7}$　㋔ $8 \times \frac{9}{7}$

（1） 積が８よりも小さくなるのはどれですか。記号を（　　）に書きましょう。

（　　）（　　）

（2） 積の大きい順に記号を□に書きましょう。

□ ＞ □ ＞ □ ＞ □ ＞ □

2 次の計算で，積が $\frac{3}{5}$ よりも大きくなるものには，○を積が $\frac{3}{5}$ よりも小さくなるものには，△を（　　）に書きましょう。

① $\frac{3}{5} \times \frac{11}{12}$（　　）　② $\frac{3}{5} \times 1\frac{1}{6}$（　　）

③ $\frac{3}{5} \times \frac{5}{6}$（　　）　④ $\frac{3}{5} \times \frac{13}{12}$（　　）

分数のわり算

全授業時数 8 時間

◎ 学習にあたって ◎

<この単元で大切にしたいこと>

分数のわり算は「分母と分子をひっくり返してかける」と教えて練習させれば，計算はできるようになるかも知れません。しかし，なぜひっくり返すのか，わり算なのになぜかけ算をするのかを理解しようとすることを大切に指導したいと考えます。算数を通して，「なぜ？」と，こだわりがもてる子に育ってほしいと思っています。

もう一つ大切にしたいことは，わり算とは何かということです。6÷3といえば，何かを3つに分けて1つ分を求める計算と思いつくでしょう。しかし，$\frac{2}{5} \div \frac{3}{4}$ はどうでしょう。何かを $\frac{3}{4}$ に分けるというだけでは，説明できなくなります。分数でわるということは，何かを分けるのではなく，1あたりの量を求めることだいうことを，しっかりおさえる必要があります。分数のわり算は，整数のわり算より一段レベルの高いわり算なのです。

<数学的見方考え方と操作活動>

分数のわり算は，なぜ「分母と分子をひっくり返してかける」のか。

図を使うと，右図のような考え方ができることがわかります。

$\frac{2}{5} \div \frac{3}{4} = \frac{2}{5} \div 3 \times 4$

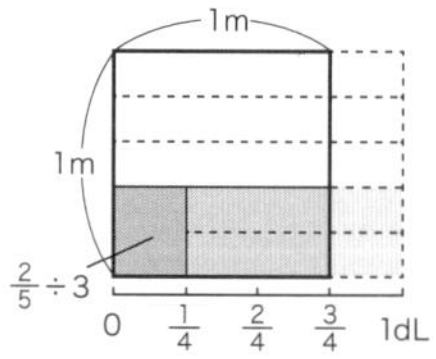

$\frac{2}{5} \div \frac{3}{4}$ 商の分母は5×3，分子は2×4

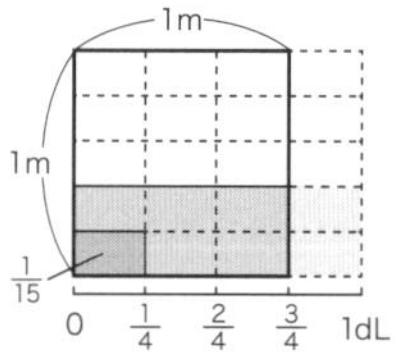

分数のわり算が1あたりを求めることだということをおさえるために「かけ・わり4マス表」を使います。「みかんが6個あります。3人で分けると1人あたり何個になりますか。」これを「かけ・わり4マス表」でかくと右のようになります。1人あたりの量を求めるのはわり算です。

「$\frac{3}{4}$ dL のペンキで，板を $\frac{2}{5}$ m^2 ぬりました。このペンキ 1dL では何 m^2 ぬれますか。」これも1dLあたりのペンキの量を求めるため，わり算を使うことを「かけ・わり4マス表」を使うことで，理解できるようになります。

1人当たりの量
↓

□個	6個
1人	3人

□ m^2	$\frac{2}{5}$ m^2
1dL	$\frac{3}{4}$ dL

<個別最適な学び・協働的な学びのために>

分数の計算方法を形式的に教えるのではなく，図や「かけ・わり4マス表」などを通して個々が考えたことを出し合い，話し合いを大切にして授業を進めます。計算する前に，なぜそのように計算するのか。なぜわり算になるのかを考え，説明することを大切にします。

◎ 評　価 ◎

知識および技能	分数でわる意味と計算の仕方が分かり，分数のわり算ができる。
思考力，判断力，表現力等	分数のわり算の意味や計算の仕方を，筋道を立てて考えることができる。
主体的に学習に取り組む態度	これまでの学習を生かし，分数のわり算の意味を考えようとする。

◎ 指導計画　8 時間 ◎

時	題	目　標
1	分数でわる意味	分数でわることの意味を理解する。
2	分数÷分数の計算	分数÷分数の計算方法を見つけることができる。 分数÷分数の計算ができるようになる。
3	分数÷分数 (約分あり)	計算の途中で約分して計算することができる。 整数÷分数の計算の仕方がわかり，計算できる。
4	帯分数・3 □の計算	帯分数のわり算や，かけ算とわり算のまじった 3 □の計算の仕方がわかり，それらの計算ができるようになる。
5	分数・小数・整数の 混合計算	小数や整数を分数になおして計算することができる。分数になおすと，計算が簡単になる場合もあることがわかる。
6	文章問題の立式①	1m あたりの重さを求めるわり算と，1kg あたりの長さを求めるわり算の場面がわかり，2 つの場面の問題を解決したり，作ったりすることができる。
7	文章問題の立式②	かけ算とわり算(等分除) (包含除) の 3 つの場面を「かけわり 4 マス表」を使って読み取り，問題を解決することができる。
8	積と商の大きさ	積とかけられる数，商とわられる数の大小関係が理解できる。

第 1 時
分数でわる意味

本時の目標　分数でわることの意味を理解する。

板書例

計算の意味を考えよう

1

3dL のペンキで板を $\frac{1}{2}$ m² ぬりました。
このペンキ 1dL では何 m² ぬれますか。

□ m²	$\frac{1}{2}$m²
1dL	3dL

式　$\frac{1}{2} \div 3$

2

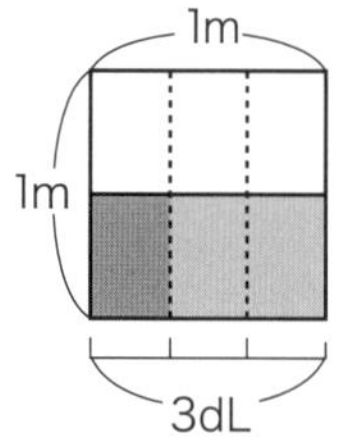

1m² の 6 等分 $\frac{1}{6}$ m²

$$\frac{1}{2} \div 3 = \frac{1}{2 \times 3}$$

$$= \frac{1}{6}$$

答え $\frac{1}{6}$ m²

POINT　図を見れば答えは分かります。でも，なぜわり算になるのか，かけわり 4 マス表を使って説明できるようにします。

1　問題文を図に表すところから始めよう

ワークシートを使って学習できる。

T　3 dL のペンキで，板を $\frac{1}{2}$ m² ぬりました。
このペンキ 1 dL では何m² ぬれますか。

①3 dL でぬれる面積 $\frac{1}{2}$ m² にうすく色をぬりましょう。

②その上から1dLでぬれる面積を赤でぬりましょう。

式はどうなるか、話し合いましょう。

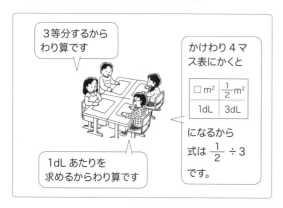

3等分するから わり算です

かけわり 4 マス表にかくと

□ m²	$\frac{1}{2}$m²
1dL	3dL

になるから
式は $\frac{1}{2} \div 3$
です。

1dL あたりを 求めるからわり算です

2　$\frac{1}{2} \div 3$ の答えを図に表して求めよう

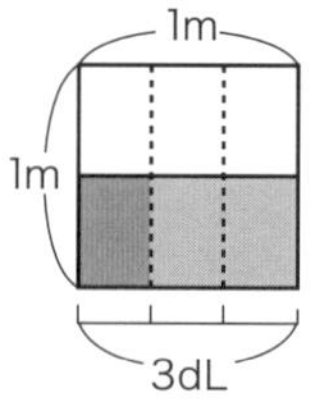

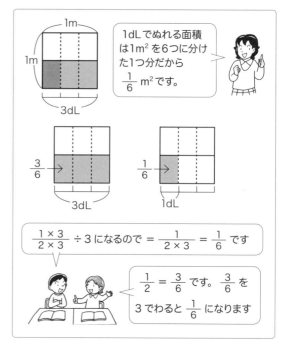

1dLでぬれる面積は1m² を6つに分けた1つ分だから $\frac{1}{6}$ m² です。

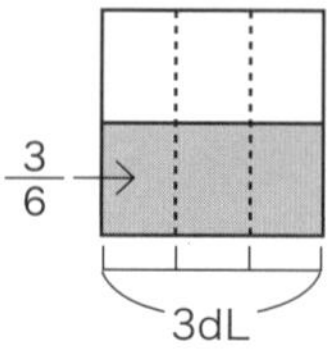

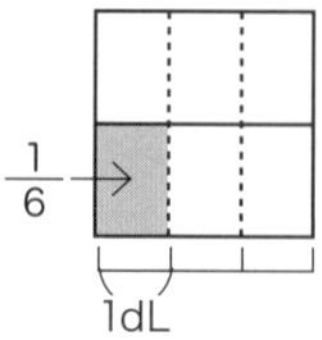

$\frac{1 \times 3}{2 \times 3} \div 3$ になるので $= \frac{1}{2 \times 3} = \frac{1}{6}$ です

$\frac{1}{2} = \frac{3}{6}$ です。$\frac{3}{6}$ を 3 でわると $\frac{1}{6}$ になります

準備物	QR 板書図 QR ワークシート QR ふりかえりシート

ICT	シェーマ図やマス図の元を，タブレットのシートで作成して，子どもたちに送信しておく。そのシートをもとに，考えをタブレットで共有しながら話し合う。

3

$\frac{1}{3}$ dL のペンキで板を $\frac{1}{2}$ m² ぬりました。
このペンキ 1dL では何 m² ぬれますか。

□ m²	$\frac{1}{2}$ m²
1dL	$\frac{1}{3}$ dL

式 $\frac{1}{2} \div \frac{1}{3}$

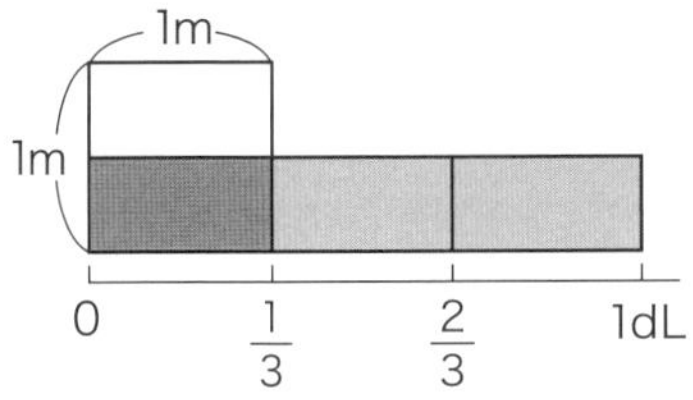

4

$$\frac{1}{2} \div \frac{1}{3} = \frac{1}{2} \times 3$$
$$= \frac{3}{2}$$

答え $\frac{3}{2}$ m²

まとめ　1dL あたりのぬれる面積を求めるとき，
わる数が整数でも分数でもわり算を使います。

3 分数÷分数を図で考えよう

T　$\frac{1}{3}$ dL のペンキで，板を $\frac{1}{2}$ m² ぬりました。このペンキ 1 dL では何 m² ぬれますか。

① $\frac{1}{2}$ m² を赤でぬりましょう。

② 1 dL でぬれる面積にうすく色をぬりましょう。

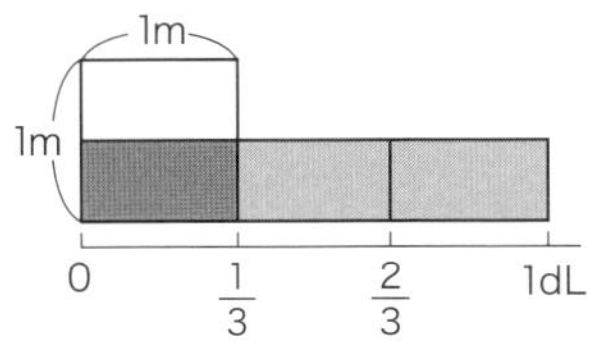

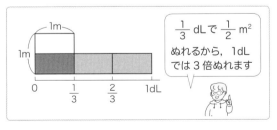

$\frac{1}{3}$ dL で $\frac{1}{2}$ m² ぬれるから，1dL では 3 倍ぬれます

T　式はどうなるでしょう。

C　かけわり 4 マス表にかくと右のようになるので，式は $\frac{1}{2} \div \frac{1}{3}$ です。

□ m²	$\frac{1}{2}$ m²
1dL	$\frac{1}{3}$ dL

C　1 dL あたりを求めるからわり算です。

学習のまとめをする。

4 1dL でぬれるのは何 m² でしょうか

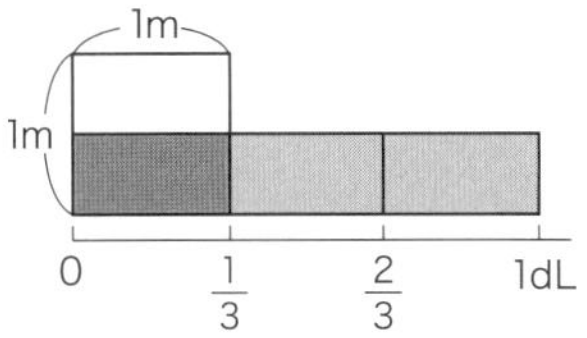

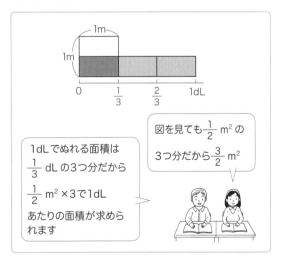

1dL でぬれる面積は $\frac{1}{3}$ dL の3つ分だから $\frac{1}{2}$ m² ×3で1dL あたりの面積が求められます

図を見ても $\frac{1}{2}$ m² の 3つ分だから $\frac{3}{2}$ m²

T　計算で答えを求めてみます。

$\frac{1}{2} \div \frac{1}{3} = \frac{1}{2} \times 3 = \frac{3}{2}$

計算の方法は次の時間に詳しく考えましょう。

ふりかえりシートが活用できる。

第 2 時

分数÷分数の計算

本時の目標　分数÷分数の計算方法を見つけることができる。分数÷分数の計算ができるようになる。

板書例

分数÷分数の計算の仕方を考えよう

$\frac{3}{4}$ dL のペンキで板を $\frac{2}{5}$ m² ぬりました。
このペンキ 1dL では，何 m² ぬれますか。

1dLでぬれる量　ぬれる面積

□ m²	$\frac{2}{5}$ m²
1dL	$\frac{3}{4}$ dL

ペンキの量

1 式 $\frac{2}{5} \div \frac{3}{4}$

〈A さんの考え方〉

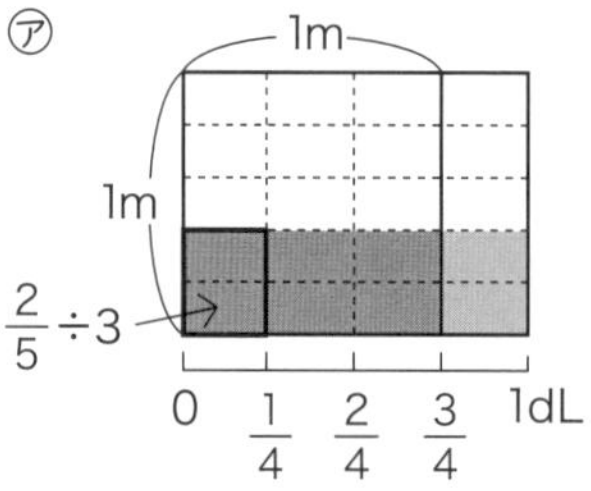

2 ・$\frac{1}{4}$ dL では $\frac{2}{5} \div 3 = \frac{2}{15}$ (m²)

・1dL では $\frac{2}{15} \times 4 = \frac{8}{15}$ (m²)

まとめると $\frac{2}{5} \div \frac{3}{4} = \frac{2}{5} \div 3 \times 4$

$= \frac{2 \times 4}{5 \times 3}$

$= \frac{8}{15}$　　$\frac{8}{15}$ m²

POINT 分数のわり算も図を使って考えることで説明でき，理解も得やすくなります。2 つの方法を紹介しています。どちらの方が，

1 $\frac{3}{4}$ dL のペンキで，板を $\frac{2}{5}$ m² ぬりました。このペンキ 1dL では何 m² ぬれますか

T ① $\frac{2}{5}$ m² を赤でぬりましょう。
② 1 dL でぬれる面積にうすく色をぬりましょう。

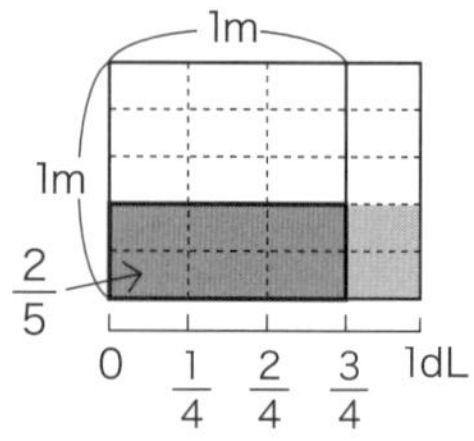

図にかくと $\frac{3}{4}$ dL のペンキで $\frac{2}{5}$ m² の板にぬれたことがよく分かります

$\frac{3}{4}$ dL で $\frac{2}{5}$ m² ぬれるのだから，1dL ではもっと広い面積がぬれるね

かけわり 4 マス表をかいたら式は $\frac{2}{5} \div \frac{3}{4}$ だと分かります。

□ m²	$\frac{2}{5}$ m²
1dL	$\frac{3}{4}$ dL

2 1dL で塗れる面積を求めよう

C ア $\frac{1}{4}$ dL でぬれる面積をもとめてから，1dL あたりを考えました。(A さんの考え方)

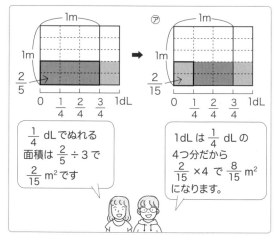

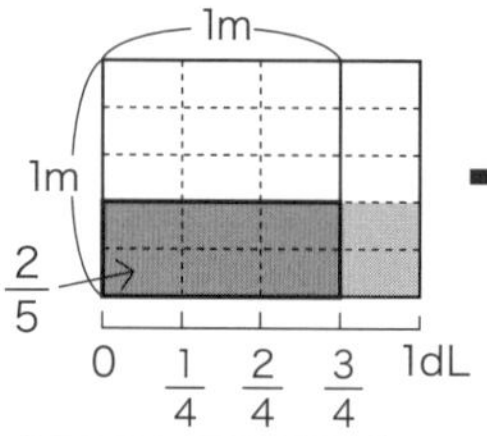

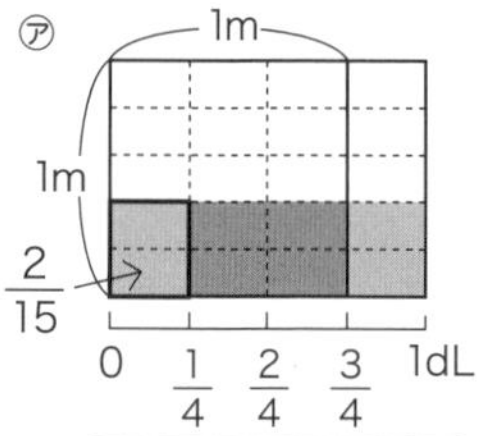

$\frac{1}{4}$ dL でぬれる面積は $\frac{2}{5} \div 3$ で $\frac{2}{15}$ m² です

1dL は $\frac{1}{4}$ dL の 4つ分だから $\frac{2}{15} \times 4$ で $\frac{8}{15}$ m² になります。

C 1 つの式にまとめると，

$\frac{2}{5} \div \frac{3}{4} = \frac{2}{5} \div 3 \times 4 = \frac{2 \times 4}{5 \times 3} = \frac{8}{15}$ です。

準備物	・色鉛筆 QR ワークシート QR ふりかえりシート QR 板書用図

ICT	図や4マス表を使って，なぜ割る数の分子と分母を入れかえて計算するのかを説明させたい。自分の考えをタブレットのシートに記入し，画像を共有しながら考えを話し合わせたい。

3 〈B さんの考え方〉

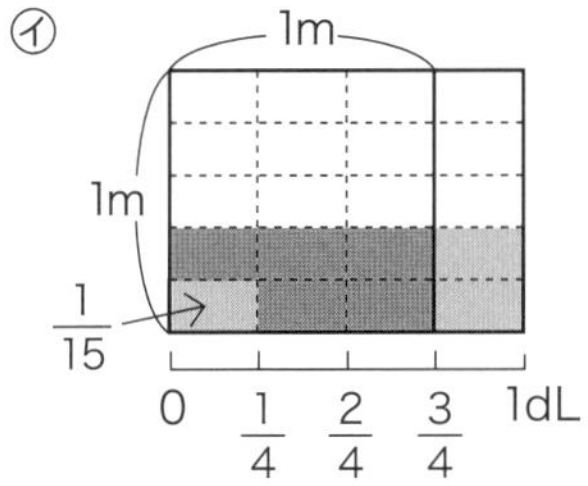

いちばん小さい面積は $1m^2$ を 5×3 等分 $\frac{1}{15}m^2$

1dL では $\frac{1}{15}m^2$ が 2×4 個

$= \frac{1}{5\times3}\times2\times4$

まとめると $\frac{2}{5}\div\frac{3}{4}=\frac{2\times4}{5\times3}$

$=\frac{8}{15}$

$\frac{8}{15}m^2$

4 まとめ

分数÷分数の計算は，
わる数の逆数をかける。 $\frac{b}{a}\div\frac{d}{c}=\frac{b}{a}\times\frac{c}{d}$

〈計算練習をしよう〉

① $\frac{3}{5}\div\frac{1}{2}=\frac{3}{5}\times\frac{2}{1}=\frac{3\times2}{5\times1}=\frac{3}{5}$

② $\frac{1}{4}\div\frac{2}{5}=\frac{1}{4}\times\frac{5}{2}=\frac{1\times5}{4\times2}=\frac{5}{8}$

わかりやすいかは子どもによって違いがあります。

3 もう一つの考え方を知ろう

C ㋑ 1 dL でぬれる面積をもっとこまかく分けました。(B さんの考え方)

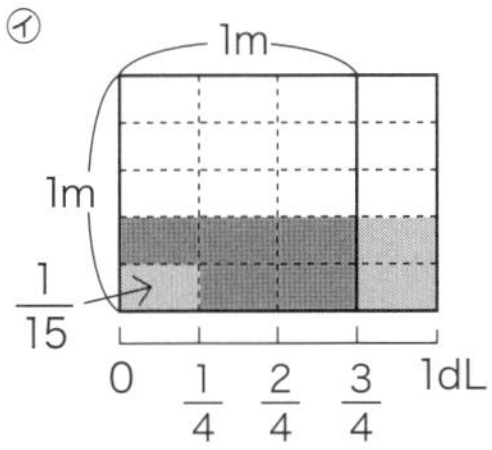

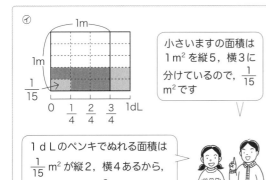

小さいますの面積は $1m^2$ を縦5，横3に分けているので，$\frac{1}{15}m^2$ です

1 d L のペンキでぬれる面積は $\frac{1}{15}m^2$ が縦2，横4あるから，$2\times4=8$ で $\frac{8}{15}m^2$ です

C 分母は $5\times3=15$，分子は $2\times4=8$ だから 1 つの式にまとめると $\frac{2}{5}\div\frac{3}{4}=\frac{2\times4}{5\times3}=\frac{8}{15}$ です。

4 計算方法をまとめて，練習しよう

T まとめると，㋐と㋑どちらも

$\frac{b}{a}\div\frac{d}{c}=\frac{b}{a}\times\frac{c}{d}$

になりますね。分数のわり算では，わる数の逆数をかけます。練習問題で学びを確かめましょう。

学習のまとめをする。

① $\frac{3}{5}\div\frac{1}{2}$　② $\frac{1}{4}\div\frac{2}{5}$

③ $\frac{2}{3}\div\frac{3}{7}$　④ $\frac{5}{6}\div\frac{2}{5}$

計算規則がわかれば分数のわり算の計算も簡単にできそうだ

ふりかえりシートが活用できる。

分数÷分数（約分あり）

本時の目標
計算の途中で約分して計算することができる。
整数÷分数の計算の仕方がわかり，計算できる。

板書例

約分のある計算をしよう

1 〈計算のしかた〉

・答えを求めてから約分すると…

$$\frac{32}{25} \div \frac{16}{15} = \frac{32 \times 15}{25 \times 16} = \frac{480}{400}$$

計算も約分も大変だ

・計算と中で約分すると…

$$\frac{32}{25} \div \frac{16}{15} = \frac{\overset{2}{\cancel{32}} \times \overset{3}{\cancel{15}}}{\underset{5}{\cancel{25}} \times \underset{1}{\cancel{16}}} = \frac{6}{5}$$

計算も約分もかんたん

2 〈計算を比べてみよう〉

ア $\frac{5}{8} \div \frac{5}{4} = \frac{\overset{1}{\cancel{5}} \times \overset{1}{\cancel{4}}}{\underset{2}{\cancel{8}} \times \underset{1}{\cancel{5}}} = \frac{1}{2}$ 約分２回

イ $\frac{5}{8} \div \frac{3}{4} = \frac{5 \times \overset{1}{\cancel{4}}}{\underset{2}{\cancel{8}} \times 3} = \frac{5}{6}$ 約分１回

ウ $\frac{5}{8} \div \frac{2}{3} = \frac{5 \times 3}{8 \times 2} = \frac{15}{16}$ 約分なし

POINT 約分のある計算は，計算の途中の「まな板」で約分することに慣れましょう。整数のあるわり算では，整数を分母が

1 $\frac{32}{25} \div \frac{16}{15}$ の計算の仕方を工夫しよう

T　かけ算の約分と同じように，計算の途中で約分できるときは約分します。

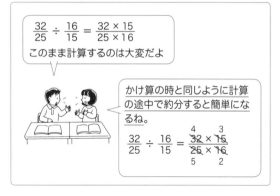

$\frac{32}{25} \div \frac{16}{15} = \frac{32 \times 15}{25 \times 16}$
このまま計算するのは大変だよ

かけ算の時と同じように計算の途中で約分すると簡単になるね。

$\frac{32}{25} \div \frac{16}{15} = \frac{\overset{4}{\cancel{32}} \times \overset{3}{\cancel{15}}}{\underset{5}{\cancel{25}} \times \underset{2}{\cancel{16}}}$

$\frac{32}{25} \div \frac{16}{15} = \frac{\overset{4}{\cancel{32}} \times \overset{3}{\cancel{15}}}{\underset{5}{\cancel{25}} \times \underset{2}{\cancel{16}}} = \frac{12}{10}$ とする子がいたら，

答えでこれ以上約分できないか，確かめるように伝える。

2 次のわり算の計算を比べてみよう

ア $\frac{5}{8} \div \frac{5}{4}$　イ $\frac{5}{8} \div \frac{3}{4}$　ウ $\frac{5}{8} \div \frac{2}{3}$

ア $\frac{5}{8} \div \frac{5}{4} = \frac{\overset{1}{\cancel{5}} \times \overset{1}{\cancel{4}}}{\underset{2}{\cancel{8}} \times \underset{1}{\cancel{5}}}$ ２回約分できる

イ $\frac{5}{8} \div \frac{3}{4} = \frac{5 \times \overset{1}{\cancel{4}}}{\underset{2}{\cancel{8}} \times 3}$ １回約分できる

ウ $\frac{5}{8} \div \frac{2}{3} = \frac{5 \times 3}{8 \times 2}$ 約分がない

T　２回約分，１回約分，そして約分がないわり算を計算しました。約分での間違いが多いので注意しましょう。

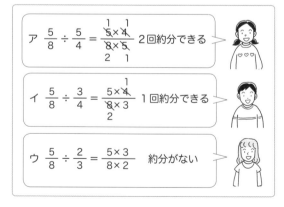

準備物

QR ワークシート（ビンゴゲーム用）
QR ふりかえりシート

ICT

約分をしなければいけない場合の計算問題を多く用意し，子どもたちのタブレットに送信しておく。簡単な計算から難しい計算まで幅広く用意しておく。

3 〈整数のある計算〉

$$2 \div \frac{5}{7} = \frac{2}{1} \div \frac{5}{7} = \frac{2 \times 7}{1 \times 5} = \frac{14}{5}\left(2\frac{4}{5}\right)$$

$$7 \div 21 = \frac{7}{1} \div \frac{21}{1} = \frac{\overset{1}{\cancel{7}} \times 1}{1 \times \underset{3}{\cancel{21}}} = \frac{1}{3}$$

まとめ

- 計算のと中で約分しよう。
- 答えのところで，もう一度約分できないか確かめよう。
- 整数も，分母が１の分数になおして計算するといい。

4 〈計算ビンゴゲーム〉

1 の分数になおすと間違いが少なくなることに気づかせましょう。

3 整数のある計算の仕方を考えよう

T　$2 \div \frac{5}{7}$ の計算をしてみましょう。

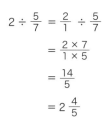

2を $\frac{2}{1}$ と考えて計算したら，分数÷分数と同じになるね

$$2 \div \frac{5}{7} = \frac{2}{1} \div \frac{5}{7} = \frac{2 \times 7}{1 \times 5} = \frac{14}{5} = 2\frac{4}{5}$$

T　7 ÷ 21 の計算をしてみましょう。

$$7 \div 21 = \frac{7}{1} \div \frac{21}{1} = \frac{7 \times 1}{1 \times 21} = \frac{1}{3}$$

整数÷整数の商を分数で表す方法は５年生で習っているが，忘れていたり商の分母と分子を間違える子もいる。分数のわり算として扱っておくと，定着する。

学習のまとめをする。

4 計算ビンゴゲームをしよう

計算ビンゴゲームの方法

① 子どもが計算の番号と答えを４×４のマスに自由に記入する。
② 教師は番号カードを用意しておき，それをシャッフルして出てきた番号とその番号の答えを伝える。
③ 子どもは，書いている番号があり，その答えが正解だったら，そこの枠を塗る。
④ 普通のビンゴゲームと同じように，縦，横，斜めの一列がそろうと「ビンゴ」となる。

※楽しんで計算練習ができるだけでなく，番号を書いていても答えが正解でないとビンゴにならないので，「計算を正確にしよう」という意欲を高めることができる。

ふりかえりシートが活用できる。

第 4 時

帯分数・3 口の計算

本時の目標 帯分数のわり算や，かけ算とわり算のまじった 3 口の計算の仕方がわかり，それらの計算ができるようになる。

板書例

帯分数のわり算や 3 口の計算をしよう

1

〈 $\frac{3}{5} \div 2\frac{1}{4}$ 〉

① 帯分数を仮分数に直す。

② 仮分数で計算する。

$$\frac{3}{5} \div 2\frac{1}{4} = \frac{3}{5} \div \frac{9}{4}$$
$$= \frac{3 \times 4}{5 \times 9}$$
$$= \frac{4}{15}$$

2

〈 $\frac{3}{8} \div 1\frac{3}{4}$ 〉

分子だけ補助数字を書く

① $\frac{3}{8} \div 1\frac{3}{4}^{(7)} = \frac{3 \times \cancel{4}^{1}}{{}_{2}\cancel{8} \times 7}$

$$= \frac{3}{14}$$

② $3\frac{4}{7}^{(25)} \div 2\frac{1}{7}^{(15)} = \frac{{}^{5}\cancel{25} \times \cancel{7}^{1}}{{}_{1}\cancel{7} \times \cancel{15}_{3}}$

$$= \frac{5}{3}$$

POINT 帯分数のわり算や 3 口の計算を間違いなくできる工夫を子どもたちと一緒に考えるようにしましょう。

1 $\frac{3}{5} \div 2\frac{1}{4}$ の計算の仕方を工夫しよう

子どもは，今までの計算とちがい，帯分数が入っていることに気づく。分数のかけ算で，帯分数は仮分数に直すと，それまでと同じように計算できたことをふりかえる。

帯分数を仮分数に直すときは分母はそのままで，分子は4×2+1=9とすればいいんだね
あとの計算は同じだから $\frac{3}{5} \div \frac{9}{4} = \frac{3 \times 4}{5 \times 9}$
仮分数に直せば今までの計算と同じだね

2 $\frac{3}{8} \div 1\frac{3}{4}$ の簡単な計算の仕方を考えよう

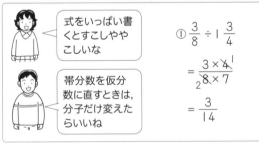

式をいっぱい書くとすこしややこしいな

帯分数を仮分数に直すときは，分子だけ変えたらいいね

① $\frac{3}{8} \div 1\frac{3}{4}$

$= \frac{3 \times \cancel{4}^{1}}{{}_{2}\cancel{8} \times 7}$

$= \frac{3}{14}$

① $\frac{3}{8} \div 1\frac{3}{4}$

$= \frac{3}{8} \div \frac{7}{4}$

$= \frac{3 \times \cancel{4}^{1}}{{}_{2}\cancel{8} \times 7}$

$= \frac{3}{14}$

左のように帯分数を仮分数に直す等式をかいているうちに，混乱する子もいる。

そこで右のように，帯分数を仮分数に直すときには，分子の 7 だけをメモ風に 3 の上に書いてもよいと知らせる。本来は等式をきちんとかけた方がよいが，小学生にとっては意外と難しいことなので，どちらのかき方でもよいことにして進める。

① $\frac{3}{8} \div 1\frac{3}{4}^{(7)}$

$= \frac{3 \times \cancel{4}^{1}}{{}_{2}\cancel{8} \times 7}$

$= \frac{3}{14}$

準備物	QR ふりかえりシート	ICT	帯分数や3口の計算になると，約分の組み合わせが多くなり，混乱する子どもが多くなる。基本的な計算の過程を画像にしておき，子どもたちに送信しておくと，子どものペースで振り返ることができる。

3 〈３口の計算をしよう〉

$$\frac{1}{6}\times\frac{5}{8}\div\frac{5}{9}=\frac{1}{6}\times\frac{5}{8}\times\frac{9}{5}$$
$$=\frac{1\times\overset{1}{\cancel{5}}\times\overset{3}{\cancel{9}}}{\underset{2}{\cancel{6}}\times 8\times\underset{1}{\cancel{5}}}$$
$$=\frac{3}{16}$$

4 〈いろいろな問題にチャレンジ〉

① $$\frac{15}{7}\div 6\div\frac{9}{14}=\frac{15}{7}\times\frac{1}{6}\times\frac{14}{9}$$
$$=\frac{\overset{5}{\cancel{15}}\times 1\times\overset{\cancel{2}\,1}{\cancel{14}}}{\underset{1}{\cancel{7}}\times\underset{3}{\cancel{6}}\times\underset{3}{\cancel{9}}}$$
$$=\frac{5}{9}$$

② $$4\frac{1}{5}\times 3\frac{1}{3}\div 2=\frac{\overset{7}{\cancel{21}}\times\overset{\cancel{2}\,1}{\cancel{10}}\times 1}{\underset{1}{\cancel{5}}\times\underset{1}{\cancel{3}}\times\underset{1}{\cancel{2}}}$$

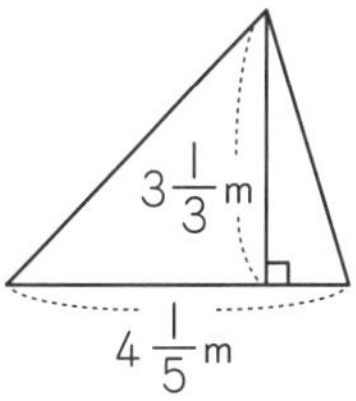

$$=\frac{7}{1}$$
$=7$　答え　7 m^2

3 $\frac{1}{6}\times\frac{5}{8}\div\frac{5}{9}$ の計算をしよう

分数が3つもあるわり算だと，どの分数を逆数にするかまちがいそうです

$\frac{1}{6}\times\frac{5}{8}$ ㊁ $\frac{5}{9}$
⇩
$\frac{1}{6}\times\frac{5}{8}\times\frac{9}{5}$

わり算は，わる数を逆数にしてかけるんだから，÷に○印を付けるとまちがわないよ

分数のかけ算とわり算のまじった式は，わる数を逆数にして，すべてかけ算にして計算することを説明する。

わる数だけが逆数になるので，㊁と印を付けておくとまちがいが少なくなることも伝える。

学習のまとめをする。

4 いろいろな問題にチャレンジしよう

整数のまじった計算は整数を分数に直すところで迷う子もいる。整数を分数になおして，逆数をかけるように伝える。

① $\frac{15}{7}\div 6\div\frac{9}{14}=\frac{\overset{5}{\cancel{15}}\times 1\times\overset{\cancel{2}\,1}{\cancel{14}}}{\underset{1}{\cancel{7}}\times\underset{3}{\cancel{6}}\times\underset{3}{\cancel{9}}}=\frac{5}{9}$

大きなまな板の上で全て約分したよ

②

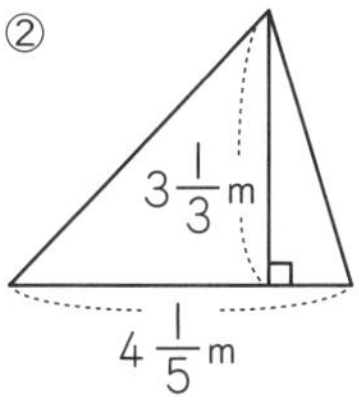

②の三角形の面積を求める公式は
底辺×高さ÷2だから
$4\frac{1}{5}\times 3\frac{1}{3}\div 2$ だ

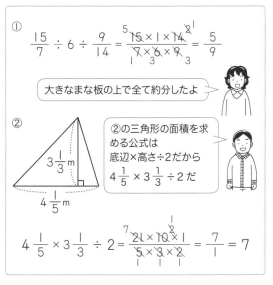

$4\frac{1}{5}\times 3\frac{1}{3}\div 2=\frac{\overset{7}{\cancel{21}}\times\overset{\cancel{2}\,1}{\cancel{10}}\times 1}{\underset{1}{\cancel{5}}\times\underset{1}{\cancel{3}}\times\underset{1}{\cancel{2}}}=\frac{7}{1}=7$

ふりかえりシートが活用できる。

第5時 分数・小数・整数の混合計算

本時の目標 小数や整数を分数になおして計算することができる。分数になおすと，計算が簡単になる場合もあることがわかる。

板書例

分数・小数・整数のまじった計算をしよう

1 ① $0.3 \div \frac{3}{5}$

小数に直して

$\frac{3}{5} = 0.6$ だから　$0.3 \div 0.6 = 0.5$

分数に直して

$0.3 = \frac{3}{10}$ だから

$\frac{3}{10} \div \frac{3}{5} = \frac{\overset{1}{\cancel{3}} \times \overset{1}{\cancel{5}}}{\underset{2}{\cancel{10}} \times \underset{1}{\cancel{3}}}$

$= \frac{1}{2}$

2 ② $0.8 \times \frac{4}{5} \div 0.6$

小数に直して

$0.8 \times \frac{4}{5} \div 0.6 = 0.8 \times 0.8 \div 0.6$

$= 1.066\cdots$

わり切れない

分数に直して

$0.8 \times \frac{4}{5} \div 0.6 = \frac{\overset{4}{\cancel{8}} \times 4 \times \overset{1}{\cancel{10}}}{\underset{1}{\cancel{10}} \times 5 \times \underset{3}{\cancel{6}}}$

$= \frac{16}{15}$

POINT 分数に揃えて計算すると，小数のままではできない計算でもできることがわかればいいでしょう。

1 $0.3 \div \frac{3}{5}$ の計算の仕方を考えよう

私は全て小数にして計算しました
$\frac{3}{5} = 0.6$ だから
$0.3 \div 0.6 = 0.5$

私は小数を分数に直して計算してみました
$0.3 \div \frac{3}{5} = \frac{3}{10} \div \frac{3}{5} = \frac{3 \times 5}{10 \times 3} = \frac{1}{2}$

C　$0.5 = \frac{1}{2}$ だね。

C　小数で計算しても，分数で計算しても同じ答えになりました。

2 分数に直す計算と，小数に直す計算を比べてみよう

T　$0.8 \times \frac{4}{5} \div 0.6$ の計算をしよう。

分数に直して計算してみました
$\overset{8}{0.8}_{10} \times \frac{4}{5} \div \overset{6}{0.6}_{10} = \frac{\overset{4}{\cancel{8}} \times 4 \times \overset{1}{\cancel{10}}}{\underset{1}{\cancel{10}} \times 5 \times \underset{3}{\cancel{6}}}$
$= \frac{16}{15}\ (1\frac{1}{15})$

小数に直して計算しました
$0.8 \times \frac{4}{5} \div 0.6$
$= 0.8 \times 0.8 \div 0.6$
$= 1.066\cdots\cdots$
小数だとわり切れないよ

分数と小数の両方の場合で計算を体験させたい。そして，乗除の計算は分数に変換した方が簡単なことにも気づかせたい。

準備物	ふりかえりシート	ICT	分数を小数にする方法をタブレットに送信しておき，いつでも振り返ることができるようにしておく。計算をする時に迷ったら，自分のペースで振り返ることができるようにしたい。

3

③ $1.8 \div 2\frac{1}{2} \times \frac{5}{9}$

小数に直して

$\frac{5}{9} = 0.555\cdots\cdots$

小数に直せない

分数に直して

$$1.8 \div 2\frac{1}{2} \times \frac{5}{9} = \frac{\cancel{18}^{2} \times \cancel{2}^{1} \times \cancel{5}^{1}}{\cancel{10}_{5} \times \cancel{5}_{1} \times \cancel{9}_{1}} = \frac{2}{5}$$

4 〈チャレンジしよう〉

④ $0.25 \div 1.25 \times 3$

小数のままで

$$0.25 \div 1.25 \times 3 = 0.2 \times 3$$
$$= 0.6$$

分数に直して

$$0.25 \div 1.25 \times 3 = \frac{\cancel{25}^{1} \times \cancel{100}^{1} \times 3}{\cancel{100}_{1} \times \cancel{125}_{5} \times 1}$$
$$= \frac{3}{5}$$

3 $1.8 \div 2\frac{1}{2} \times \frac{5}{9}$ の計算をしてみよう

$\frac{5}{9} = 0.555\cdots$ だから小数では計算できないね
1.8は $\frac{18}{10}$ に直せるから，分数にすると計算できるかな
小数に直してできない計算もあるんだね

$$1.8 \bigcirc\!\!\!\!\div\ 2\frac{1}{2} \times \frac{5}{9} = \frac{\cancel{18}^{2} \times \cancel{2}^{1} \times \cancel{5}^{1}}{\cancel{10}_{5} \times \cancel{5}_{1} \times \cancel{9}_{1}}$$
$$= \frac{2}{5}$$

小数に直せない計算もあるので，分数に直して計算する方が有効です。

4 $0.25 \div 1.25 \times 3$ の計算にチャレンジしよう

小数や整数の上に，赤字などで分数を書いておくと正確に早くできるね。

問題によっては小数に直した方が簡単な場合もあるので，必ず分数に直した方がよいとは決めつけられない。

ふりかえりシートが活用できる。

第 6 時
文章問題の立式①

本時の目標	1m あたりの重さを求めるわり算と，1kg あたりの長さを求めるわり算の場面がわかり，2つの場面の問題を解決したり，作ったりすることができる。

板書例

どんな式になるでしょうか

1 長さが 3m で，重さが $\frac{5}{2}$ kg の鉄の棒があります。

〈この鉄の棒 1m の重さは何 kg ですか〉

□ kg	$\frac{5}{2}$ kg
1m	3m

式 $\frac{5}{2} \div 3 = \frac{5}{2 \times 3} = \frac{5}{6}$

$\frac{5}{6}$ kg

2 〈この鉄の棒 1kg の長さは何 m ですか〉

□ m	3m
1kg	$\frac{5}{2}$ kg

式 $3 \div \frac{5}{2} = \frac{3 \times 2}{5} = \frac{6}{5}$

$\frac{6}{5}$ m

POINT 「かけわり 4 マス表」を使って，2 つの場面のわり算が区別でき，自信をもって立式できるようにしましょう。

1 1m あたりの重さは何 kg ですか

T 長さが 3m で，重さが $\frac{5}{2}$ kg の鉄の棒があります。この棒の 1m の重さを求めましょう。

C どんな式になるか，「かけわり 4 マス表」をかいてみよう。

□ kg	$\frac{5}{2}$ kg
1m	3m

式は $\frac{5}{2} \div 3$ になります

3m の重さが $\frac{5}{2}$ kg だから，1m の重さを求めるのはわり算だよ

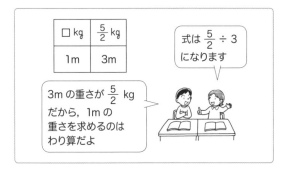

C $\frac{5}{2} \div 3 = \frac{5 \times 1}{2 \times 3} = \frac{5}{6}$

1 mの重さは $\frac{5}{6}$ kg

4 マス表にすれば，すぐに立式できる。

2 1kg あたりの長さは何 m ですか

T 同じく，長さが 3m で，重さが $\frac{5}{2}$ kg の鉄の棒です。この棒の 1kg の長さを求めましょう。

4 マス表をかいてみよう。さっきのは 1m あたり，今度は 1kg あたりを求める

□ m	3m
1kg	$\frac{5}{2}$ kg

1kg あたりの長さを求めるから，わり算です。式は $3 \div \frac{5}{2}$ です

C $3 \div \frac{5}{2} = \frac{3 \times 2}{1 \times 5} = \frac{6}{5}$

1kg の長さは $\frac{6}{5}$ m

4 マス表は量の関係を整理して見るのに最適。横に単位を揃えて整理してかくと，立式は容易にできる。

準備物	QR ワークシート QR ふりかえりシート

ICT	2つの場面の区別は，計算だけでは理解が難しい子どももいる。2つの場面の様子をイラストにしたり，写真にしたりして全体で共有すると理解しやすい。

3 $\frac{3}{4}$ m² のかべにペンキをぬるのに $\frac{7}{8}$ dL のペンキを使いました。

①〈1dL でぬれる面積〉

□ m²	$\frac{3}{4}$ m²
1dL	$\frac{7}{8}$ dL

式 $\frac{3}{4} \div \frac{7}{8} = \frac{3 \times \cancel{8}^{2}}{{}_{1}\cancel{4} \times 7} = \frac{6}{7}$

$\frac{6}{7}$ m²

②〈1m² ぬるのに必要なペンキの量〉

□ dL	$\frac{7}{8}$ dL
1m²	$\frac{3}{4}$ m²

式 $\frac{7}{8} \div \frac{3}{4} = \frac{7 \times \cancel{4}^{1}}{{}_{2}\cancel{8} \times 3} = \frac{7}{6}$

$\frac{7}{6}$ dL

4 問題文を作る

$\frac{5}{4}$ m の重さが $\frac{3}{5}$ kg のホースがあります。

㋐

□ kg	$\frac{3}{5}$ kg
1m	$\frac{5}{4}$ m

㋑

□ m	$\frac{5}{4}$ m
1kg	$\frac{3}{5}$ kg

3 1dL で塗れる面積，1m² を塗れる量をそれぞれ求めましょう

T $\frac{3}{4}$ m² の壁にペンキを塗るのに，$\frac{7}{8}$ dL のペンキを使いました。
①このペンキ 1dL で何 m² の壁が塗れますか。
② 1m² の壁を塗るには何 dL のペンキがいりますか。

① 1dL あたりを求めるかけわり 4 マス表は

まず

1dL	

だから→

□ m²	$\frac{3}{4}$ m²
1dL	$\frac{7}{8}$ dL

式は，$\frac{3}{4} \div \frac{7}{8}$

1m²あたりを求めるかけわり 4 マス表は ②

まず

1m²	

だから→

□ dL	$\frac{7}{8}$ dL
1m²	$\frac{3}{4}$ m²

式は，$\frac{7}{8} \div \frac{3}{4}$

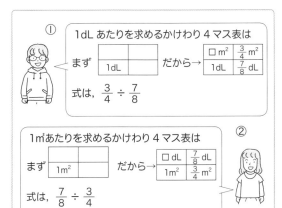

4 次の場面から 2 つのわり算の問題を作ろう

T 「$\frac{5}{4}$ m の重さが $\frac{3}{5}$ kg のホースがあります。」という場面を使って問題を作りましょう。

㋐

□ kg	$\frac{3}{5}$ kg
1m	$\frac{5}{4}$ m

㋑

□ m	$\frac{5}{4}$ m
1kg	$\frac{3}{5}$ kg

㋐だと，「このホース 1 mあたりの重さは何 kgですか」となる

㋑だと，「このホース 1kg あたりの長さは何 mですか」となる

かけわり 4 マス表にすれば，2 つのわり算の問題が作れるね

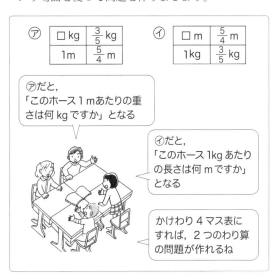

ふりかえりシートが活用できる。

第 7 時

文章問題の立式②

本時の目標　かけ算とわり算（等分除）（包含除）の３つの場面を「かけわり４マス表」を使って読み取り，問題を解決することができる。

板書例

どんな式になるでしょうか

1

1　$\frac{4}{3}$ m の重さが $\frac{12}{5}$ kg の鉄の棒があります。この鉄の棒 1m の重さは何 kg ですか。

□ kg	$\frac{12}{5}$ kg
1m	$\frac{4}{3}$ m

式　$\frac{12}{5} \div \frac{4}{3} = \frac{\overset{3}{\cancel{12}} \times 3}{5 \times \cancel{4}_{1}}$

$= \frac{9}{5}$

$\frac{9}{5}$ kg

2

2　1m の重さが $\frac{5}{3}$ kg の鉄の棒があります。この鉄の棒，$\frac{3}{2}$ m の重さは何 kg でしょうか。

$\frac{5}{3}$ kg	□ kg
1m	$\frac{3}{2}$ m

式　$\frac{5}{3} \times \frac{3}{2} = \frac{5 \times \cancel{3}^{1}}{{}_{1}\cancel{3} \times 2}$

$= \frac{5}{2}$

$\frac{5}{2}$ kg

POINT 「かけわり４マス表」を使えば，乗除の選択や，どんな計算になるかも簡単にわかります。「かけわり４マス表」が使える

1 かけ算でしょうか，わり算でしょうか①

問題文1を提示する。

C 「かけわり４マス表」をかいて，式を考えよう。

□ kg	$\frac{12}{5}$ kg
1m	$\frac{4}{3}$ m

4 マス表から 1 mあたりの重さを求めるわり算であることがわかる。

2 かけ算でしょうか，わり算でしょうか②

問題文2を提示する。

C これも「かけわり４マス表」をかいて，式を考えよう。

$\frac{5}{3}$ kg	□ kg
1m	$\frac{3}{2}$ m

C $\frac{5}{3} \times \frac{3}{2} = \frac{5 \times \cancel{3}^{1}}{{}_{1}\cancel{3} \times 2}$

$= \frac{5}{2}$　　$\frac{3}{2}$ m の重さは $\frac{5}{2}$ kg です。

準備物	QR ワークシート QR ふりかえりシート

ICT	シェーマ図の元を，子どもたちのタブレットに送信しておく。丁寧にシェーマ図をかき，それを全員に共有し，説明をしたり確認したりする。その繰り返しで力がつく。

3

③ 1mの重さが $\frac{4}{5}$kgの鉄の棒があります。
この鉄の棒，$\frac{8}{3}$kgでは，長さは何mでしょうか。

$\frac{4}{5}$kg	$\frac{8}{3}$kg
1m	□m

式 $\frac{8}{3} \div \frac{4}{5} = \frac{\overset{2}{\cancel{8}} \times 5}{3 \times \underset{1}{\cancel{4}}}$

$= \frac{10}{3}$

$\frac{10}{3}$ m

4 まとめ

a	c
1	b

aがわからないとき

[a]	c
1	b

c ÷ b = [a]

cがわからないとき

a	[c]
1	b

a × b = [c]

bがわからないとき

a	c
1	[b]

c ÷ a = [b]

ようにしましょう。

3 かけ算でしょうか，わり算でしょうか③

問題文③を提示する。

C 早速「かけわり4マス表」をかいてみよう。

「かけわり4マス表」にすると，右下のところが□になるね

$\frac{4}{5}$kg	$\frac{8}{3}$kg
1m	□m

分数を整数に置き直してみたら，

2kg	6kg
1m	□m

6÷2になるから，この問題では $\frac{8}{3} \div \frac{4}{5}$ だね

C $\frac{8}{3} \div \frac{4}{5} = \frac{\overset{2}{\cancel{8}} \times 5}{3 \times \underset{1}{\cancel{4}}}$

$= \frac{10}{3}$ 　　長さは $\frac{10}{3}$ mです。

4 「かけわり4マス表」からの立式をまとめよう

T a，b，cのそれぞれを求める式は，どうなるでしょうか。

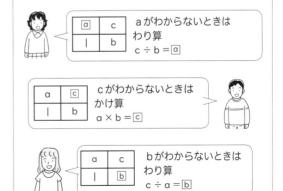

a	c
1	b

[a]	c
1	b

aがわからないときはわり算
c ÷ b = [a]

a	[c]
1	b

cがわからないときはかけ算
a × b = [c]

a	c
1	[b]

bがわからないときはわり算
c ÷ a = [b]

ふりかえりシートが活用できる。

第8時 積と商の大きさ

本時の目標
積とかけられる数，商とわられる数の大小関係が理解できる。

板書例

積と商の大きさを比べよう

1 〈積の大きい順を予想しよう〉

ア $20 \times \frac{5}{6}$　イ $20 \times \frac{6}{5}$

ウ 20×1　エ $20 \times \frac{3}{4}$

予想（イ ＞ ウ ＞ ア ＞ エ）

$\frac{6}{5}$ は 1 より大きい

$\frac{5}{6}$ と $\frac{3}{4}$ は 1 より小さい

$\frac{5}{6}$ と $\frac{3}{4}$ は通分して比べる

2 〈計算して確かめよう〉

ア $20 \times \frac{5}{6} = \frac{\overset{10}{\cancel{20}} \times 5}{\underset{3}{\cancel{6}}} = \frac{50}{3} = 16\frac{2}{3}$

イ $20 \times \frac{6}{5} = \frac{\overset{4}{\cancel{20}} \times 6}{\underset{1}{\cancel{5}}} = 24$

ウ $20 \times 1 = 20$

エ $20 \times \frac{3}{4} = \frac{\overset{5}{\cancel{20}} \times 3}{\underset{1}{\cancel{4}}} = 15$

積の大きい順（イ，ウ，ア，エ）

POINT かけ算とわり算を比べてまとめることで，積とかけられる数，商とわられる数の大小関係がよくわかるようになります。

1 かけ算の式を見て，積の大きい順を予想する

ア $20 \times \frac{5}{6}$　イ $20 \times \frac{6}{5}$　ウ 20×1　エ $20 \times \frac{3}{4}$

かける数がいちばん大きいのはイだから，積がいちばん大きいのはイだと思います

アとエは 1 より小さいから積も小さくなる

アとエの $\frac{5}{6}$ と $\frac{3}{4}$ を通分して比べると $\frac{5}{6}$ の方が大きいから，積も大きいね

2 かけ算なのに，積がかけられる数よりも小さくなるのはどんな場合ですか

T 計算して確かめましょう。

ア $20 \times \frac{5}{6} = \frac{\overset{10}{\cancel{20}} \times 5}{\underset{3}{\cancel{6}}} = \frac{50}{3} = 16\frac{2}{3}$

イ $20 \times \frac{6}{5} = \frac{\overset{4}{\cancel{20}} \times 6}{\underset{1}{\cancel{5}}} = 24$

ウ $20 \times 1 = 20$

エ $20 \times \frac{3}{4} = \frac{\overset{5}{\cancel{20}} \times 3}{\underset{1}{\cancel{4}}} = 15$

C 積の大きい順に並べると，イウアエです。

小数でも分数でも，1 より小さい数をかけたら，積はかけられる数より小さくなります

C かける数＞ 1 のとき，積＞かけられる数

C かける数＜ 1 のとき，積＜かけられる数

C かける数＝ 1 のとき，積＝かけられる数

準備物
QR ワークシート
QR ふりかえりシート

ICT 積よかけられる数，商とわられる数の関係は，数字だけでは理解が難しい子どももいる。タブレットを使って，数直線やマス図を共有しながら説明すると理解しやすい。

3 〈商の大きい順を予想しよう〉

ア $60 \div \frac{4}{5}$　イ $60 \div \frac{6}{5}$

ウ $60 \div 1$　エ $60 \div \frac{3}{5}$

予想（イウアエ）

結果（エアウイ）
わり算はわる数の逆数をかけるから，
商の大きい順は積の逆で，わる数が
大きいほど商は小さくなる。

〈計算して確かめよう〉

ア $60 \div \frac{4}{5} = \frac{\overset{15}{\cancel{60}} \times 5}{\underset{1}{\cancel{4}}} = 75$

イ $60 \div \frac{6}{5} = \frac{\overset{10}{\cancel{60}} \times 5}{\underset{1}{\cancel{6}}} = 50$

ウ $60 \div 1 = 60$

エ $60 \div \frac{3}{5} = \frac{\overset{20}{\cancel{60}} \times 5}{\underset{1}{\cancel{3}}} = 100$

4 まとめ

かけ算
かける数＞１のとき，積＞かけられる数
かける数＝１のとき，積＝かけられる数
かける数＜１のとき，積＜かけられる数

わり算
わる数＞１のとき，商＜わられる数
わる数＝１のとき，商＝わられる数
わる数＜１のとき，商＞わられる数

3 わり算の式を見て，商の大きい順を考えよう

ア $60 \div \frac{4}{5}$　イ $60 \div \frac{6}{5}$　ウ $60 \div 1$　エ $60 \div \frac{3}{5}$

わる数の大きい順は，$\frac{6}{5} > 1 > \frac{4}{5} > \frac{3}{5}$ だから，
商の大きい順は，イウアエの順だと思います

かけ算はそうだったけど、
わり算だよ

T　計算して確かめましょう。

ア　$60 \div \frac{4}{5} = \frac{\overset{15}{\cancel{60}} \times 5}{\underset{1}{\cancel{4}}} = 75$　イ　$60 \div \frac{6}{5} = \frac{\overset{10}{\cancel{60}} \times 5}{\underset{1}{\cancel{6}}} = 50$

ウ　$60 \div 1 = 60$　エ　$60 \div \frac{3}{5} = \frac{\overset{20}{\cancel{60}} \times 5}{\underset{1}{\cancel{3}}} = 100$

C　商の大きい順は，エアウイで予想とは逆です。
C　わり算はかけ算と反対の性質になっています。

4 商がわられる数より小さくなるのはどんな場合ですか

わり算はわる数を逆数にして
かけます。だから，かけ算の
場合とは反対になります

$60 \div \frac{6}{5} = 60 \times \frac{5}{6}$，$60 \div \frac{3}{5} = 60 \times \frac{5}{3}$
だから，わる数が小さいほど，かける数は大きく
なります

$60 \div 2 = 30$ で，
$60 \div 20 = 3$ だから，
わる数が大きいと商は
小さくなるよ

C　わる数＞１のとき，商＜わられる数
C　わる数＜１のとき，商＞わられる数
C　わる数＝１のとき，商＝わられる数

ふりかえりシートが活用できる。

第1時　ワークシート見本

名前 ＿＿＿＿＿＿＿＿

(1)　3dL のペンキで，板を $\frac{1}{2}$ m² ぬりました。
このペンキ 1 dL では何 m² ぬれますか。

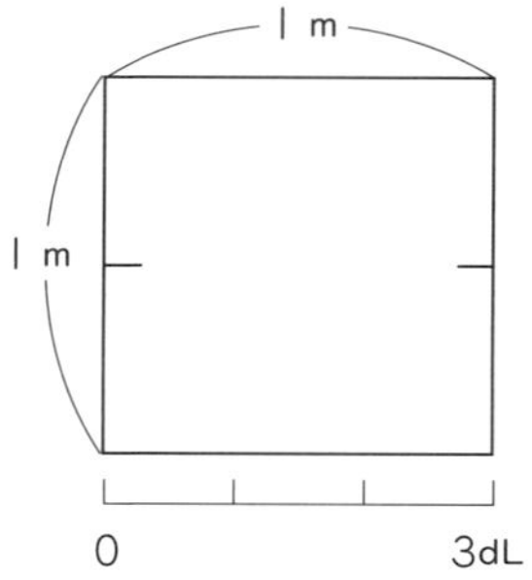

かけわり 4 ます表

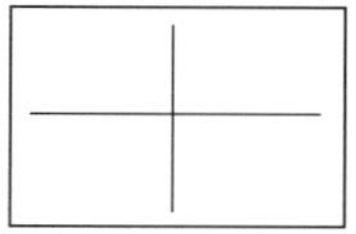

式

答え ＿＿＿＿＿＿＿＿

(2)　$\frac{1}{3}$ dL のペンキで，板を $\frac{1}{2}$ m² ぬりました。
このペンキ 1 dL では何 m² ぬれますか。

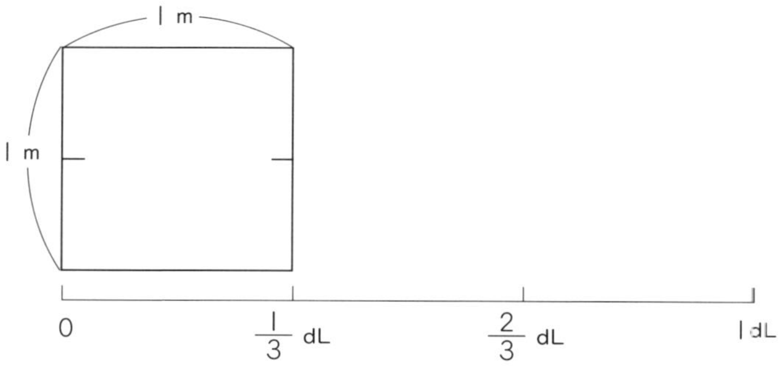

かけわり 4 ます表

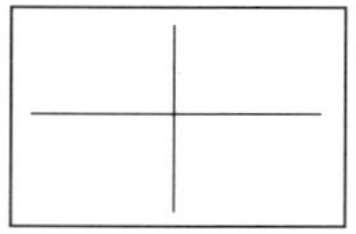

式

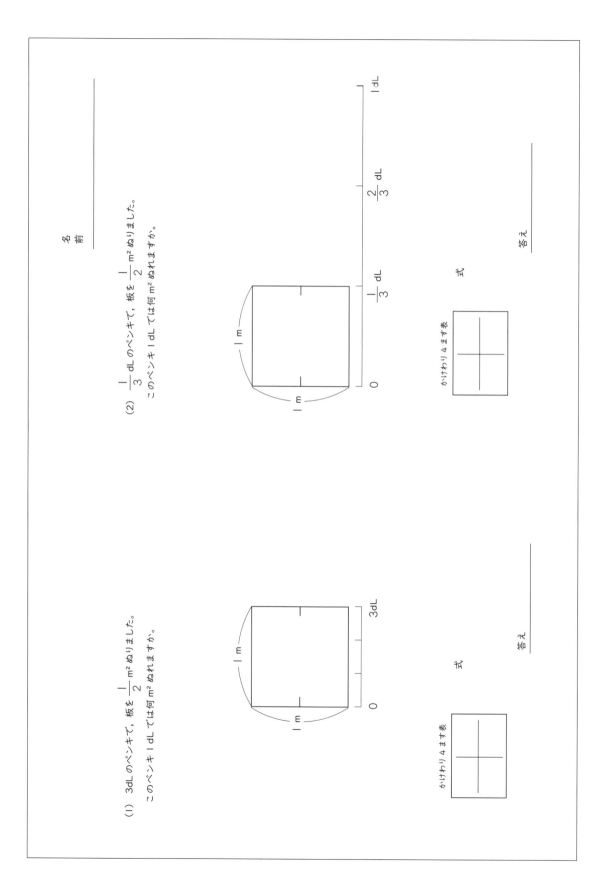

答え ＿＿＿＿＿＿＿＿

第６時・第８時　ふりかえりシート見本

名前 ＿＿＿＿＿＿＿＿＿＿

□1 長さが $\frac{5}{4}$ m で，重さが $\frac{5}{2}$ kg の鉄の棒があります。

① この鉄の棒１ｍの重さは何 kg でしょうか。

かけわり４ます表

式

答え ＿＿＿＿＿＿

② 同じ鉄の棒１kg の長さは何ｍでしょう。

かけわり４ます表

式

答え ＿＿＿＿＿＿

□2 $\frac{3}{4}$ m^2 のかべにペンキをぬるのに，$\frac{3}{8}$ dL のペンキを使いました。

① １dL のペンキで何㎡のかべをぬることができますか。

かけわり４ます表

式

答え ＿＿＿＿＿＿

② １ m^2 のかべをぬるのに何 dL のペンキが必要ですか。

かけわり４ます表

式

答え ＿＿＿＿＿＿

名前 ＿＿＿＿＿＿＿＿＿＿

□1 積の大きい順に，記号を（　）に書きましょう。

㋐ $7 \times \frac{9}{8}$　㋑ $7 \times \frac{1}{8}$　㋒ $7 \times \frac{7}{8}$　㋓ $7 \times 1\frac{3}{8}$

（　　）＞（　　）＞（　　）＞（　　）

□2 商の大きい順に，記号を（　）に書きましょう。

㋐ $8 \div \frac{5}{7}$　㋑ $8 \div \frac{1}{7}$　㋒ $8 \div 1\frac{1}{7}$　㋓ $8 \div \frac{9}{7}$

（　　）＞（　　）＞（　　）＞（　　）

□3 □にあてはまる等号や不等号を書きましょう。

① 15 □ $15 \div \frac{4}{5}$

② 15 □ $15 \div \frac{9}{10}$

③ 15 □ $15 \div 1$

④ 15 □ $15 \div \frac{7}{6}$

⑤ 15 □ $15 \div 1\frac{5}{9}$

分数倍

全授業時数３時間

◎ 学習にあたって ◎

＜この単元で大切にしたいこと＞

分数には割合を表すものがあります。量を表す分数とは異なり，基準とする量に働きかける操作を表します。

例えば，$A \times \frac{1}{2}$ はAを２等分した１つ分の大きさにすることを意味します。こういった意味で，分数倍は子どもたちにとって比較的理解しやすい操作的概念だと言えます。教科書では，分数で表された２量の倍関係を求めることから「分数倍」を導入しています。しかし，このやり方はシンプルな分数倍の理解を逆に難しくしています。分数倍は操作的概念であり，操作を通して理解することが大事で，整数×分数の場面を使い，$\frac{1}{2}$ 倍すればどうなるのか，といった操作体験に基づいて分数倍を理解させたいものです。

＜数学的見方考え方と操作活動＞

分数倍の学習は，量を表す分数の乗除を学んだ後に学習します。しかし，$\frac{1}{2}$m × $\frac{1}{2}$mと $\frac{1}{2}$m × $\frac{1}{2}$ とは意味が異なります。前者は，長さ×長さ＝面積を表すのに対して，後者は，$\frac{1}{2}$ mを $\frac{1}{2}$ 倍して小さくする働きを意味するからです。この違いを子どもたちに分かってもらうことが分数倍の主要な目的です。

そのためには，分数倍の存在を知ってもらった後に，分数倍の操作を図を使って実際に行う必要があります。操作の図は，にらめっこ図が最適です。

＜BはAの $\frac{2}{3}$ 倍の作図＞

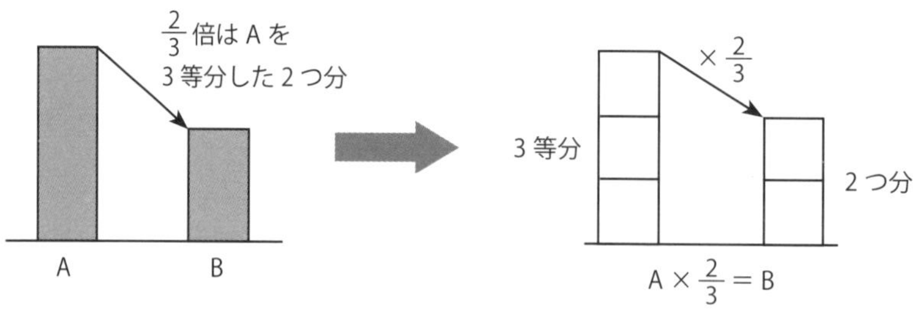

＜個別最適な学び・協働的な学びのために＞

ここでは基本的に「操作の倍」を核としてプランを組み立てます。子どもたちは，$\frac{1}{2}$ 倍の大きさの図や $\frac{1}{3}$ 倍の大きさの図を描くことで，分数倍の概念を身につけていきます。但し，単純に $\frac{1}{2}$ 倍のかき方を教えるのではなく，$\frac{1}{2}$ 倍すると大きさはどうなるのか，どうやったら $\frac{1}{2}$ 倍の図がかけるのかを，みんなで相談しながらかき方を理解します。また，分数倍を求めたり，分数倍でわってもとにする量を求めたりする問題を通して，割合の復習，百分率の学習を深めるようにします。

◎評　価◎

知識および技能	$\frac{1}{2}$倍や$\frac{2}{3}$倍という表記が日常的に使われていたり，百分率が$\frac{a}{100}$として使われることを知り，目的に応じて正しい式に表して計算できる。
思考力，判断力，表現力等	分数によって表される割合に関心を持ち，日常的な事象を分数倍で表したり，割合分数から量の関係を読み取ったりできる。
主体的に学習に取り組む態度	例えば$\frac{2}{3}$倍は，1とみる量を3等分した2つ分の大きさに当たることが分かり，その考えに基づいて，1とみる量を求めたり，分数倍の関係を見つけたりできる。

◎指導計画　3時間◎

時	題	目　標
1	割合を表す分数	分数倍の意味がわかり，比べられる量を求めたり，図がかけたりする。
2	分数倍を求める	にらめっこ図をかき，分数倍の値を求めることができる。
3	もとにする量を求める	比べる量を分数で表された割合（分数倍）でわり，もとにする量を求めることができる。

割合を表す分数

本時の目標　分数倍の意味がわかり，比べられる量を求めたり，図がかけたりする。

板書例

割合を表す分数

1 〈何倍になった？〉

はじめ 18cm だったえん筆が
9cm になりました。
何倍にちぢんだのでしょう。

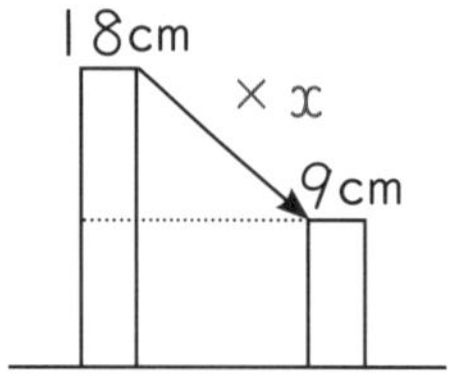

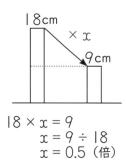

$18 \times x = 9$
$x = 9 \div 18$
$x = 0.5$（倍）

0.5 倍＝半分＝ $\frac{1}{2}$ 倍

2 〈 $\frac{1}{3}$ 倍すると何 cm 〉

はじめ 18cm だったえん筆が
はじめの $\frac{1}{3}$ 倍の長さになりました。
何 cm になったでしょう。

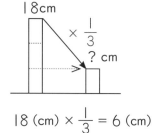

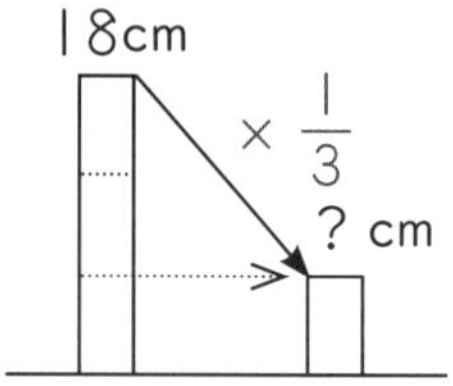

18 (cm) × $\frac{1}{3}$ = 6 (cm)

$\frac{1}{3}$ 倍は 3 つに分けた 1 つ分
の大きさにすること

POINT 「にらめっこ図」は，倍や割合の学習で，子どもたちが抜群に理解しやすいモデル図です。ぜひ「にらめっこ図」という

1 何倍になったかを考えよう

T　はじめ 18cm だった鉛筆が 9cm になりました。何倍にちぢんだのでしょう。

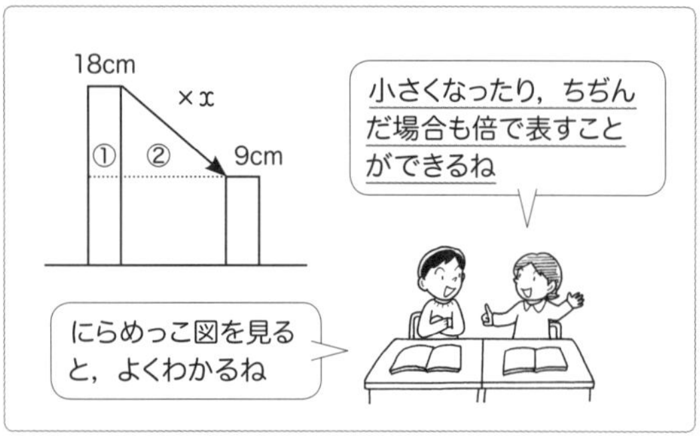

C 「$\frac{1}{2}$ 倍にちぢんだ」ということだね。
C　ちぢんでも「倍」というんだね。

2 $\frac{1}{3}$ 倍した長さを求めよう

T　はじめ 18cm だった鉛筆が，はじめの $\frac{1}{3}$ 倍の長さになりました。何 cm になったでしょう。

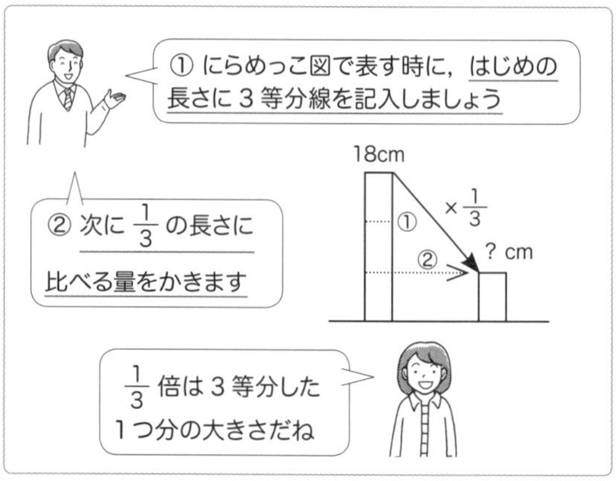

C　$18 \times \frac{1}{3} = 6$ の式になります。
C　答えは 6cm です。

準備物
QR 板書用図
QR ふりかえりシート

ICT
「にらめっこ図」は，子どもたちがタブレットで手元で図を見ながら説明を聞くことができるように，共有配信をすると良い。

3 〈分数倍にしてみよう〉

60 Lの水そうの水が 3 日で
はじめの $\frac{4}{5}$ 倍になりました。
水そうの水は何Lになりましたか。

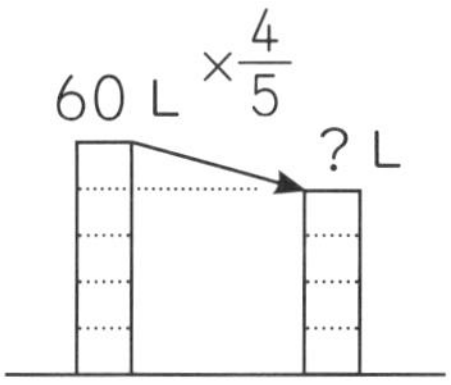

$60(L) \times \frac{4}{5} = 48(L)$

$\frac{4}{5}$ 倍は 5 つに分けた
4 つ分の大きさにすること

4 〈式を見て図を完成させよう〉

① $80(g) \times \frac{3}{4} = 60(g)$

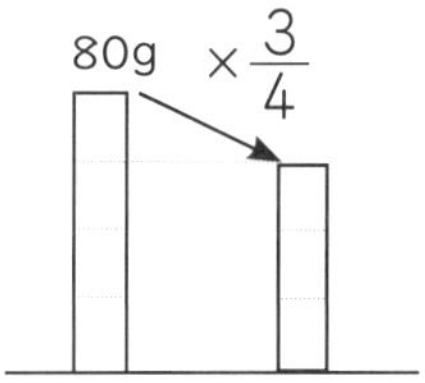

② $\frac{5}{6}(L) \times \frac{5}{8} = \frac{25}{48}(L)$

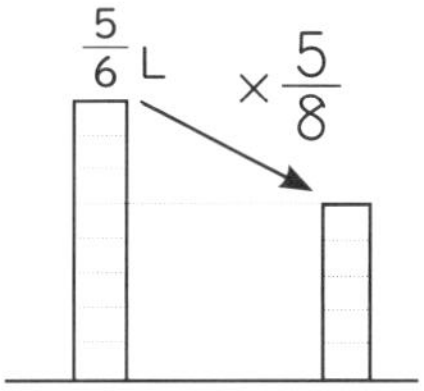

算数の特別のアイテムを子どもたちに持たせましょう。

3 分数倍した値を求めよう

T 60 Lの水そうの水が，3 日ではじめの $\frac{4}{5}$ 倍の量になりました。水そうの水は何Lになりましたか。
　まず，自分で図をかいて式を立て，計算しましょう。次にグループで話し合いましょう。

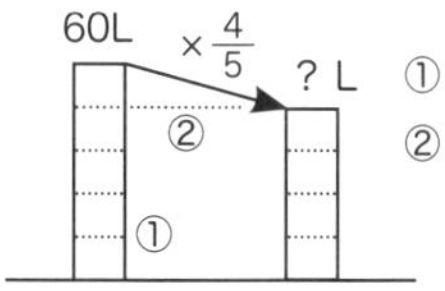

① 5 等分線をひく
② 4 つ分の大きさをとる
60L × $\frac{4}{5}$ = (　　)

$\frac{4}{5}$ 倍はどうすることかな
$\frac{4}{5}$ 倍は 5 等分した 4 つ分の大きさにすることだね
60× $\frac{4}{5}$ = 48 です
にらめっこ図をかいてみたらわかるね

4 式を見て図を完成させよう

T ①，②の式を見て，図を完成させましょう。
　① $80(g) \times \frac{3}{4} = 60(g)$

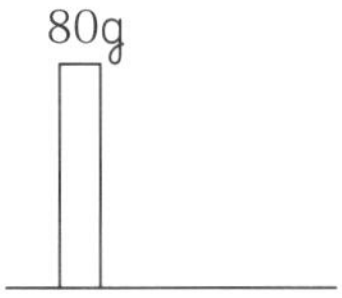

C 80g がもとになる量だね。
C それを $\frac{3}{4}$ 倍した量を求める図をかけばいいんだ。

② $\frac{5}{6}(L) \times \frac{5}{8} = \frac{25}{48}(L)$

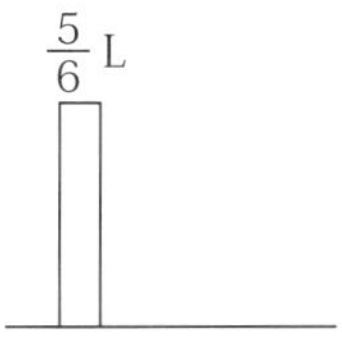

ふりかえりシートが活用できる。

第 2 時

分数倍を求める

本時の目標　にらめっこ図をかき，分数倍の値を求めることができる。

板書例

何倍になっているでしょうか

1 （1）はじめ 2L だった ジュースが $\frac{6}{5}$ L になって いました。はじめの量の何倍 になったでしょう。

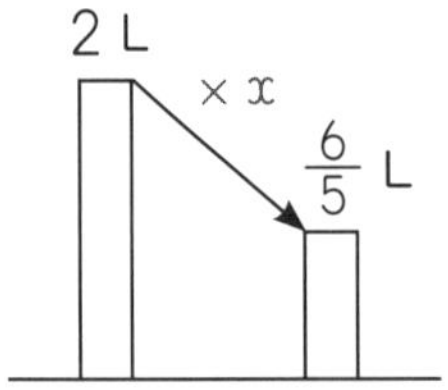

$2 \times x = \frac{6}{5}$

$x = \frac{6}{5} \div 2$

$x = \frac{3}{5}$

$\frac{3}{5}$ 倍

2 （2）A さんの筆箱は $\frac{3}{4}$ kg，B さんの筆箱は $\frac{2}{3}$ kg です。B さんの筆箱は A さんの筆箱の何倍の重さですか。

（B $\frac{2}{3}$）は（A $\frac{3}{4}$）の（x）倍

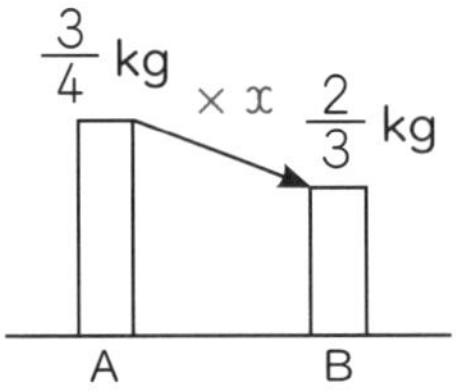

$\frac{3}{4} \times x = \frac{2}{3}$

$x = \frac{2}{3} \div \frac{3}{4}$

$x = \frac{8}{9}$

$\frac{8}{9}$ 倍

POINT 「もとにする量」がわかれば，にらめっこ図はかけます。文章の中から「もとにする量」を見つけ出すコツを伝えましょう。

1 （1）の「にらめっこ図」をかいて考えよう

T　はじめ 2L だったジュースが $\frac{6}{5}$ L になっていました。はじめの量の何倍になったでしょうか。

C　にらめっこ図をかいて考えよう。

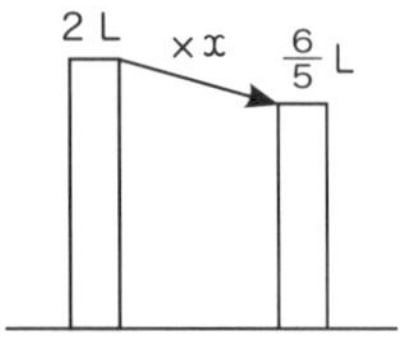

はじめのとかいてあるから 2L がもとにする量だね

$\frac{6}{5}$ L は 2L より少ないから，こんな図になるね

式は $2 \times x = \frac{6}{5}$ になるね

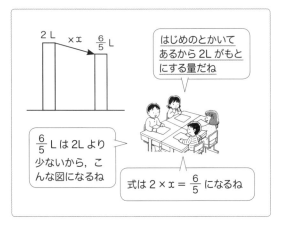

C　$x = \frac{6}{5} \div 2$ だから，$x = \frac{3}{5}$ だね。

C　2 L の $\frac{3}{5}$ 倍が $\frac{6}{5}$ L ということです。

2 （2）の「にらめっこ図」をかいて考えよう

T　A さんの筆箱は $\frac{3}{4}$ kg，B さんの筆箱は $\frac{2}{3}$ kg です。B さんの筆箱は A さんの筆箱の何倍の重さですか。

A さんのと書いてあって，A さんの何倍だから $\frac{3}{4}$ kg がもとにする量です

B さんのが比べられる量になるね。

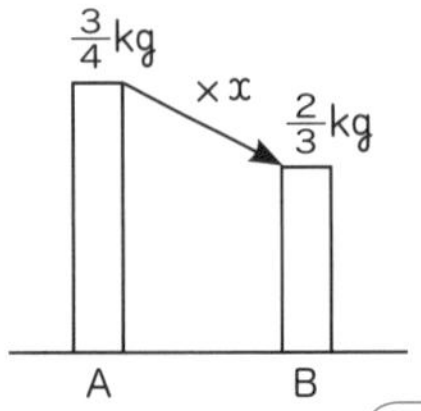

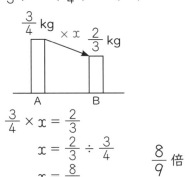

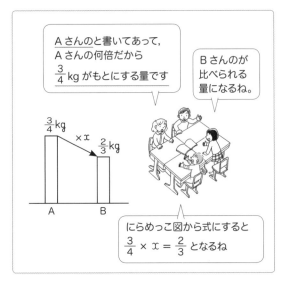

にらめっこ図から式にすると $\frac{3}{4} \times x = \frac{2}{3}$ となるね

準備物	QR 板書用図 QR ふりかえりシート	ICT	じっくり考える時間を確保したい。タブレットの1枚のシートに問題文を載せておき，にらめっこ図と式を書くスペースを作っておくと，効率よく活動が進む。

3 〈答えを%で表す〉

(3) $\frac{1}{3}$ kg の食塩水の中には $\frac{3}{100}$ kg の食塩がふくまれています。食塩は食塩水の何%ですか？

(食塩　) は (食塩水　) の (　x) 倍

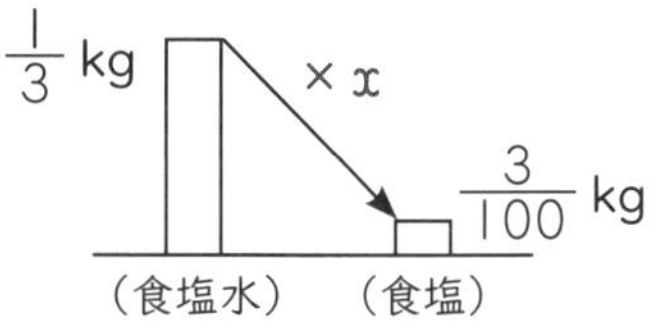

$\frac{1}{3} \times x = \frac{3}{100}$

$x = \frac{3}{100} \div \frac{1}{3}$

$x = \frac{9}{100}$

$\frac{9}{100} = 0.09$

9%

9%

4 〈図を見て式を書き，x を求める〉

①

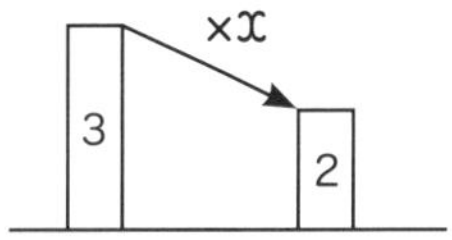

$3 \times x = 2$

$x = \frac{2}{3}$

「3 を $\frac{2}{3}$ 倍すると 2 になる」

②

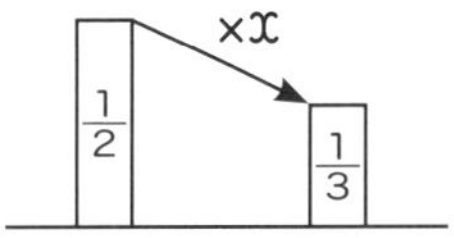

$\frac{1}{2} \times x = \frac{1}{3}$

$x = \frac{2}{3}$

「$\frac{1}{2}$ を $\frac{2}{3}$ 倍すると $\frac{1}{3}$ になる」

3 何%になっているでしょうか

T　$\frac{1}{3}$ kg の食塩水の中には $\frac{3}{100}$ kg の食塩が含まれています。食塩は食塩水の何%の量といえますか？

C　食塩水のと書いてあるから食塩水がもとにする量です。

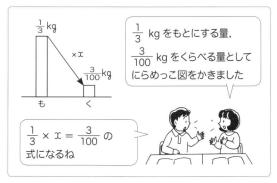

C　食塩が比べる量だね。

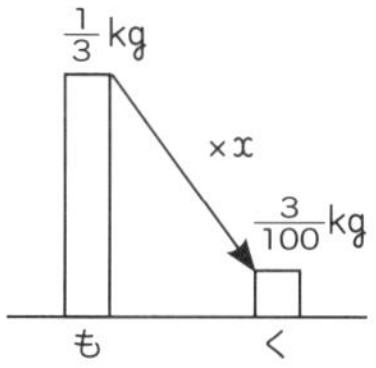

C　$x = \frac{9}{100}$ になります。

C　$\frac{9}{100}$ は小数にすると 0.09 なので，9%です。

4 図を見て式を書き，x を求めよう

①

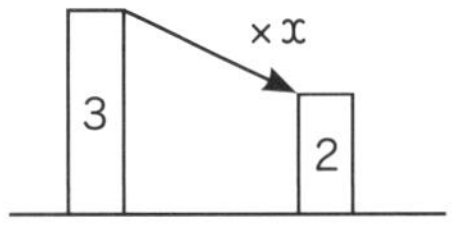

何倍になっているかを，図から考える。

$3 \times x = 2$ と式が書けて，$x = \frac{2}{3}$

文章にすると，「3 を $\frac{2}{3}$ 倍すると 2 になる」となる。

②

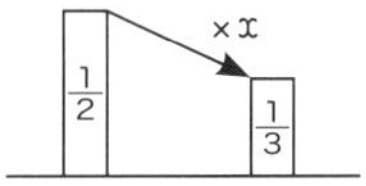

$\frac{1}{2} \times x = \frac{1}{3}$ と式が書けて，

$x = \frac{2}{3}$ になる。

文章にすると，「$\frac{1}{2}$ を $\frac{2}{3}$ 倍すると $\frac{1}{3}$ になる」となる。

ふりかえりシートが活用できる。

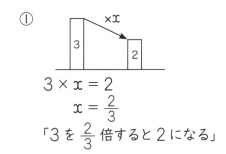

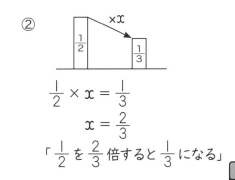

第3時

もとにする量を求める

本時の目標　比べる量を分数で表された割合（分数倍）でわり，もとにする量を求めることができる。

板書例

もとにする量を求めよう

1

ビンにジュースが 600 mL 入っています。
これはビン全体の容積の $\frac{2}{3}$ にあたります。
ビン全体では何 mL 入りますか。

もとにする量 …… 全体の容積

（600mL）は（全体）の（$\frac{2}{3}$）倍

2

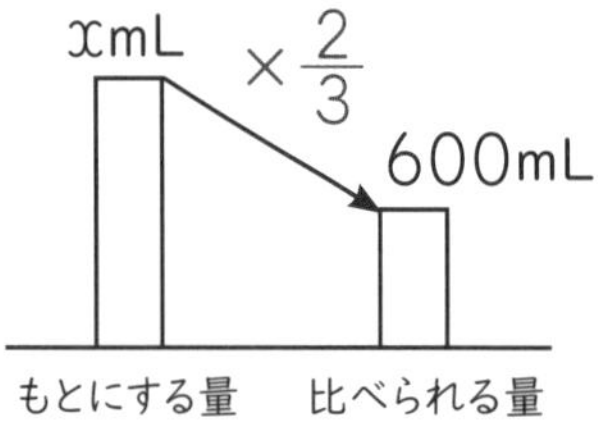

$x \times \frac{2}{3} = 600$

$x = 600 \div \frac{2}{3}$

$x = 600 \times \frac{3}{2}$

$x = 900$

900 mL

POINT　割合の学習の中でも最も難しい「もとにする量」を求める問題も，「にらめっこ図」の左から順にかけ算の式にしてから

1 （　）は（　）の（　）倍という言葉の式で考えてみよう

T　ビンにジュースが 600mL 入っています。これはビン全体の容積の $\frac{2}{3}$ にあたります。ビン全体では何 mL 入りますか？

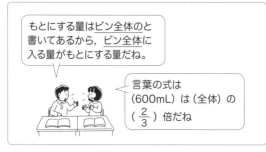

もとにする量はビン全体のと書いてあるから，ビン全体に入る量がもとにする量だね。

言葉の式は（600mL）は（全体）の（$\frac{2}{3}$）倍だね

言葉の式にすることも学習した方が解決力を高めるが，わかりにくいようであれば，今まで通り，にらめっこ図からはじめてもよい。

2 言葉の式を「にらめっこ図」に表して立式しよう

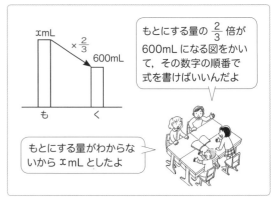

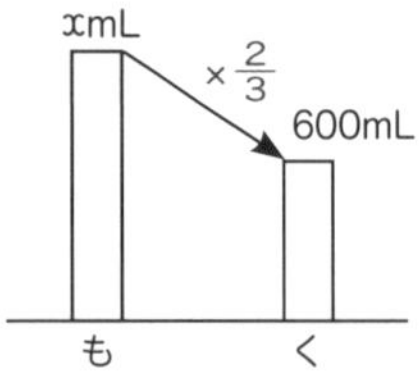

もとにする量の $\frac{2}{3}$ 倍が 600mL になる図をかいて，その数字の順番で式を書けばいいんだよ

もとにする量がわからないから xmL としたよ

C　$x \times \frac{2}{3} = 600$ の式になります。

C　$x = 600 \div \frac{2}{3}$ だから $x = 900$ です。

C　ビン全体では 900mL のジュースが入ります。

T　もとにする量を求めるときもかけ算の式にしてから，わり算で答えを求めるといいですね。

準備物	QR 板書用図 QR ふりかえりシート

ICT	もとにする量を求める問題はかなり難しい。それぞれの「にらめっこ図」をタブレットのシートに記入し，共有することで，図を見ながら話し合う活動をする。

3

公園にいる全員の人数の $\frac{3}{5}$ が子どもで 21 人です。
公園にいる人は全員で何人ですか。

もとにする量 …… 公園にいる全員の人数

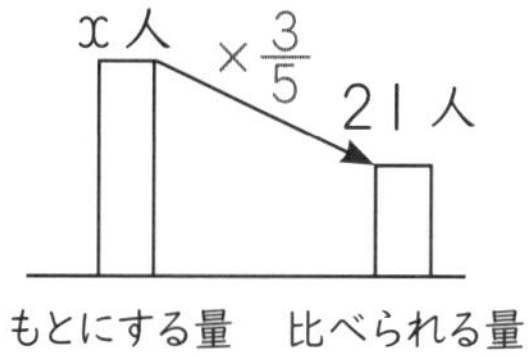

$$x \times \frac{3}{5} = 21$$
$$x = 21 \div \frac{3}{5}$$
$$x = 21 \times \frac{5}{3}$$
$$x = 35$$

35 人

4 〈図を見て式を書き，x を求める〉

①

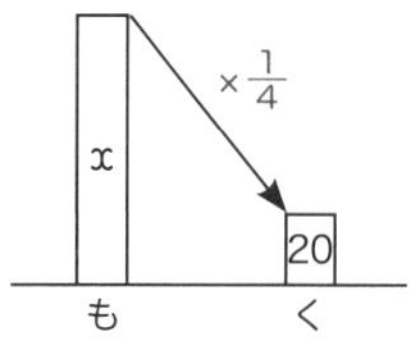

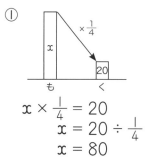

$$x \times \frac{1}{4} = 20$$
$$x = 20 \div \frac{1}{4}$$
$$x = 80$$

②

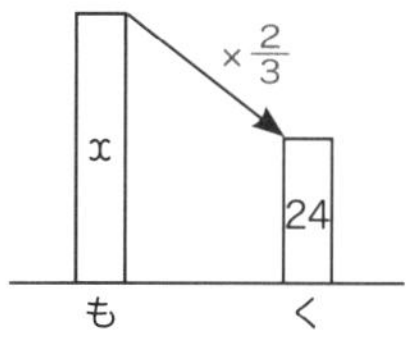

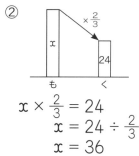

$$x \times \frac{2}{3} = 24$$
$$x = 24 \div \frac{2}{3}$$
$$x = 36$$

わり算で解くようにすると，わかりやすくなります。

3 同じように，言葉の式を「にらめっこ図」に表して立式しよう

T　公園にいる全員の人数の $\frac{3}{5}$ が子どもで 21 人です。公園にいる人は全員で何人ですか。

C　（　）は（　）の（　）倍の言葉の式にあてはめて考えました。

C　「公園にいる全員の」と書いているから，公園にいる全員の人数がもとにする量です。

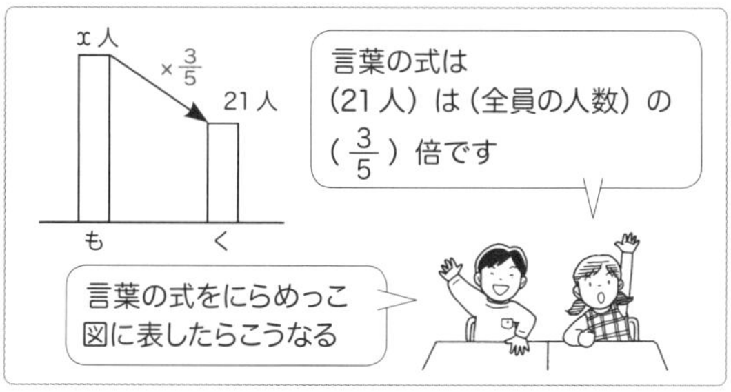

C　$x \times \frac{3}{5} = 21$

C　$x = 21 \div \frac{3}{5}$ だから，$x = 21 \times \frac{5}{3}$ で，$x = 35$ です。

4 「にらめっこ図」を見て立式し，もとにする量を求めよう

T　①，②のにらめっこ図から式を立て，もとにする量がいくらになるか，計算しましょう。

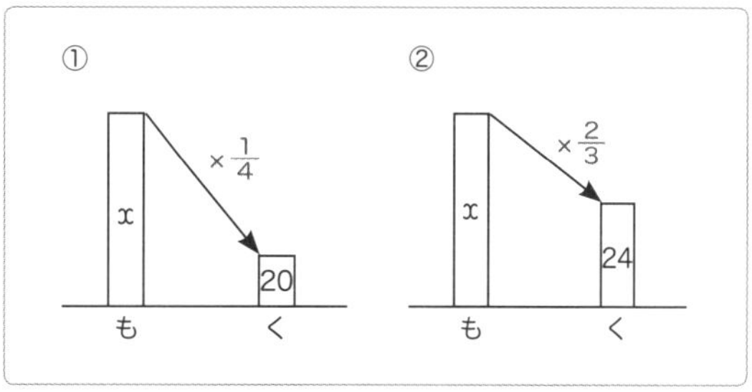

C　①は $x \times \frac{1}{4} = 20$ の式になります。$x = 20 \div \frac{1}{4}$ となり，答えは 80 です。

C　②は $x \times \frac{2}{3} = 24$ の式になります。$x = 24 \div \frac{2}{3}$ となり，答えは 36 です。

ふりかえりシートが活用できる。

比と比の値

全授業時数 8 時間

◎ 学習にあたって ◎

＜この単元で大切にしたいこと＞

教科書では，比の値をかなりていねいに扱っています。しかし，説明としては「a：b の比で，a を b でわった商を比の値といいます。比の値は a が b の何倍にあたるかを表します。」という程度です。それほど重要なものとして扱わなくていいのです。

また，右のような比の問題を解くときには，比の式を使う方が分かりやすいです。

比の性質の利用（同じ数をかけてもわっても比は等しい）が，この単元での学習のポイントになります

> 牛乳と紅茶を 3：5 の割合で混ぜて，ミルクティーを作ります。牛乳を 60mL にすると，紅茶は何 mL 必要でしょう。
>
> （× 20）
> 牛乳　紅茶
> 3 ： 5 ＝ 60 ： x
> （× 20）
>
> 5 × 20=100
> 紅茶 100mL

＜数学的見方考え方と操作活動＞

この単元では，重要な新しい概念を学びます。今まで勉強してきた「=」という記号は，量が等しいときに使ってきました。ところが，比で扱う「=」は量ではなく，質が等しいことを表します。高学年の新しい学習です。

第 1 時の乳酸飲料水作りで，子どもたちが具体的な体験を通して等しい比の意味をつかみます。

＜個別最適な学び・協働的な学びのために＞

比の性質（同じ数をかけてもわっても比は等しい）を，おいしい乳酸飲料水（乳酸飲料 1：水 4）を 1 人分・2 人分・3 人分…と作る中で体験していきます。乳酸飲料水をグループで作っていく中で，等しい比とはどういう意味か，比の値とは何を表しているのか，というような本単元のポイントが対話を通して学べます。単なる数の操作ではなく，その数の操作は何を意味しているのか，乳酸飲料水を作っていく中で実感を伴って深く学べます。

また，3 項の比を紹介している教科書もありますが，比の値は 2 項の比でないと存在しないので，教科書の本文では扱っていません。しかし，3 項以上の比も扱っておいた方が活用できる場面が多くなり，学びが広がって深まります。ぜひ，3 項以上の比も扱ってほしいと思います。

◎ 評　価 ◎

知識および技能	比の意味や表し方がわかり，比の性質を利用して等しい比を作ったり，比例配分などの問題を解くことができる。
思考力，判断力，表現力等	比の適用問題（比に応じて配分するなど）で考え方を工夫することができる。
主体的に学習に取り組む態度	数量の関係を比に表したり，比を生活や学習に活用しようとする。

◎ 指導計画　8 時間 ◎

時	題	目　標
1	同じ味の乳酸飲料水の作り方	比の表し方を知り，等しい比の意味がわかる。
2	比の値と等しい比	比の値の意味とその求め方を知り，比の値が等しいとき，それらの比が等しいことがわかる。
3	等しい比の性質	a：b の a と b に，同じ数をかけてもわっても，比は等しいことがわかる。
4	簡単な比①	整数・小数の比を簡単な整数の比に直すことができる。
5	簡単な比②（分数）	分数の比を簡単な整数の比に直すことができる。
6・7	比の利用① （比の一方の量を求める）	等しい比の性質を利用して，比の前項（後項）の値から後項（前項）の値を求めることができる。
8	比の利用② （全体の量を比で分配する）	全体の量を比例配分することができる。

第 1 時

同じ味の乳酸飲料水の作り方

本時の目標　比の表し方を知り，等しい比の意味がわかる。

板書例

同じ味の乳酸飲料水を作ろう

1

おいしい乳酸飲料水レシピ

乳酸飲料の 4 倍の冷たい水でうすめてお飲みください。
〈乳酸飲料 1 ：水 4〉

1 人分を 150mL として，コップ約 18 杯つくれます。

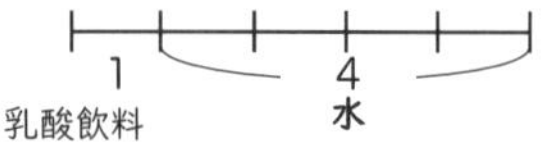

1 人分　乳酸飲料　30 mL
　　　　水　　　　120 mL

2 3

1 人分

30mL	120mL

→　30：120

乳酸飲料 30 mL　水 120 mL

2 人分

30mL	120mL
30mL	120mL

→　60：240

乳酸飲料 60 mL　水 240 mL

3 人分

30mL	120mL
30mL	120mL
30mL	120mL

→　90：360

乳酸飲料 90 mL　水 360 mL

POINT　同じ割合で作ると同じ味の乳酸飲料水ができます。衛生面も考慮して導入の学習をしましょう。心に残る授業になり，

1　1 人分の美味しい乳酸飲料水を作ろう

T　1 人分（150mL）のおいしい乳酸飲料水を作るには，乳酸飲料何 mL・水何 mL 必要ですか。板書のレシピを見て，絵や図をかいて説明しましょう。

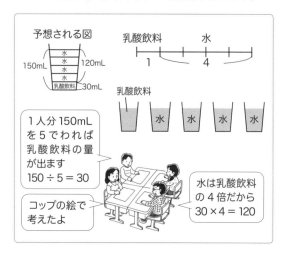

予想される図

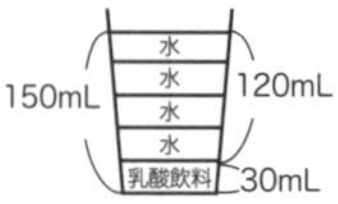

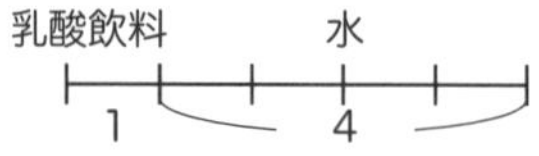

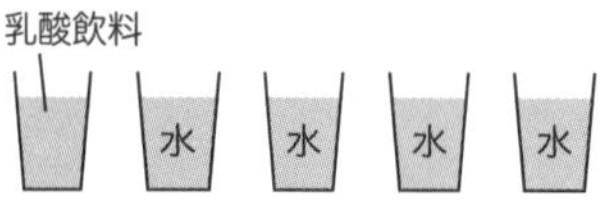

1 人分 150mL を 5 でわれば乳酸飲料の量が出ます 150 ÷ 5 = 30
コップの絵で考えたよ
水は乳酸飲料の 4 倍だから 30 × 4 = 120

乳酸飲料（カルピスなど）と冷たい水が目の前にあると，具体的に考えることができる。

2　2 人分，3 人分の同じ味の乳酸飲料水の作り方を考えよう

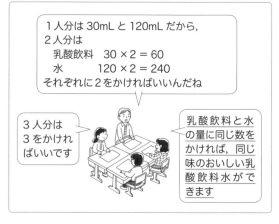

1 人分は 30mL と 120mL だから，
2 人分は
乳酸飲料　30 × 2 = 60
水　120 × 2 = 240
それぞれに 2 をかければいいんだね
3 人分は 3 をかければいいです
乳酸飲料と水の量に同じ数をかければ，同じ味のおいしい乳酸飲料水ができます

同じ味の乳酸飲料水は，量が違っても水と乳酸飲料の比が等しい。このことを作る中で実感をもって学ぶことができる。

準備物	QR ワークシート ・乳酸飲料　・水 ・計量カップ・コップ ・やかんなど

ICT	実際の乳酸飲料の用意が難しい場合は，動画や画像を用意し，授業で全体提示や共有できるようにしておくとよい。

まとめ　レシピに書かれている乳酸飲料と水の割合 1：4 のような割合の表し方を比といいます。

4

4 人分

30mL	120mL
30mL	120mL
30mL	120mL
30mL	120mL

➡ 120：480

乳酸飲料 120mL　水 480mL

5 人分

30mL	120mL
30mL	120mL
30mL	120mL
30mL	120mL
30mL	120mL

➡ 150：600

乳酸飲料 150mL　水 600mL

1 人分　　5 人分

30：120 = 150：600

量はちがうが
味(割合)は等しい

「比が等しいと味が等しい」ことが実感できます。

3 乳酸飲料と水の量を比で表そう

T　レシピに書かれている《乳酸飲料 1：水 4》は『乳酸飲料 1 対水 4』と読みます。このような表し方を比といいます。

T　1 人分・2 人分・3 人分の乳酸飲料と水の量を比で表しましょう。

				比
1 人分	30mL	120mL	➡	30：120
2 人分	30mL 30mL	120mL 120mL	➡	60：240
3 人分	30mL 30mL 30mL	120mL 120mL 120mL	➡	90：360

C　比を使うと　　1 人分　30：120
　2 人分　60:240　3 人分　90:360 になるんだね。

学習のまとめをする。

4 班の人数分の乳酸飲料水を作りましょう

ぼくたちの班は 4 人だから
乳酸飲料 30 × 4 = 120
水　120 × 4 = 480
比で表すと，120：480　です

わたしたちの班は 5 人だから
乳酸飲料 30 × 5 = 150
水　120 × 5 = 600
比で表すと，150：600　です

T　量はちがっても，味（割合）が等しいとき比は等しいといいます。
　30：120=150：600

機会があれば，実際に乳酸飲料水（カルピスなど）を飲んでみる。同じ味を実感することで，30:120 も，120:480 も，150：600 も同じ割合を表していることが分かる。

第2時 比の値と等しい比

本時の目標　比の値の意味とその求め方を知り，比の値が等しいとき，それらの比が等しいことがわかる。

板書例

比の値を知って，等しい比を見つけよう

1 〈比の値を求めよう〉

		比の値
1人分	30：120 →	$30 \div 120 = \frac{1}{4}$
2人分	60：240 →	$60 \div 240 = \frac{1}{4}$
3人分	90：360 →	$90 \div 360 = \frac{1}{4}$
4人分	120：480 →	$120 \div 480 = \frac{1}{4}$

2 〈味がこいのはどれだろう〉

乳酸飲料と水の割合

ア　30：120　イ　40：160

ウ　50：150　エ　60：120

ア $\frac{30}{120} = \frac{1}{4}$　イ $\frac{40}{160} = \frac{1}{4}$

ウ $\frac{50}{150} = \frac{1}{3}$　エ $\frac{60}{120} = \frac{1}{2}$

いちばん味がこいのはエ

まとめ

・比の値　a：b の比で，a を b でわった商　$a \div b = \frac{a}{b}$

・比の値が等しいと，比も等しい

POINT　a：b の比で，a を b でわった商が比の値になります。乳酸飲料水の濃さやシュートの成功の割合が比の値でわかることを

1 比の値の意味を知って，比の値を求めよう

T　a：b の比で，a を b でわった商　$a : b = \frac{a}{b}$ を比の値といいます。

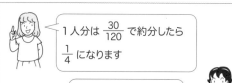

1人分は $\frac{30}{120}$ で約分したら $\frac{1}{4}$ になります

比の値を約分したら，すべて $\frac{1}{4}$ になります

1人分も2人分も…すべて乳酸飲料と水は同じ割合で等しい比です。このとき比の値も等しくなっています

比の値が等しいとき，比は等しいので，30：120 = 60：240 と書けるね

2 一番味が濃いのはどれでしょうか

T　乳酸飲料と水の割合をア～エのようにしました。どの乳酸飲料水がいちばん濃いですか。

ア　30：120　イ 40：160　ウ 50：150

エ　60：120

エは乳酸飲料が増えてるけど，水が増えてないから，いちばんこくなっているよ。比の値は $\frac{1}{2}$ でいちばん大きいね

比の値で比べました。アは $\frac{30}{120} = \frac{1}{4}$，イは $\frac{1}{4}$，ウは $\frac{1}{3}$

比の値が大きいほど乳酸飲料の割合が大きいことが分かります

比の値は，後項（水）に対する前項（乳酸飲料）の割合を表すので，上のような結果になる。

学習のまとめをする。

準備物	QR シュートの記録表 QR ワークシート QR ふりかえりシート

ICT	比の値の練習問題を子どもたちのタブレットに送信しておき，自分のペースで学習を進めることができるようにしておく。答えも送信しておく。

3 〈シュートが成功した割合〉

バスケットボールのシュートの記録

	○：入った　●：入らなかった
1 試合目	○●●○●○○●
2 試合目	●●○○○●●●●○●
3 試合目	○○○●○○○○○●
4 試合目	○●○●○○○●○●○○

1 試合目 $\frac{4}{8} = \frac{1}{2}$　2 試合目 $\frac{4}{10} = \frac{2}{5}$

3 試合目 $\frac{8}{10} = \frac{4}{5}$　4 試合目 $\frac{8}{12} = \frac{2}{3}$

記録が良いのは 3 試合目

比の値 → シュートの成功した割合

4 〈比の値で等しい比を見つけよう〉

① 1：2 → $1 \div 2 = \frac{1}{2}$

② 5：4 → $5 \div 4 = \frac{5}{4}$

③ 10：15 → $10 \div 15 = \frac{2}{3}$

④ 15：30 → $15 \div 30 = \frac{1}{2}$

⑤ 6：9 → $6 \div 9 = \frac{2}{3}$

⑥ 20：4 → $20 \div 4 = 5$

⑦ 15：12 → $15 \div 12 = \frac{5}{4}$

等しい比は　①と④　②と⑦　③と⑤

扱って，比の値の有効性を確認します。

3 シュートがいちばん成功したのは何試合目でしょうか

T　ワークシート(3)の問題をしましょう。

C　3 試合目と 4 試合目がよく成功しています。

C　どちらも 8 回成功していますが，投げた数の少ない 3 試合目がよく成功しています。

T　比の値で比べてみましょう。

1 試合目 $\frac{4}{8} = \frac{1}{2}$，2 試合目 $\frac{4}{10} = \frac{2}{5}$，
3 試合目 $\frac{8}{10} = \frac{4}{5}$，4 試合目 $\frac{8}{12} = \frac{2}{3}$，
だから，3 試合目がいちばんいい。

比の値がいちばん小さいのは 2 試合目だから，2 試合目があまり成功していないことが分かります

T　比の値はシュートの成功した割合を表しています。

4 比の値を求めて，等しい比を見つけよう

T　比の値は約分して，最も簡単な分数に直します。

① 1：2 → $1 \div 2 = \frac{1}{2}$

② 5：4 → $5 \div 4 = \frac{5}{4}$

③ 10：15 → $10 \div 15 = \frac{10}{15} = \frac{2}{3}$

④ 15：30 → $15 \div 30 = \frac{15}{30} = \frac{1}{2}$

⑤ 6：9 → $6 \div 9 = \frac{6}{9} = \frac{2}{3}$

⑥ 20：4 → $20 \div 4 = \frac{20}{4} = 5$

⑦ 15：12 → $15 \div 12 = \frac{15}{12} = \frac{5}{4}$

C　①と④，②と⑦，③と⑤は，比の値が等しいので等しい比です。

ふりかえりシートが活用できる。

第3時
等しい比の性質

本時の目標
a:b の a と b に，同じ数をかけてもわっても，比は等しいことがわかる。

板書例

等しい比を見つけよう

<等しい比のカード>

1

1 : 2

比の値 $\frac{1}{2}$

$1:2=4:8$（×4）

$1:2=5:10$（×5）

4 : 8　5 : 10

2

30 : 10

比の値 3

$30:10=3:1$（÷10）

$30:10=6:2$（÷5）

3 : 1　6 : 2

6 : 8

比の値 $\frac{3}{4}$

$6:8=9:12$（×1.5）

小数をかけても等しい

9 : 12

POINT クイズ形式で導入することで，学習に対する興味関心を高めます。できるだけ多くの子どもたちが発言して活躍できるよう

1 1 : 2 と等しい比のカードはどれでしょう

1 : 2	4 : 8	5 : 10
3 : 1	6 : 2	30 : 10
2 : 3	6 : 8	9 : 12

9 枚のカードをバラバラに黒板に貼る。

1:2 も 4 : 8 も 5 : 10 も比の値が同じなので等しい比です

1:2 にそれぞれ 4 をかけたら 4 : 8 になります。5 をかけたら 5 : 10 になります。比は等しいです

T　a : b の a と b に同じ数をかけても，比は等しいです。

2 30 : 10 と等しい比は，どれでしょうか

C　比の値が 3 になるのは 3 : 1 と 6 : 2 。

C　30 と 10 をそれぞれ 10 でわったのが，3 : 1 で，5 でわったのが 6 : 2 です。

T　a:b の a と b を同じ数でわっても比は等しいです。

6 : 8 のカードと等しい比はどれでしょうか

6:8 と 9:12 の比の値はどちらも $\frac{3}{4}$ だから，等しい比だ

6:8 の両側に 1.5 をかけたら 9:12 になります。小数をかけてもいいんだね

$1:2=4:8$（×4，×4）

等しい比のかき方も知らせる。

準備物	QR ワークシート QR ふりかえりシート	ICT	実際の乳酸飲料などを使って，比が等しいとはどのような状況かを説明すると分かりやすい。実物が難しい場合は，動画や画像をタブレットに保存しておく。

3 ＜8：10と等しい比をつくろう＞

(× 2)
8 ： 10 ＝ 16 ： 20
(× 2)

(÷ 2)
8 ： 10 ＝ 4 ： 5
(÷ 2)

(× 10)
8 ： 10 ＝ 80 ： 100
(× 10)

まとめ　a：b の a と b に，同じ数をかけても同じ数でわっても，比は等しい

4 ＜（　　）にあてはまる記号と数を書こう＞

① (÷ 2) 4：6 ＝ 2：3 (÷ 2)

② (× 25) 1：2 ＝ 25：50 (× 25)

③ (÷ 3) 6：9 ＝ 2：3 (÷ 3)

④ (× 3) 6：9 ＝ 18：27 (× 3)

に工夫しましょう。

3　8：10 と等しい比を 3 つ作ろう

子どもたちがの考えた比をたくさん発表させたい。

T　どんな数をかけたりわったりしたのか，当てましょう。答えを言って，比を考えた人に答えを発表してもらいます。

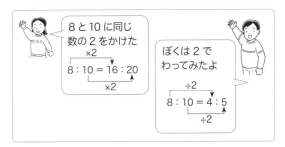

C　10 をかけたら，80：100 になりました。

C　8 と 10 を 8 でわったら，1：$\frac{5}{4}$ になったよ。

C　5 でわったら 1.6：2 になりました。

小数や分数の比がでてきたら，それも正しいことを伝える。

学習のまとめをする。

4　（　）にあてはまる数と記号を求めよう

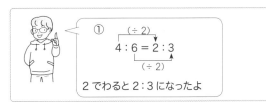

（　）にあてはまる数を求める練習をする。比を利用した問題を解く基本になる内容なので，しっかり練習させたい。

② (× 25) 1：2 ＝ 25：50 (× 25)

④ (× 3) 6：9 ＝ 18：27 (× 3)

③ (÷ 3) 6：9 ＝ 2：3 (÷ 3)

⑤ (÷ 3) 15：21 ＝ 5：7 (÷ 3)

など。

ふりかえりシートが活用できる。

第 4 時
簡単な比 ①

本時の目標　整数・小数の比を簡単な整数の比に直すことができる。

板書例

比を簡単にしよう

1

おいしい乳酸飲料水レシピ
乳酸飲料の 4 倍のつめたい水でうすめてお飲みください。
〈乳酸飲料 1 ：水 4〉

1 人分を 150mL として，コップ約 18 杯つくれます。

(mL)

	乳酸飲料：水
1 人分	30：120
2 人分	60：240
3 人分	90：360
4 人分	120：480

↓
どれも 1：4

2 <比を簡単にしよう>

42：56

42：56 = 6：8 = 3：4
（÷7　÷2）

27：36

27：36 = 3：4
（÷9）

どちらも 3：4 だから，
42：56 と 27：36 は等しい。

POINT 比を簡単にする方法には①両方の項に同じ数をかけたり，わったりする方法と，②比の値を使う方法がありますが，①の

1 同じ味の乳酸飲料水が作れたわけをふりかえる

第 1 時で使用した乳酸飲料水の表とレシピを提示する。

C　どれも乳酸飲料 1：水 4 で作っているからです。

T　本当に乳酸飲料 1：水 4 になっているか確かめてみましょう。

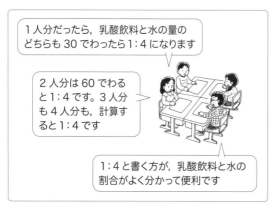

1 人分だったら，乳酸飲料と水の量のどちらも 30 でわったら 1：4 になります

2 人分は 60 でわると 1：4 です。3 人分も 4 人分も，計算すると 1：4 です

1：4 と書く方が，乳酸飲料と水の割合がよく分かって便利です

T　比をできるだけ小さい整数の比で直すことを，比を簡単にするといいます。

2 42：56 と 27：36 の比を簡単にしましょう

T　できるだけ小さい整数の比に直すことがポイントです。

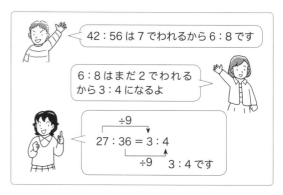

42：56 は 7 でわれるから 6：8 です

6：8 はまだ 2 でわれるから 3：4 になるよ

27：36 = 3：4（÷9）
3：4 です

はしご算を使って，簡単な比にする方法もある。

7) 42 : 56 = 3 : 4
2) 6 : 8
　　3　4

9) 27 : 36 = 3 : 4
　　3　4

準備物	QR ワークシート QR ふりかえりシート	ICT	大きな比から小さな比になる過程を，乳酸飲料を使って説明をする。細かな作業なので，様子を動画や画像で撮影しておき，タブレットに送信しておく。

3 ＜小数を簡単な整数の比にしよう＞

1.5：2

×10　÷5

1.5：2 ＝ 15：20 ＝ 3：4

×10　÷5

×2

1.5：2 ＝ 3：4

×2

0.6：0.9

×10　÷3

0.6：0.9 ＝ 6：9 ＝ 2：3

×10　÷3

4 ＜簡単な整数の比にして等しい比を見つけよう＞

① 72：36 ＝ 2：1

② 800：320 ＝ 5：2

③ 1.6：0.8 ＝ 2：1

④ 9：5.4 ＝ 5：3

⑤ 0.25：0.1 ＝ 5：2

①と③，②と⑤が等しい

まとめ

・比をできるだけ小さい整数の比に直すことを，比を簡単にするといいます。

・小数の比は，整数の比に直してから簡単な比にします。

方がどの子にもわかりやすいので，①の方法を扱っています。②の方法は次時に扱います。

3 1.5：2 と 0.6：0.9 を簡単な整数の比に直そう

子どもたちに，既習内容を使って工夫して解決するように促す。子どもたちの発表を板書していく。

1.5：2 は，まず，10 倍して，15：20。それを 5 でわって，3：4 にしました

わたしは両方の数を 2 倍したよ

×2

1.5：2 ＝ 3：4

×2

0.6:0.9 を，まず 10 倍して 6:9 にしたよ。それから 3 でわって 2：3 にしました

C　小数の比は，整数の比に直してから簡単な比にすればいいんだね。

学習のまとめをする。

4 簡単な整数の比に直して，等しい比を見つけよう

ワークシート (3) の問題をする。

① 72：36　② 800：320　③ 1.6：0.8

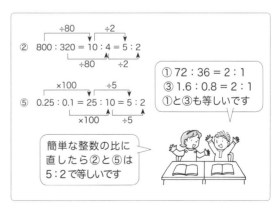

④ 9：5.4　⑤ 0.25：0.1

÷80　÷2

② 800：320 ＝ 10：4 ＝ 5：2

÷80　÷2

×100　÷5

⑤ 0.25：0.1 ＝ 25：10 ＝ 5：2

×100　÷5

① 72：36 ＝ 2：1
③ 1.6：0.8 ＝ 2：1
①と③も等しいです

簡単な整数の比に直したら②と⑤は 5：2 で等しいです

ふりかえりシートが活用できる。

第5時

簡単な比②（分数）

本時の目標　分数の比を簡単な整数の比に直すことができる。

板書例

分数の比を簡単な整数の比にしよう

1

① $\frac{3}{5}:\frac{2}{5}$　② $\frac{1}{2}:\frac{1}{3}$

2

③ $\frac{5}{6}:\frac{4}{9}$

5をかける

$\frac{3}{5}:\frac{2}{5}=3:2$（×5）

分母をそろえる（通分）

$\frac{1}{2}:\frac{1}{3}=\frac{3}{6}:\frac{2}{6}=3:2$（×6）

$\frac{5}{6}:\frac{4}{9}=\frac{15}{18}:\frac{8}{18}=15:8$（×18）

①と②は，どちらも3：2

まとめ　分数の比を簡単な整数の比にするには，通分して分母の数をかける。（分母をなくす）

POINT　分数の比は通分して同じ数をかけるか，比の値を求めるかして整数の比に直しましょう。簡単な整数の比に直すと，イメージ

1　$\frac{3}{5}:\frac{2}{5}$ を簡単な整数の比にしましょう

C　整数にするには，5をかければいいです。

$\frac{3}{5}:\frac{2}{5}=3:2$（×5）

C　$\frac{1}{2}:\frac{1}{3}$ を簡単な整数の比に直しましょう。

分母をそろえたらいいから，通分するといいね

$\frac{1}{2}:\frac{1}{3}=\frac{3}{6}:\frac{2}{6}=3:2$（×6）

になるね

$\frac{3}{5}:\frac{2}{5}$ と $\frac{1}{2}:\frac{1}{3}$ が等しいというのは，簡単な比に直さないと気づかないことだね

2　$\frac{5}{6}:\frac{4}{9}$ を簡単な整数の比にしましょう

分数のたし算と同じで，最小公倍数で通分すればいいんだね

$\frac{5}{6}:\frac{4}{9}=\frac{15}{18}:\frac{8}{18}=15:8$（×18）

になるね

通分までは分数のたし算やひき算のときと同じです

はしご算を使って通分する方法もある。

$3\,)\,\frac{5}{6}:\frac{4}{9}=\frac{15}{18}:\frac{8}{18}=15:8$

2　3

分母は3×2×3＝18

ここで一度，学習のまとめをする。

準備物

QR ワークシート
QR ふりかえりシート

ICT

簡単な整数の比に直す問題をできるだけ多く子どもたちのタブレットに送信しておく。この問題は個人差が出やすいので，早く終わった子どもが取り組めるようにしておく。

3 ＜比の値を求めて，整数の比にする＞

(1) $\frac{3}{5}:\frac{2}{5}$ の比の値は $\frac{3}{5}\div\frac{2}{5}=\frac{3\times5}{5\times2}=\frac{3}{2}$

$\frac{3}{2}$ は $3:2$

(2) $\frac{1}{2}:\frac{1}{3}$ の比の値は $\frac{1}{2}\div\frac{1}{3}=\frac{1\times3}{2\times1}=\frac{3}{2}$

$\frac{3}{2}$ は $3:2$

(3) $\frac{5}{6}:\frac{4}{9}$ の比の値は $\frac{5}{6}\div\frac{4}{9}=\frac{5\times9}{6\times4}=\frac{15}{8}$

$\frac{15}{8}$ は $15:8$

比の値が $\frac{b}{a}$ のとき，比は $b:a$ になる。

4 ＜練習＞

㋐ $\frac{8}{3}:3$

比の値は $\frac{8}{3}\div3=\frac{8\times1}{3\times3}=\frac{8}{9}$

$\frac{8}{9}$ は $8:9$

㋑ $\frac{2}{3}:\frac{3}{4}$

比の値は $\frac{2}{3}\div\frac{3}{4}=\frac{2\times4}{3\times3}=\frac{8}{9}$

$\frac{8}{9}$ は $8:9$

できにくい分数の比も，その割合がイメージしやすくなります。

3 比の値を求めて，簡単な整数の比に直しましょう

T　比の値を求めて，簡単な整数の比にしましょう。

(1) $\frac{3}{5}:\frac{2}{5}$　(2) $\frac{1}{2}:\frac{1}{3}$　(3) $\frac{5}{6}:\frac{4}{9}$

$\frac{1}{2}:\frac{1}{3}$ の比の値を求めると $\frac{1}{2}\div\frac{1}{3}=\frac{1\times3}{2\times1}=\frac{3}{2}$ だね

$\frac{5}{6}:\frac{4}{9}$ の比の値は $\frac{15}{8}$ だね

C　$\frac{3}{5}:\frac{2}{5}$ の比の値は $\frac{3}{2}$ だから，整数の比に直すと $3:2$。

C　$\frac{1}{2}:\frac{1}{3}$ の比の値は $\frac{3}{2}$ だから，整数の比に直すと $3:2$。①と②は比の値が同じだから，整数の比も同じになるね。

4 比の値を求めて，簡単な整数の比に直す練習をしよう

T　$\frac{8}{3}:3$ と $\frac{2}{3}:\frac{3}{4}$ の比の値を求めましょう。そして，簡単な整数の比に直しましょう。

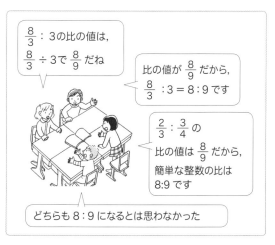

$\frac{8}{3}:3$ の比の値は，$\frac{8}{3}\div3$ で $\frac{8}{9}$ だね

比の値が $\frac{8}{9}$ だから，$\frac{8}{3}:3=8:9$ です

$\frac{2}{3}:\frac{3}{4}$ の比の値は $\frac{8}{9}$ だから，簡単な整数の比は 8:9 です

どちらも 8：9 になるとは思わなかった

T　比の値からも簡単な比に直すことができます。

ふりかえりシートが活用できる。

第6·7時 比の利用① (比の一方の量を求める)

本時の目標 等しい比の性質を利用して，比の前項（後項）の値から後項（前項）の値を求めることができる。

板書例

比の利用（比から一方の量を求めよう）

> 牛乳と紅茶を 3：5 の割合で
> 混ぜてミルクティーを作ります。

1 ① 牛乳を 60mL にすると，紅茶は何 mL 必要でしょうか。

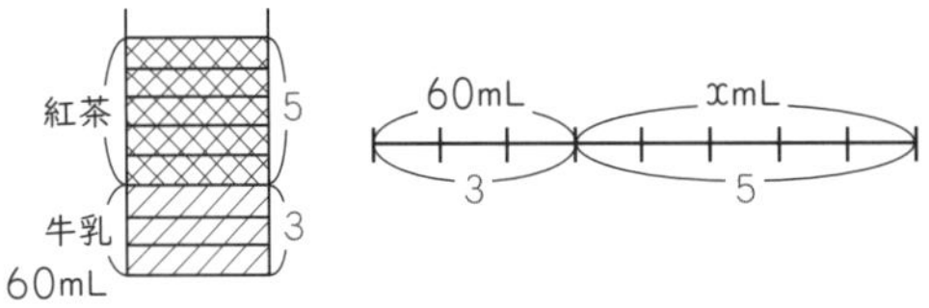

〈図を見て解く〉

1目盛り　60 ÷ 3 = 20

紅茶　　20 × 5 = 100　100 mL

〈比の式で解く〉

×20

3：5 ＝ 60：x

×20

5 × 20 = 100

紅茶 100 mL

2 ② 紅茶の量を 250mL にすると牛乳は何 mL 必要でしょうか。

〈比の式で解く〉

×50

3 ： 5 ＝ x ： 250

×50

3 × 50 = 150

牛乳 150 mL

	牛乳	紅茶
比	3：5	
①	360mL	（600）mL
②	（36）mL	60mL
③	（600）mL	1000mL

POINT 子どもたちは，絵や図を使ってそれぞれが自由に問題を解決して，発表し合います。比の性質が使われていることを確かめ

1 紅茶は何 mL 必要でしょうか

ワークシートで学習できる。

T　牛乳と紅茶を 3:5 の割合で混ぜて，ミルクティーを作ります。牛乳を 60mL にすると，紅茶は何 mL 必要でしょう。

子どもたちが自由に考え，解決したことを発表する。

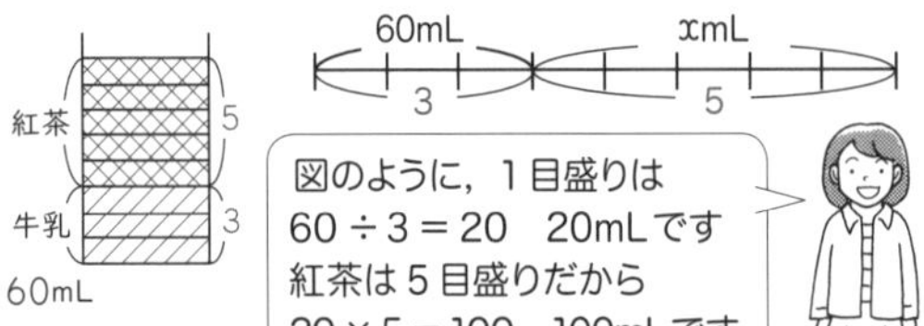

図のように，1目盛りは
60 ÷ 3 = 20　20mL です
紅茶は 5 目盛りだから
20 × 5 = 100　100mL です

紅茶の量を x として，比を使って求めたよ。

×20
3：5 = 60：x　5× 20 = 100　100mL
×20

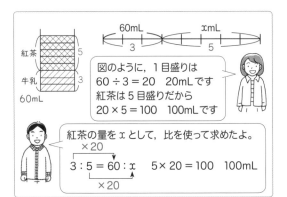

C　比の性質を使えば，もう一方の量を求めることができるね。

2 牛乳は何 mL 必要でしょうか

次に後項の値から前項を求める比の問題も解く。

紅茶の量を 250mL にすると，牛乳は何 mL 必要でしょうか

牛乳と紅茶の比は3：5だから，比の性質を使って解けるね

50 倍ずつにします

×50
3：5 = x：250
×50

3×50＝150
150mL です

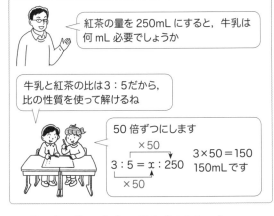

T　①，②，③の（　）の数を求めましょう。

	牛乳	紅茶
比	3：5	
①	360mL	（　　）mL
②	（　　）mL	60mL
③	（　　）mL	1000mL

準備物	QR ワークシート QR ふりかえりシート①②	ICT	子どもたちが発表，話し合いをする時に，ノートやタブレットに書いた図を使いながら説明できるようにしておきたい。図を子どもたちのタブレットに送信しておくとすぐ活用できる。

3 〈 x の値（あたい）を求めよう 〉

① $30:40=3:x$ （÷10，÷10）

$x=40\div10$
$x=4$

② $3:0.5=x:4$ （×8，×8）

$4\div0.5=8$
$x=3\times8$
$x=24$

③ $4:7=6:x$ （×1.5，×1.5）

$6\div4=1.5$
$x=7\times1.5$
$x=10.5$

4 〈 長方形の横の長さを求めよう 〉

長方形　縦 14.7cm　横 ? cm

縦 横
7 : 5

縦 横
$7:5=14.7:x$ （×2.1，×2.1）

$14.7\div7=2.1$

$5\times2.1=10.5$

横の長さ　10.5cm

ながら，比の式を作ることがポイントです。

3　30：40＝3：x の式で，x の値を求めましょう

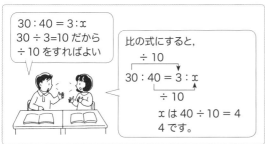

30 ÷ 3=10 だから
÷ 10 をすればよい
比の式にすると，

x は 40 ÷ 10＝4
4 です。

② $3:0.5=x:4$ （×8，×8）　$x=24$

③ $4:7=6:x$ （×1.5，×1.5）　$x=10.5$

③の問題は，小数倍や分数倍になる。分数倍の $\frac{3}{2}$ 倍としてみると，$7\times\frac{3}{2}=\frac{21}{2}$ となる。

学習のまとめをする。

4　長方形の横の長さを求めよう

T　ある長方形は，縦と横の長さの比が 7：5 になっています。長方形の縦の長さは 14.7cm だとすると，横の長さはおよそ何 cm でしょう。

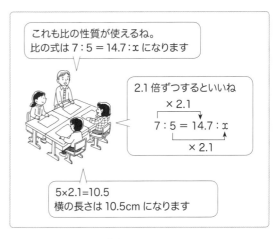

これも比の性質が使えるね。
比の式は 7：5＝14.7：x になります
2.1 倍ずつするといいね

5×2.1=10.5
横の長さは 10.5cm になります

ふりかえりシートが活用できる。

比の利用 ②（全体の量を比で分配する）

本時の目標　全体の量を比例配分することができる。

板書例

全体の量を比で分けよう

乳酸飲料と水を1：4の割合でまぜ，
乳酸飲料水1000mLを作ります。
乳酸飲料と水は，それぞれ何mL必要ですか。

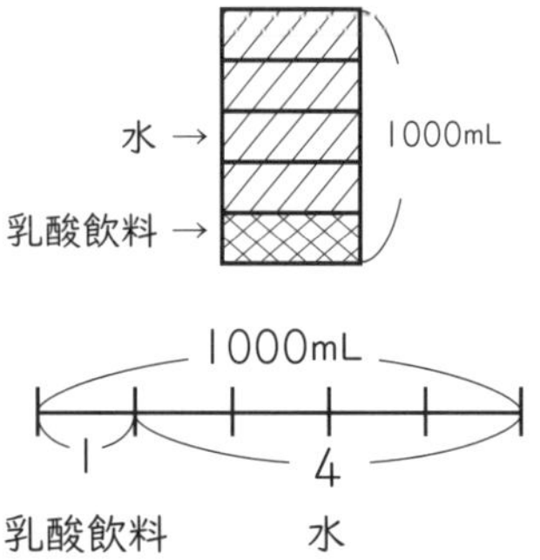

1 〈1の割合にあたる量から解く〉

$1000 \div 5 = 200$
$200 \times 1 = 200$
$200 \times 4 = 800$

2 〈2項の比で解く〉

$1 : 5 = x : 1000$
$x = 200$
$4 : 5 = x : 1000$
$x = 800$

乳酸飲料 200mL，水 800mL

POINT 解き方は多様にあります。問題の場面を絵や図に表すことで可視化して，比の性質を利用した解き方であれば良いことに

1 乳酸飲料水を1000mL作るには，乳酸飲料と水はそれぞれ何mL必要でしょうか

問題文を提示する。　ワークシートで学習できる。

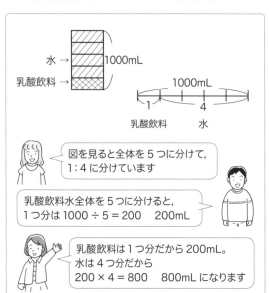

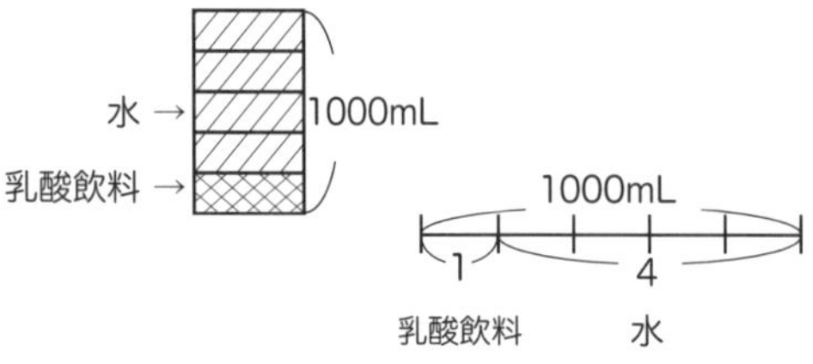

図を見ると全体を5つに分けて，
1：4に分けています

乳酸飲料水全体を5つに分けると，
1つ分は $1000 \div 5 = 200$　200mL

乳酸飲料は1つ分だから200mL。
水は4つ分だから
$200 \times 4 = 800$　800mLになります

2 比の式を使って解く方法を考えよう

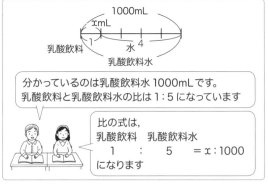

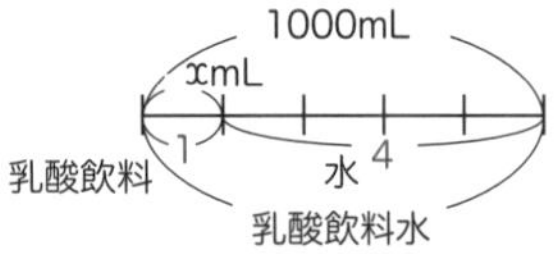

分かっているのは乳酸飲料水1000mLです。
乳酸飲料と乳酸飲料水の比は1：5になっています

比の式は，
乳酸飲料　乳酸飲料水
1　：　5　＝ x：1000
になります

C　比の性質を使って乳酸飲料と水の量を求めたよ。

$1 : 5 = x : 1000$（×200，×200）　乳酸飲料 $1 \times 200 = 200$
200mL

$4 : 5 = x : 1000$（×200，×200）　水　$4 \times 200 = 800$
800mL

準備物	・板書用図 QR ワークシート QR ふりかえりシート	ICT	解き方は多様にあるので，それぞれの子どもの解き方をタブレットにまとめ，全員が共有できるようにする。様々な解き方に触れることができる。

3 〈３項の比で解く〉

$$1:4:5 = x:y:1000$$

（$1 \to 1000$ に ×200，$1 \to x$ に ×200，$4 \to y$ に ×200）

$1000 \div 5 = 200$

$1 \times 200 = 200$

$4 \times 200 = 800$

答えは同じになる

4

> Ａさんは２日，Ｂさんは４日，Ｃさんは６日働いて，３人で合計48000円もらいました。
> 働いた日数で分けるには，何円ずつ分けたらいいでしょうか。

$2:4:6:12 = a:b:c:48000$

$48000 \div 12 = 4000$

a　$2 \times 4000 = 8000$

b　$4 \times 4000 = 16000$

c　$6 \times 4000 = 24000$

答え

A　8000円

B　16000円

C　24000円

しましょう。３項，４項の比も使えるようになると比の利用範囲が広がります。

3　比の式を１つにして，３項の比で解いてみよう

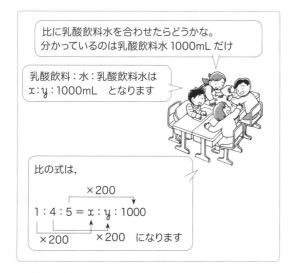

比に乳酸飲料水を合わせたらどうかな。
分かっているのは乳酸飲料水 1000mL だけ

乳酸飲料：水：乳酸飲料水は
$x:y:1000$mL　となります

比の式は，

$1:4:5 = x:y:1000$（×200，×200，×200）になります

C　乳酸飲料は，$1 \times 200 = 200$　200mL

C　水は，$4 \times 200 = 800$　800mL

このような３項の比を紹介している教科書もある。比の性質を使って，比の利用を発展させたい。

4　３項，４項の比を使って解いてみよう

T　Ａさんは２日，Ｂさんは４日，Ｃさんは６日働いて，３人で合計48000円もらいました。働いた日数で分けるには，何円ずつ分けたらいいでしょう。

日数とお金を４項の比で表すと，
Ａ Ｂ Ｃ　全員
$2:4:6:12 = a:b:c:48000$
になります

１日分は
$48000 \div 12 = 4000$
4000円になるね

C　Ａさんは，$2 \times 4000=8000$　8000円です。

C　Ｂさんは，$4 \times 4000=16000$　16000円です。

C　Ｃさんは，$6 \times 4000=24000$　24000円です。

ふりかえりシートが活用できる。

名前＿＿＿＿＿＿＿＿＿＿

おいしい乳酸飲料レシピ

乳酸飲料の４倍のつめたい水で
うすめてお飲みください。
〈乳酸飲料１：水４〉

１人分を150mLとして、コップ
約18杯つくれます。

(1)　レシピをもとに
１人分（150mL）のおいしい乳酸飲料水を作ります。
乳酸飲料何mL・水何mL必要か，絵や図をかいて説明しましょう。

	乳酸飲料	水
１人分	mL	mL

(2)　２人分，３人分の《おいしい乳酸飲料水》を作るには，乳酸飲料何mL・水何mL必要でしょう。
表に書いてから計算しましょう。

	乳酸飲料	水
２人分	mL	mL
	mL	mL

	乳酸飲料	水
３人分	mL	mL
	mL	mL
	mL	mL

２人分　乳酸飲料　　　mL　　水　　　mL

３人分　乳酸飲料　　　mL　　水　　　mL

(3)　㋐１人分のおいしい乳酸飲料水の乳酸飲料と水の量を比で表しましょう。

１人分　（　　　　：　　　　）

㋑２人分、３人分のおいしい乳酸飲料水の乳酸飲料と水の量を比で表しましょう。

２人分　（　　　　：　　　　）

３人分　（　　　　：　　　　）

(4)　あなたの班は，乳酸飲料何mL・水何mL必要でしょう。
表にかいてから計算しましょう。

乳酸飲料	水
mL	mL
mL	mL
mL	mL
mL	mL
mL	mL

乳酸飲料　　　mL　　水　　　mL

比で表しましょう。

乳酸飲料　　　　水
（　　　　：　　　　）

第3時・第8時　ふりかえりシート見本

名前

（1）どんぐりを420個拾いました。
姉と妹で4：3の比で分けます。
それぞれ何個ずつ分けるといいですか。

式

答え

（2）三角形の3つの辺の長さを3：4：5にすると，
直角三角形になります。360cmのひもを使って
直角三角形を作るには，何cmずつにすればいいですか。

式

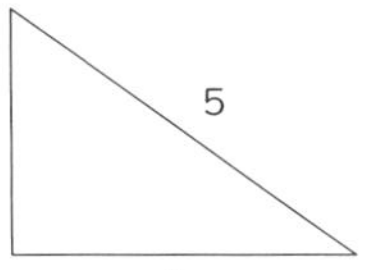

答え

名前

1 （　）にあてはまる数を書きましょう。

① 3：5 ＝ 24：40（　）（　）

② 10：15 ＝ 2：3（　）（　）

③ 4：1 ＝ 8：2（　）（　）

④ 12：24 ＝ 4：8（　）（　）

2 □にあてはまる数を書きましょう。

① 5：6 ＝ □：12

② 4：5 ＝ □：15

③ 12：16 ＝ 3：□

④ 10：15 ＝ 2：□

⑤ 24：18 ＝ □：3

⑥ 35：21 ＝ □：3

⑦ 18：□ ＝ 6：5

⑧ 32：□ ＝ 8：3

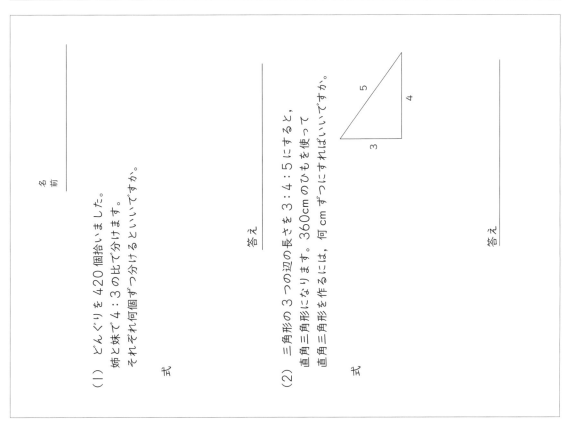

データの調べ方

全授業時数６時間

◎ 学習にあたって ◎

<この単元で大切にしたいこと>

統計的なデータから，何かの特徴を読み取ろうとするとき，いくつかの指標があります。
すでに学習している平均もその一つです。平均値もそのデータの傾向がわかる一つの方法です。本単元の学習も平均値からデータを判断するところから始まります。しかし，平均値だけでは詳しくデータの傾向を知ることができないのではないかと考え，そこから次の「散らばり」という指標でデータを見るところへ導きます。ドットプロットに表すと全体の散らばり方が分かりますが，階級の幅を決めて度数分布表で数値化し柱状グラフに表すことで，分布の様子をより的確に捉えることができるようになります。
本単元では，まず統計的に問題解決する一つの方法として「散らばり」（分布）の考え方ができるようになることを目指します。次に，今までとは違った新たな指標で資料の特徴をとらえたり，ある結論に対して批判的に捉え，その妥当性について考察したりする力を育てることを大切にします。

<数学的見方考え方と操作活動>

どのようなデータをどの程度集積すれば，課題に対して適切で妥当な判断ができるようになるのか，そして，目的に応じてどのような表やグラフにすれば良いのかを選択することも重要になります。ここでは，データの数や種類も定まった上で，柱状グラフに表すことの良さを学ぶので，活用に至るまでは，選択することはできません。しかし，ドットプロット，度数分布表，柱状グラフのそれぞれでデータの見え方について気づいたことを大切に扱います。階級の幅を変えたグラフに表す学習は，中学の学習と重なる内容ですが，柱状グラフにおけるデータの見え方も階級の幅で変わってくることを知る意味で，扱っておきたいと考えます。代表値と分布の様子から，どのような判断ができるのかを考えることも，ここでの数学的見方考え方の一つです。

<個別最適な学び・協働的な学びのために>

ドットプロット，度数分布表，柱状グラフを作成し，そこからどんなことに気がついたのか，そして代表値と分布の様子からデータについてどのような判断ができるのか，自分の考えを持ちながら，グループや全体で意見を交流することで考えが深まります。人口ピラミッドを比較するところでも，人の意見を聞くことで考えが深まることでしょう。データから独断的な判断ではなく，相互的に，批判的に読み取ることができるようになるためにも，意見を交流することを大切にします。

◎ 評　価 ◎

知識および技能	資料の平均や散らばり，度数分布表や柱状グラフの特徴などについて理解し，度数分布表に表したり，柱状グラフをかいたりし，そこから散らばりの特徴を読み取ることができる。
思考力，判断力，表現力等	平均や散らばり，度数分布表や柱状グラフから資料の特徴について考えている。
主体的に学習に取り組む態度	資料の散らばりを平均を利用して調べたり，度数分布表や柱状グラフに表したりして統計的に考察しようとしている。

◎ 指導計画　6 時間 ◎

時	題	目　標
1	平均で比べる	データの傾向を調べるのに，平均が利用できることが分かる。
2	ドットプロット (データの散らばり)	散らばり方からデータを判断する方法があることを知り，ドットプロットに表して散らばりの様子を考察することができる。
3	度数分布表	散らばりの様子を度数分布表にまとめると，データの特徴を数で捉えやすくなることが分かる。
4	柱状グラフ (ヒストグラム)	柱状グラフに表すことができ，柱状グラフからデータの特徴を読み取ることができる。
5	階級の幅の変換	階級の幅を変えて度数分布表や柱状グラフに表すことができるとともに，階級の幅を変えると読み取れる内容が変わることがわかる。
6	人口ピラミッド	柱状グラフを組み合わせてできている人口ピラミッドを読み取ることができる。

第1時 平均で比べる

本時の目標　データの傾向を調べるのに，平均が利用できることが分かる。

板書例

長縄とびでいちばんになりそうなグループはどこだろう

Aグループ

1回め	24
2回め	38
3回め	32
4回め	48
5回め	19
6回め	52
7回め	14
8回め	38
9回め	40
10回め	55
11回め	41
12回め	18
13回め	26
14回め	38

Bグループ

1回め	21
2回め	45
3回め	46
4回め	19
5回め	46
6回め	50
7回め	12
8回め	47
9回め	17
10回め	48
11回め	41
12回め	46

Cグループ

1回め	20
2回め	28
3回め	24
4回め	31
5回め	25
6回め	29
7回め	26
8回め	36
9回め	32
10回め	28
11回め	38
12回め	38
13回め	35
14回め	44
15回め	38
16回め	40

1 2

・いちばん回数が多いのは
Aグループの55回

・AグループやBグループでは，
20回よりも少ないことがある。

・練習回数が多いのは
Cグループで，どの記録も
20回より多い

・合計数で比べてみよう

・平均で比べてみよう

POINT　3つのグループの練習のデータから，大会当日に優勝しそうなグループを予想します。平均を求めるだけでは，予想する

1 長縄跳び大会でいちばんになりそうなグループはどこだろう

T　ABCのデータを見て，どのグループの結果がいいか，気がついたことを出し合いましょう。

Aグループは最高の記録で55回跳んでいるからいちばんになりそうだな
Cグループは50回を超える記録がないね
最高記録では，Bも50回があるね
でも，Cグループはいちばん多く練習していて，20回よりも少ない回数がないね

C　AやBは20回よりも少ないことが3回もある。

C　3回もあったら，いちばんにはなれないよ。

2 どんな方法で比べたらいいのかを考えよう

ABCのそれぞれの合計数で比べたらどうでしょうか
記録の回数が違うから合計数では比べられないよ
平均で比べてみたらどうでしょうか

C　平均にすると，ならして1回に何回跳んでいたかが分かるね。記録の回数が違っても比べることができるね。

C　平均＝(全部の合計)÷(回数)だね。

T　データの合計をデータの個数でわった平均を平均値といいます。

準備物	QR データ表 QR ふりかえりシート

ICT	この単元は、たくさんの資料やデータを活用する。毎時間，活用するデータを子どもたちのタブレットに送信しておくと効率化が図れる。

3 ＜平均で比べてみよう＞

データ値の合計 ÷ データの個数＝平均値

A グループ	483 ÷ 14 = 34.5	34.5 回	②位
B グループ	438 ÷ 12 = 36.5	36.5 回	①位
C グループ	512 ÷ 16 = 32	32 回	③位

4 話し合いをして，わかったこと

- 平均値からは，B ＞ A ＞ C の順番。
- A グループ B グループは，失敗がある。
- C グループは安定しているし，記録もだんだんよくなってる。
- 平均値だけでは決めにくい。

のに十分でないことに気づけるような数値にしてあります。

3 平均値を求めて比べよう

C　A グループの合計は 483 回, B グループは 438 回, C グループは 512 回でした。
C　A グループ　483 ÷ 14 ＝ 34.5
C　B グループ　438 ÷ 12 ＝ 36.5
C　C グループ　512 ÷ 16 ＝ 32
T　3 つのグループの平均値を求めてわかったことを話し合いましょう。

平均値のいちばんいいのは，B グループです。2 番目，A グループで 3 番目は，C グループ

練習の平均値からは B グループがいちばんになりそうです

4 平均値だけで比べてもいいでしょうか

平均値で比べると，B グループがいちばんいいけど，B グループには 12 回の記録もあるよ

C グループは平均値でみると，いちばんにはなれそうにないな

A グループは平均値では B グループとそんなに違いはない

でも，C グループは 19 回以下がないし，安定しているよ

C　C グループはどんどんよくなってる。
C　平均値だけでは決められないように思うな。
C　他の比べ方はないのかな。

ふりかえりシートが活用できる。

第2時 ドットプロット（データの散らばり）

本時の目標　散らばり方からデータを判断する方法があることを知り，ドットプロットに表して散らばりの様子を考察することができる。

板書例

データを数直線上に表してみよう

1 ＜ドットプロット＞ 数直線上に点をうって表した図

2

長縄とび Aグループ

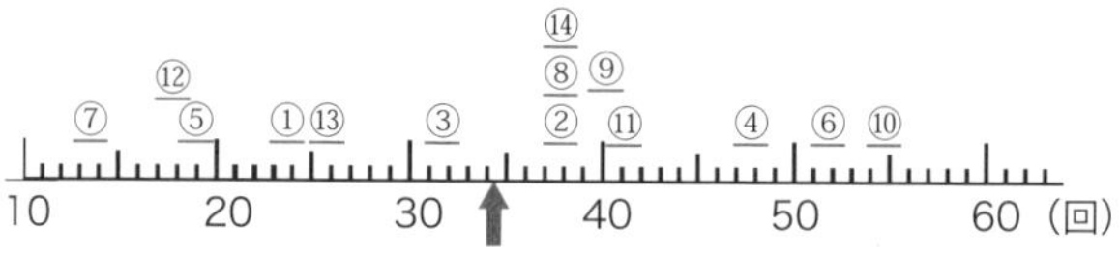

長縄とび Bグループ

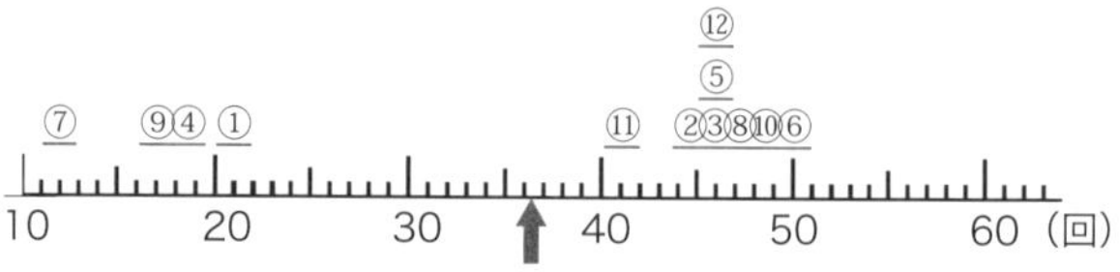

長縄とび Cグループ

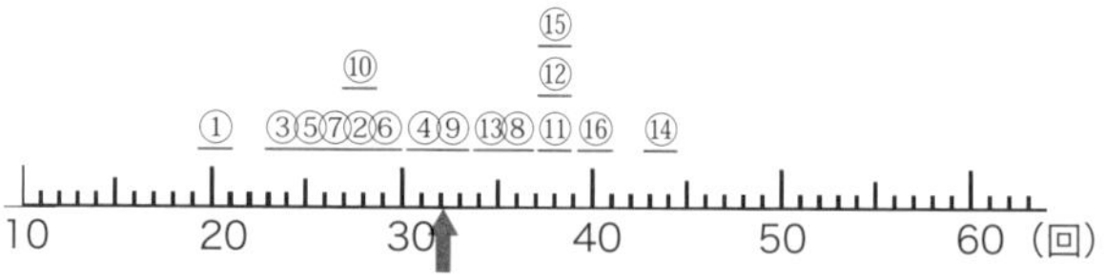

ドットプロットに表すと，データの散らばりの様子がよくわかる

POINT データをドットプロットに表す作業をしたり，最頻値や中央値を見つけたりする活動を通して気がついたことを大切にして

1 数直線上に記録を表してみよう

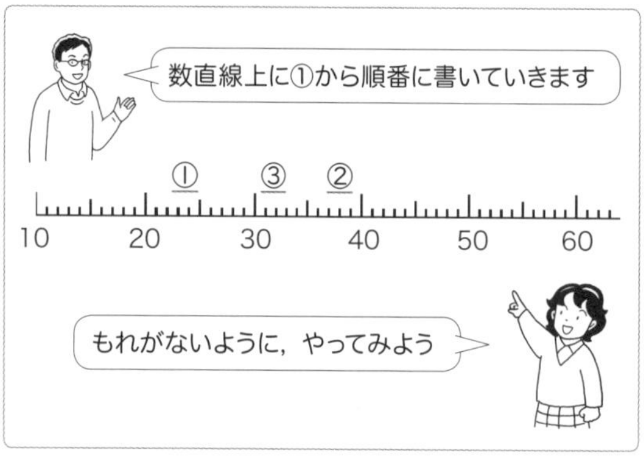

数直線上に①から順番に書いていきます
① ③ ②
10 20 30 40 50 60
もれがないように，やってみよう

T　数直線上にこのように表した図のことをドットプロットといいます。ドットプロットというのは1つ1つのデータを点で表し，数直線の目もりの上に並べた図のことです。

ドットプロットという新たな用語に戸惑う子もいる。少しでも用語の意味に触れておきたい。

2 ドットプロットを完成させて，気がついたことを話し合おう

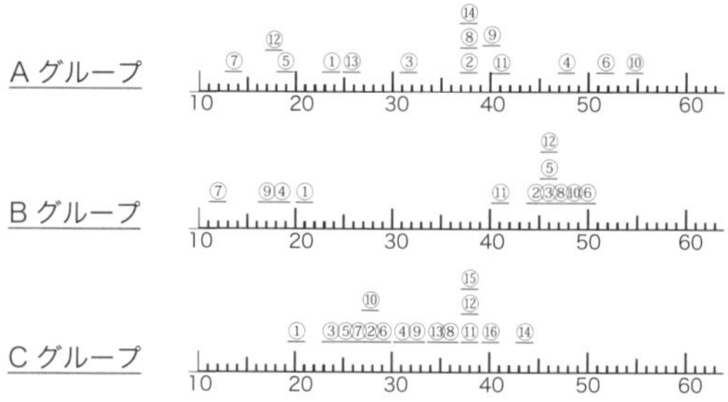

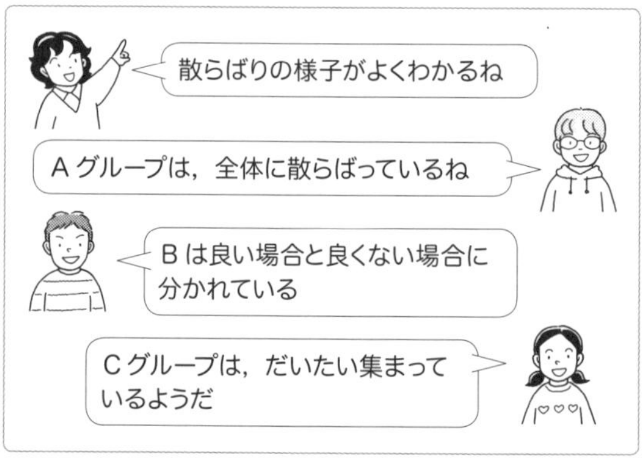

散らばりの様子がよくわかるね
Aグループは，全体に散らばっているね
Bは良い場合と良くない場合に分かれている
Cグループは，だいたい集まっているようだ

準備物	QR ドットプロット QR ふりかえりシート	ICT	ドットプロットや最頻値，中央値の理解が難しい子どももいる。子どもたちが手元のタブレットを見ながら説明を聞くことができるように，画像などを送信しておく。

3 <わかること>

A グループ	全体に散らばっている	平均値と最頻値，中央値がほぼ同じ
B グループ	良い記録と良くない記録に分かれている	平均値のところには最頻値も中央値もない
C グループ	データがかたまっている	かたまっている中に平均値と最頻値，中央値もある

4 <代表値の種類>

① 平均値・・・平均した値

② 最頻値・・・最も多く出てくる値

③ 中央値・・・ちょうど真ん中の順番にあたる値

まとめ

平均値だけでなく，いろんな代表値を知っているとデータを多様な見方で見ることができる。

学習を進めましょう。

3 ドットプロットからわかることをまとめよう

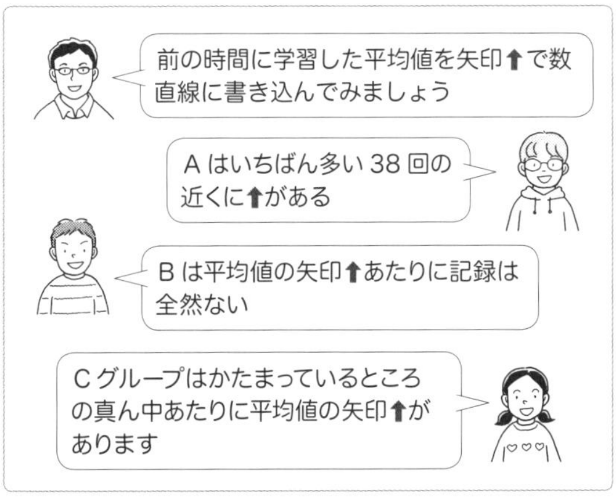

前の時間に学習した平均値を矢印⬆で数直線に書き込んでみましょう
A はいちばん多い 38 回の近くに⬆がある
B は平均値の矢印⬆あたりに記録は全然ない
C グループはかたまっているところの真ん中あたりに平均値の矢印⬆があります

T いちばん多くあるところを最頻値と言います。それぞれの最頻値は何回ですか。

C A と C は 38 回，B グループは 46 回です。

T 中央値も調べてみましょう。

C A は 38 回です。最頻値と同じです。B は 45.5 回 C は 31.5 回です。

4 用語を整理して，学習のまとめをしよう

T 最頻値，中央値も平均値と同じようにそのデータを代表する値になります。どれも代表値と言います。

T 用語をまとめておきましょう。

ふりかえりシートが活用できる。

第3時

度数分布表

本時の目標　散らばりの様子を度数分布表にまとめると，データの特徴を数で捉えやすくなることが分かる。

板書例

データを表に整理しよう

1 ＜度数分布表＞

2

長縄とび（A グループ）

とんだ回数（回）	回数（回）
10 以上 ～ 15 未満	1
15 ～ 20	2
20 ～ 25	1
25 ～ 30	1
30 ～ 35	1
35 ～ 40	3
40 ～ 45	2
45 ～ 50	1
50 ～ 55	1
55 ～ 60	1
合計	14

階級の幅　　度数

長縄とび（B グループ）

とんだ回数（回）	回数（回）
10 以上 ～ 15 未満	1
15 ～ 20	2
20 ～ 25	1
25 ～ 30	0
30 ～ 35	0
35 ～ 40	0
40 ～ 45	1
45 ～ 50	6
50 ～ 55	1
55 ～ 60	0
合計	12

長縄とび（C グループ）

とんだ回数（回）	回数（回）
10 以上 ～ 15 未満	0
15 ～ 20	0
20 ～ 25	2
25 ～ 30	5
30 ～ 35	2
35 ～ 40	5
40 ～ 45	2
45 ～ 50	0
50 ～ 55	0
55 ～ 60	0
合計	16

POINT　散らばっていた様子を，階級ごとに数字で整理することでまとまるスッキリ感が味わえるようにしましょう。

1 ドットプロットを 5 回ずつに区切った表にまとめよう

T　5 回ずつの区間に区切って表にまとめます。ドットプロットに表してあると便利です。

（右のように 5 ずつの目盛りを長く伸ばすと数が分かります。）

C　ちょうど線の上になる⑨や⑩はどうしよう。

C　以上は含むけど，未満というのは含まない。

C　40 は 40 以上 45 未満の区分になります。

40 以上　45 未満

40 を含む　45 を含まない

50 以上　55 未満

55 を含まない

55 以上　60 未満

55 はこの階級にある

A グループ

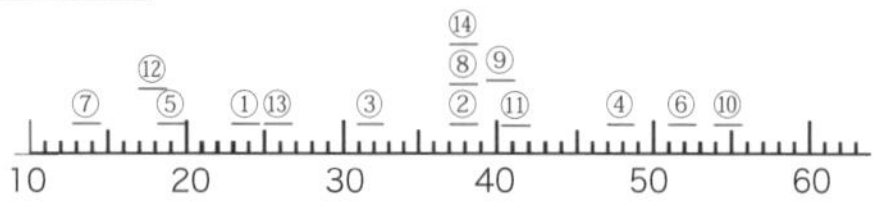

2 度数分布表を完成させましょう

T　この表は 5 ずつに区切ってあります。このような区切りのことを階級といい，5 ずつというような区切りの幅を階級の幅といいます。

階級ごとのデータの個数を度数といいます。そして，度数を書き込むこの表を度数分布表といいます。

A グループの 35 回以上 40 回未満の階級の度数は 3 回ということになります。

それでは，A，B，C のグループの度数分布表を完成させましょう。

A グループ

とんだ回数（回）	回数（回）
10 以上 ～ 15 未満	1
15 ～ 20	2
20 ～ 25	1
25 ～ 30	1
30 ～ 35	1
35 ～ 40	3
40 ～ 45	2
45 ～ 50	1
50 ～ 55	1
55 ～ 60	1
合計	14

B グループ

とんだ回数（回）	回数（回）
10 以上 ～ 15 未満	1
15 ～ 20	2
20 ～ 25	1
25 ～ 30	0
30 ～ 35	0
35 ～ 40	0
40 ～ 45	1
45 ～ 50	6
50 ～ 55	1
55 ～ 60	0
合計	12

C グループ

とんだ回数（回）	回数（回）
10 以上 ～ 15 未満	0
15 ～ 20	0
20 ～ 25	2
25 ～ 30	5
30 ～ 35	2
35 ～ 40	5
40 ～ 45	2
45 ～ 50	0
50 ～ 55	0
55 ～ 60	0
合計	16

準備物	QR 度数分布表 QR ふりかえりシート

ICT	1人で表にまとめることが難しい場合は，複数人が同時に作業できるアプリを使い，相談しながら表をまとめると教え合いや助け合いができる。

3 ＜度数分布表からわかること＞

いちばん多い階級　A 35回以上40回未満
B 45回以上50回未満
C 25回以上30回未満，35回以上40回未満

20回未満の度数の合計　A　3回　B　3回　C　0回

＜気がついたこと＞

A　0度数の階級がない
B　0度数の階級が真ん中にある
C　0度数の階級が上下にある

4 ＜新たな用語＞　度数分布表，階級，度数，階級の幅（はば）

まとめ
・度数分布表にまとめると，比べて見ることができる。
・数字にしておくと，合計なども計算してすぐにわかる。

3 度数分布表からわかることを話し合おう

T　それぞれのグループで度数がいちばん多い階級は何ですか。

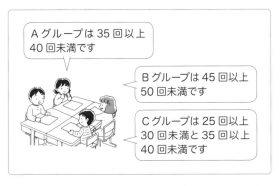

T　20回未満の度数の合計をそれぞれいいましょう。
C　AとBは3回，Cは0回です。
T　度数分布表で他にわかったことはありませんか。
C　Aは0になっている階級がない。Bは真ん中に0度数の階級があり，Cは上下に0度数の階級がある。

4 度数分布表の良さと，用語をまとめよう

度数分布表に数字で表しておくと，人数が多い階級や少ない階級がすぐに分かるね
合わせた数を調べるのも便利になるね

T　新しい用語をまとめておきましょう。

度数分布表

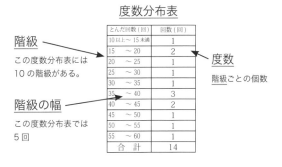

とんだ回数(回)	回数(回)
10以上～15未満	1
15　～20	2
20　～25	1
25　～30	1
30　～35	1
35　～40	3
40　～45	2
45　～50	1
50　～55	1
55　～60	1
合　計	14

階級
この度数分布表には10の階級がある。

階級の幅
この度数分布表では5回

度数
階級ごとの個数

ふりかえりシートが活用できる。

第 4 時

柱状グラフ（ヒストグラム）

本時の目標

柱状グラフに表すことができ，柱状グラフからデータの特徴を読み取ることができる。

板書例

度数分布表をグラフに表そう

柱状グラフ<ヒストグラム>

A グループ

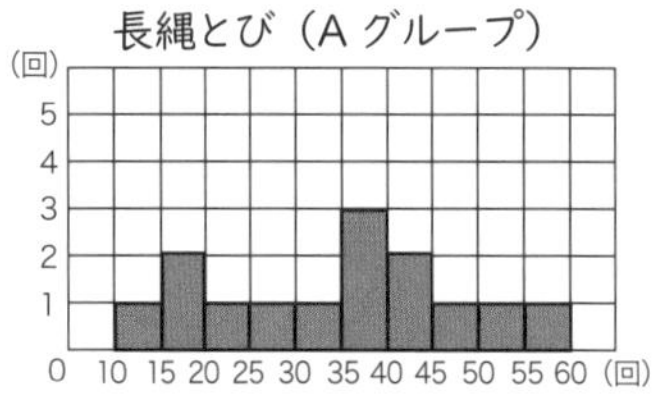

B グループ

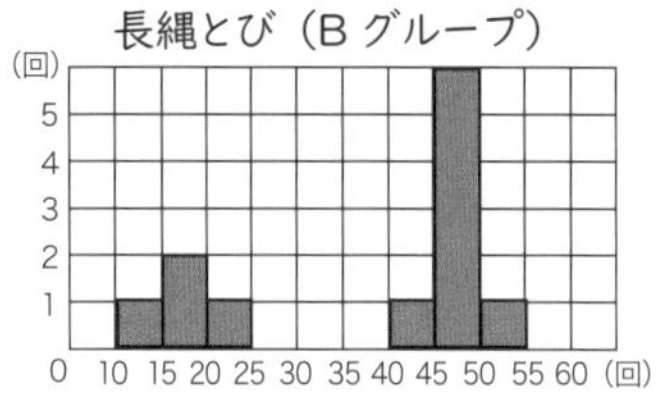

C グループ

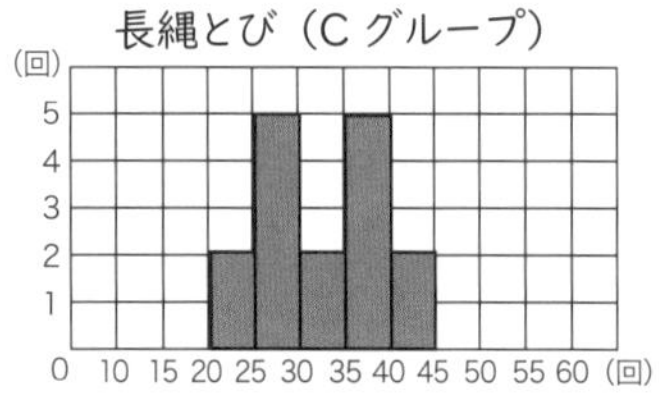

1 〈棒グラフ〉

棒がはなれている

〈柱状グラフ〉

- くっついている
- 階級の幅にある度数を表しているから。
- 横軸の階級はつながっている

2 〈分布の様子〉

- A はどの階級にもある。
- B は両はしにあって，真ん中にはない。
- C は，真ん中にかたまっている。

POINT 柱状グラフと棒グラフを混同して捉える子もいるので，その違いに目を向けることで柱状グラフの特徴が理解できるように

1 度数分布表をグラフに表す方法を知ろう

T　A グループの 10 回以上 15 回未満は 1 回。15 回以上 20 回未満は 2 回。

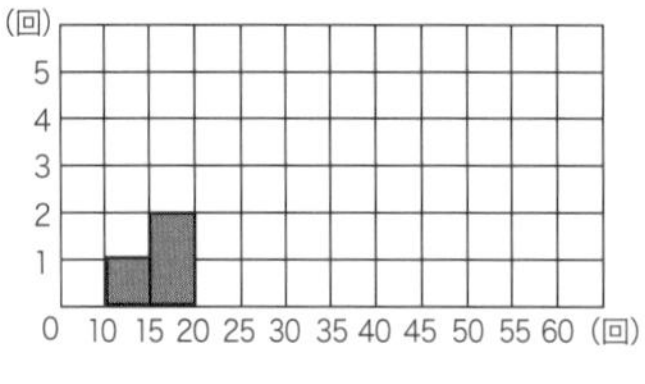

一つ一つゆっくりかいて見せる。

C　棒グラフみたいだな。

T　棒グラフみたいだけど，違うのはどこですか。

隙間がなくて，棒がとなりとくっついている
なぜ，幅いっぱいにしてくっついているの？
その階級の幅の人数を表しているから
このグラフの横軸の数値はつながっているから隙間がない

2 3 つのグループのグラフを仕上げよう

T　このようなグラフを柱状グラフ（ヒストグラム）といいます。ABC グループの柱状グラフをかいてみましょう。気がついたことも書きましょう。

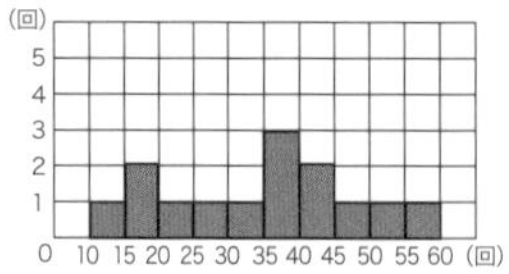

C　A はどの階級にも柱がある。

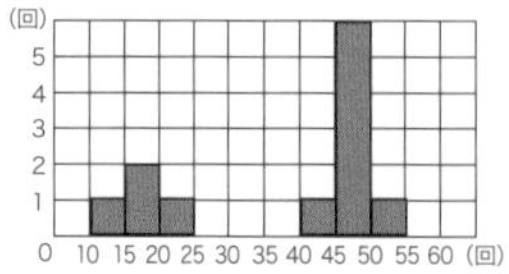

C　B は両端に柱がある。真ん中にはない。

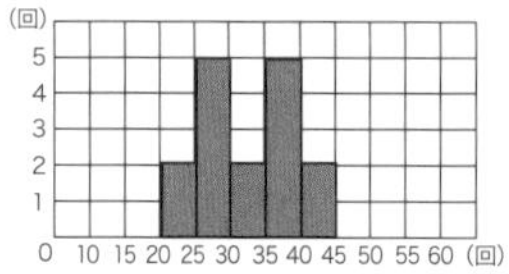

C　C は真ん中に柱がかたまっている。

C　柱状グラフにすると ABC グループの散らばり方の違いがとてもわかりやすくなった。

準備物

- QR グラフ用紙
- QR ふりかえりシート

ICT

特に条件は示さずに，班でそれぞれヒストグラムを作成していく。タブレットに作成し，画像を全体で共有しながら，それぞれのグラフの違いを話し合っていく。

3 ＜よくとんだ方から３番目の記録はどの階級にあるか＞

ＡとＢ 45回以上50回未満　　Ｃ 35回以上40回未満

＜とべなかった方から３番目の記録はどの階級にあるか＞

ＡとＢ 15回以上20回未満　　Ｃ 25回以上30回未満

4 ＜40回以上の度数の合計の割合＞

度数の割合＝部分の回数÷全体の回数

Ａ　5回÷14回＝0.357　　約36%
Ｂ　8回÷12回＝0.666　　約67%
Ｃ　2回÷16回＝0.125　　約13%

＜30回未満の度数の合計の割合＞

Ａ　5回÷14回＝0.357　　約36%
Ｂ　4回÷12回＝0.333　　約33%
Ｃ　7回÷16回＝0.4375　　約44%

まとめ

柱状グラフに表すと，散らばり方の様子がパッと見てわかるようになる。

しましょう。

3 柱状グラフから読み取ろう

Ｔ　よく跳んだ回数で上から３番目の記録は，どの階級にありますか。

Ｃ　ＡとＢグループは，45回以上50回未満にあります。

Ｃ　Ｃは35回以上40回未満にあります。

Ｔ　では，跳べなかった方から３番目の記録は，どの階級にありますか。

ＡとＢグループは，15回以上20回未満にあります
Ｃは25回以上30回未満にあります
いい記録で見ると，ＡとＢが勝ちそうだけど，よくない方の記録で見るとＣは負けそうにない

4 代表値の階級の割合を求め，優勝チームを予想しよう

Ｔ　40回以上の度数は，それぞれ何回ですか。また，その割合を％で表しましょう。

Ａグループだと40回以上は５回あります
部分の回数/全体の回数 だから，
部分÷全体　をします。
5÷14＝0.357　約36%

Ｃ　Ｂは約67%，Ｃは約13%です。

Ｔ　30回未満の度数の割合も同じように求めてみましょう。

Ｃ　Ａは約36%，Ｂは約33%，Ｃは約44%

Ａ，Ｂ，Ｃグループの練習の結果を柱状グラフに表したり，階級の割合等で考察することができた。いろいろな観点から優勝グループを予測することができる。

ふりかえりシートが活用できる。

第 5 時

階級の幅の変換

本時の目標

階級の幅を変えて度数分布表や柱状グラフに表すことができるとともに，階級の幅を変えると読み取れる内容が変わることがわかる。

板書例

階級の幅（はば）を変えたグラフにしてみよう

1 6 年ソフトボール投げ（m）

① 22	② 35	③ 17	④ 23	⑤ 32
⑥ 28	⑦ 42	⑧ 25	⑨ 26	⑩ 33
⑪ 30	⑫ 20	⑬ 44	⑭ 18	⑮ 21
⑯ 42	⑰ 45	⑱ 23	⑲ 45	⑳ 42
㉑ 35	㉒ 27	㉓ 36	㉔ 23	㉕ 50
㉖ 52	㉗ 19	㉘ 30	㉙ 24	㉚ 38

2 階級の幅を 3m，5m，10m にして度数分布表からヒストグラムに表そう

階級の幅 10m

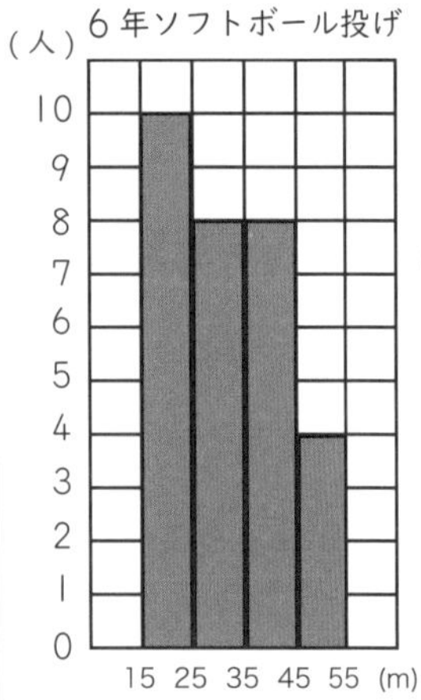

階級の幅 5m

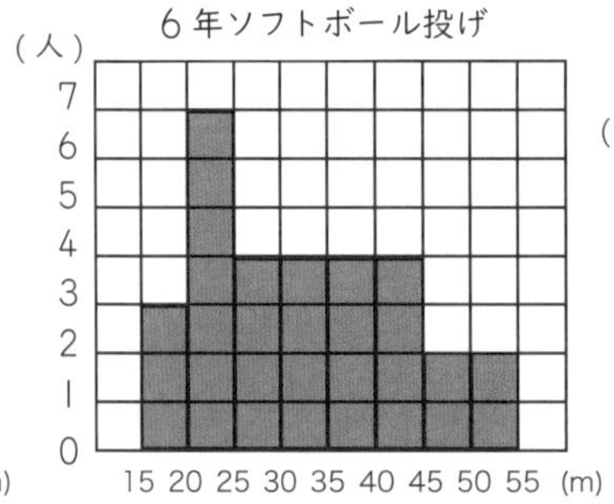

階級の幅 3m

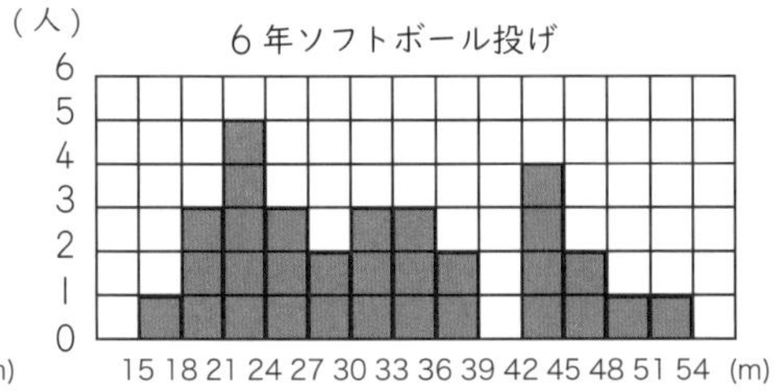

POINT データから度数分布表を作成して，ヒストグラムに表すまでの一連の流れをふりかえって学習することになります。活動の

1 階級の幅を考えてヒストグラムにしてみよう

T　6 年ソフトボール投げの記録をヒストグラムに表します。階級の幅は何 m にしますか。

① 22	② 35	③ 17	④ 23	⑤ 32
⑥ 28	⑦ 42	⑧ 25	⑨ 26	⑩ 33
⑪ 30	⑫ 20	⑬ 44	⑭ 18	⑮ 21
⑯ 42	⑰ 45	⑱ 23	⑲ 45	⑳ 42
㉑ 35	㉒ 27	㉓ 36	㉔ 23	㉕ 50
㉖ 52	㉗ 19	㉘ 30	㉙ 24	㉚ 38

C　5m 幅がいいと思うけど，3m や 10m に変えたらグラフの様子も変わるのかなあ。

じゃあ，階級の幅を変えて書いてみよう。階級の幅を変えるとグラフの様子はどんなに変わるのかな
どう変わるか楽しみだね
グループで分担してやってみよう

2 階級を変えたヒストグラムを仕上げよう

C　まずは，度数分布表にするところから始めよう。

階級の幅 5m

階級（m）	人数（人）
15 以上～ 20 未満	3
20 ～ 25	7
25 ～ 30	4
30 ～ 35	4
35 ～ 40	4
40 ～ 45	4
45 ～ 50	2
50 ～ 55	2
合　計	30

階級の幅 10m

階級（m）	人数（人）
15 以上～ 25 未満	10
25 ～ 35	8
35 ～ 45	8
45 ～ 55	4
合　計	30

階級の幅 3 m

階級（m）	人数（人）
15 以上～ 18 未満	1
18 ～ 21	3
21 ～ 24	5
24 ～ 27	3
27 ～ 30	2
30 ～ 33	3
33 ～ 36	3
36 ～ 39	2
39 ～ 42	0
42 ～ 45	4
45 ～ 48	2
48 ～ 51	1
51 ～ 54	1
合　計	30

T　合計が 30 になっているか確かめよう。

準備物	
	QR 表とグラフ用紙 QR ふりかえりシート

ICT	
	個人差が出る活動である。子どもたちが自分のペースで学習の流れを確認できるように，今までの学習の資料や板書などをまとめておき，子どもたちに送信しておく。

3 <階級の幅によるちがい>

4 階級の幅 10m
- ・記録の低い人が多い傾向がわかる
- ・大まかにみることができる。
- ・中央値がどこにあるか，わかりやすい。

階級の幅 5m
- ・20m 以上 25m 未満の人数が特に多い
- ・全体の傾向がつかみやすい

階級の幅 3m
- ・真ん中の方が比較的少ない
- ・全体の散らばりの様子が詳しくわかる

まとめ　階級の幅を変えると，見え方も変わってくるから，ヒストグラムを見るときもかくときも注意が必要。

速さに個人差があることを考慮しながら進めましょう。

3 階級の幅を変えると，どう変わったでしょうか

T　同じデータでかいたヒストグラムを比べてみましょう。

C　こんなに違うと思わなかった。

T　違いを詳しく見て，グループで話し合いましょう。

階級を 10m 区切りにすると，記録の下の方の人が多いとわかるね

階級を 5m 区切りにすると，20m 以上 25m 未満が多いのがわかるね

階級を 3m 区切りにすると，全体の散らばりの様子がよくわかるね。真ん中の方が比較的少ない感じがするね

C　同じデータなのに，階級の幅を変えるだけでこんなに違うんだね。

4 階級の幅の違いについてみんなで話し合おう

階級の幅が 10m だとデータを大まかにみることができる。中央値がどのあたりか大まかにつかみやすい

階級の幅が 5m だと全体の傾向が分かりやすいと思うな

階級の幅が 3m だと詳しくみることができる

C　階級の幅でこんなに違って見えるから，ヒストグラムを作成するときも，見るときも注意しないといけないと思うな。

ふりかえりシートが活用できる。

第6時 人口ピラミッド

本時の目標　柱状グラフを組み合わせてできている人口ピラミッドを読み取ることができる。

板書例

人口ピラミッドから読み取ろう

1 1945年
日本の人口ピラミッド

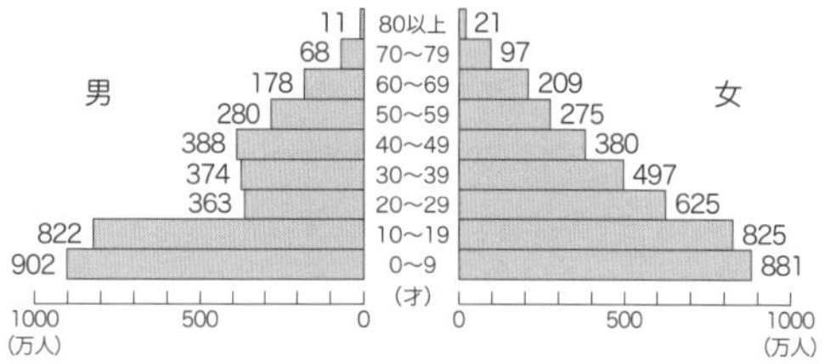

ピラミッドの形

0歳(さい)～10歳がいちばん多い

20歳～29歳

男　約350万人　戦争

女　約620万人

若い人が多い

2 2019年
日本の人口ピラミッド

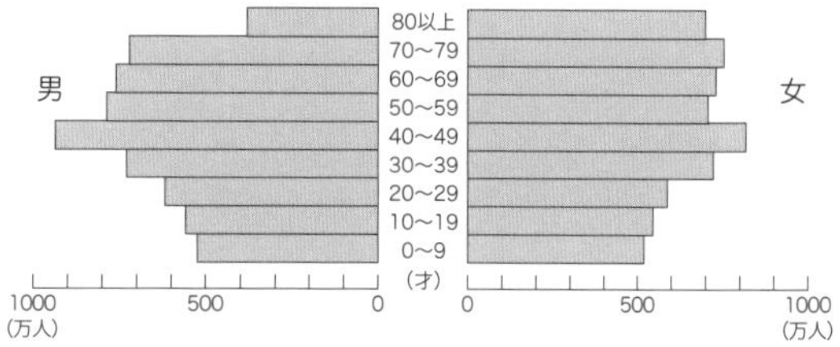

ピラミッドの形ではない

いちばん多い歳(とし)40歳～49歳

長生き　女性のお年寄りが多い

若い人が少ない

→ 少子高れい化

POINT 人口ピラミッドの様子を見る算数の学習で，歴史や世界への関心を高めたい。探究心や好奇心をもってグラフをみる楽しさ

1 男女別，年齢別人口は約何万人か読み取ろう

T　このようなグラフを人口ピラミッドといいます。

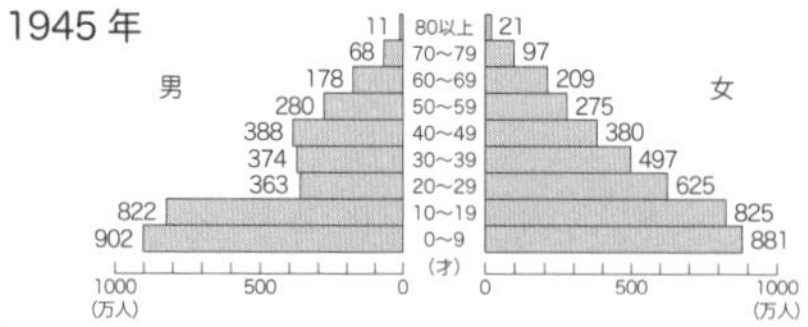

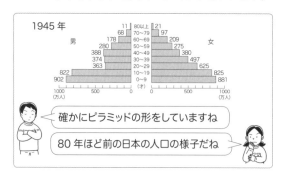

確かにピラミッドの形をしていますね

80年ほど前の日本の人口の様子だね

T　20歳～29歳の男女の人数は約何万人ですか。

C　女は約620万人なのに男は約360万人です。

何問か同じような問いをしながらグラフの読み取りをする。

T　男の人の20歳～29歳，30歳～39歳はなぜ，ここだけ女の人と比べて少ないのでしょうか。

C　1945年は，戦争が終わった年で，戦争に行った世代の男の人がたくさん亡くなったからです。

2 1945年と2019年の人口ピラミッドを比べてみよう

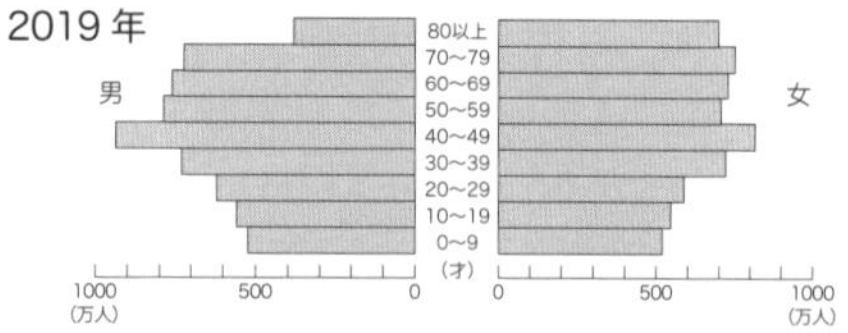

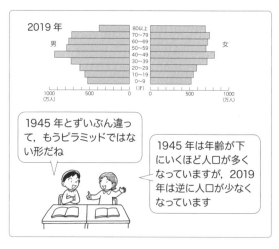

1945年とずいぶん違って，もうピラミッドではない形だね

1945年は年齢が下にいくほど人口が多くなっていますが，2019年は逆に人口が少なくなっています

C　少子化という言葉を聞いたことがあります。このグラフから，それがよくわかります。

C　80歳以上の人口が増えていています。人口の高齢化という言葉も聞いたことがあります。

グラフを見て気がついたことをたくさん出し合う。

準備物	QR 人口ピラミッド QR ふりかえりシート	ICT	ネットなどで検索をすると，多様な人口ピラミッドを発見できる。著作権に注意して，できるだけ多様な人口ピラミッドを子どもたちに送信しておくと授業が盛り上がる。

3

2019 年
インドの人口ピラミッド

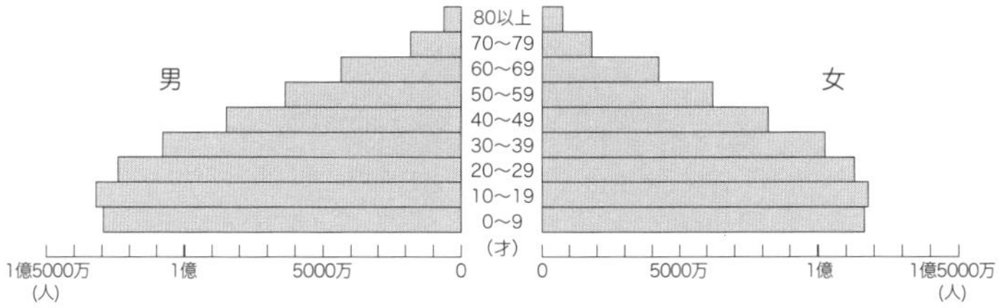

全人口　約 13 億 7000 万人
（日本の約 10 倍）
世界一の人口になる
日本の 1945 年の形に似ている

4

2019 年
ドイツの人口ピラミッド

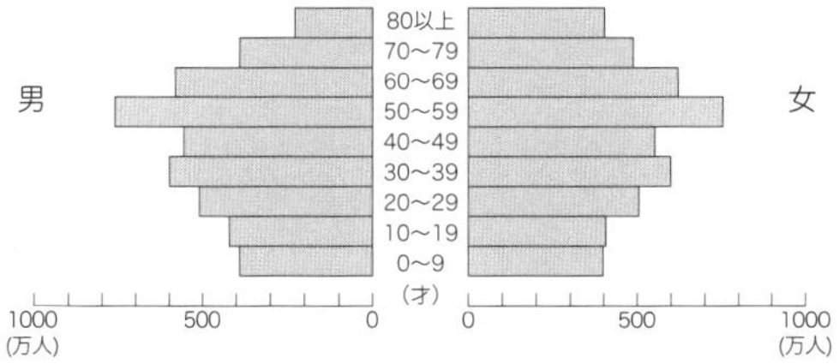

全人口　約 8300 万人
（日本より少ない）

日本の 2019 年の形に似ている

まとめ　人口ピラミッドに表すと，年齢別人口散らばりの様子がよくわかる。

が味わえるようにしましょう。

3 インドの人口ピラミッドと比べてみよう

T　2019 年の日本とインドの人口ピラミッドを見比べて話し合いましょう。

2019 年 インド

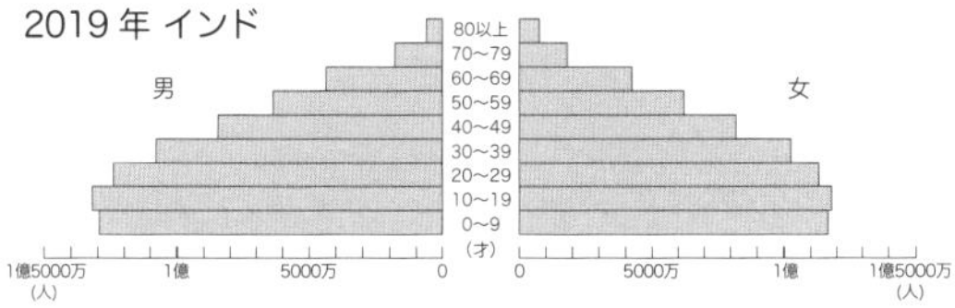

ここでも基本的な読み取りをする。

インドの人口ピラミッドの形は，日本の 1945 年の形に似ています
10 代の男の人だけで 1 億 3000 万人いる。日本の人口と同じぐらいだ

4 ドイツの人口ピラミッドと比べてみよう

T　ドイツの人口は 8300 万人くらいです。ドイツと日本を比べましょう。

2019 年 ドイツ

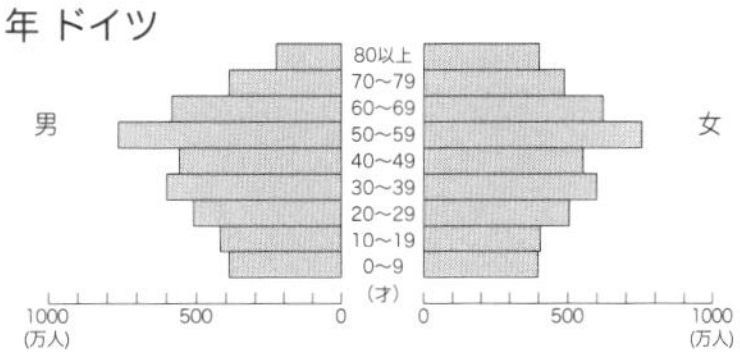

ドイツの人口ピラミッドの形は日本の今の人口ピラミッドに似ているね
ドイツも少子高齢化なのかな
知っている国についても調べてみたいな

学習のまとめをする。

ふりかえりシートが活用できる。

名前

Ａ と Ｂ の畑からとれたきゅうりの重さをドットプロットに表して答えましょう。

（１）【Ａ の畑のきゅうりの重さ】（g）

①96	②92	③101	④106	⑤95	⑥112	⑦102	⑧104	⑨104
⑩97	⑪89	⑫122	⑬94	⑭98	⑮93	⑯90	⑰87	

ア　ドットプロットに表しましょう。

イ　平均値は 99g でした。平均値を⬆でかきましょう。

ウ　最頻値は何 g ですか。　（　　　　）

エ　中央値は何 g ですか。　（　　　　）

（２）【Ｂ の畑のきゅうりの重さ】（g）

①118	②108	③90	④96	⑤107	⑥97	⑦91	⑧94
⑨124	⑩93	⑪98	⑫89	⑬105	⑭104	⑮99	

ア　ドットプロットに表しましょう

イ　平均値は 99g でした。平均値を⬆でかきましょう。

ウ　中央値は何 g ですか。　（　　　　）

名前

● 下の表は，スポーツテストで１組と２組のボール投げの結果を整理したものです。

ボール投げの記録（１組）

記録（m）	人数（個）
15以上～20未満	3
20 ～ 25	4
25 ～ 30	6
30 ～ 35	4
35 ～ 40	2
40 ～ 45	1
45 ～ 50	0
50 ～ 55	1
合　計	21

ボール投げの記録（２組）

記録（m）	人数（個）
15以上～20未満	2
20 ～ 25	5
25 ～ 30	4
30 ～ 35	6
35 ～ 40	3
40 ～ 45	1
45 ～ 50	1
50 ～ 55	0
合　計	22

（１）柱状グラフに表しましょう。

ボール投げの記録（１組）

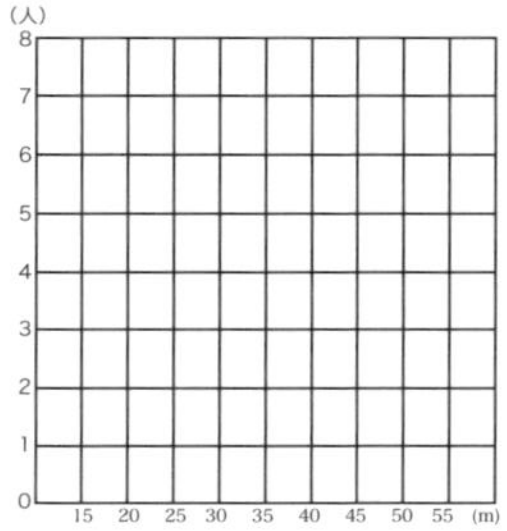

ボール投げの記録（２組）

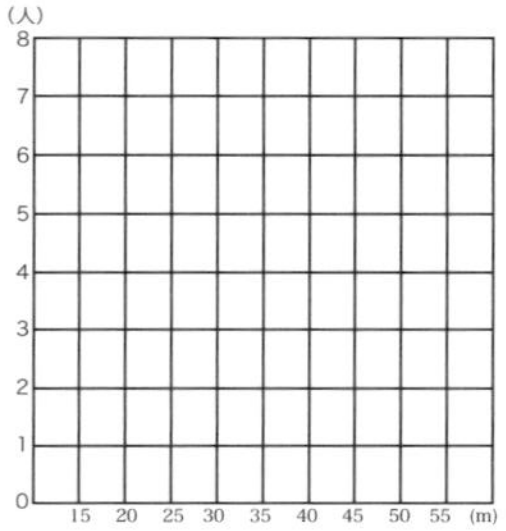

（２）最も多い階級は，それぞれ何 m 以上何 m 未満ですか。
また，それは全体の何%ですか。

１組　［　　　cm 以上　　　cm 未満］　で　［　　　］％

２組　［　　　cm 以上　　　cm 未満］　で　［　　　］％

◆ **複製，転載，再販売について**

本書およびデジタルコンテンツは著作権法によって守られています。

個人使用・教育目的などの著作権法の例外にあたる利用以外は無断で複製することは禁じられています。

第三者に譲渡・販売・頒布（インターネットなどを通じた提供・SNS 等でのシェア・WEB 上での公開含む）することや，営利目的に使用することはできません。

本書デジタルコンテンツのダウンロードに関連する操作により生じた損害，障害，被害，その他いかなる事態についても著者及び弊社は一切の責任を負いません。

ご不明な場合は小社までお問い合わせください。

【企画・編集】
原田 善造　　わかる喜び学ぶ楽しさを創造する教育研究所　著作研究責任者
新川 雄也　　元愛媛県公立小学校教諭

【ICT 欄執筆】
松森 靖行　　高槻市立清水小学校教諭　　※ 2024 年 3 月現在

旧版『喜楽研の DVD つき授業シリーズ 新版 全授業の板書例と展開がわかる
DVD からすぐ使える　映像で見せられる　まるごと授業算数 6 年』（2020 年刊）

【監修者・著者】
石原 清貴　板垣 賢二　市川 良　新川 雄也　原田 善造　福田 純一　和気 政司

【授業動画】
石原 清貴　和気 政司

【発行にあたりご指導・ご助言を頂いた先生】
大谷 陽子

喜楽研の QR コードつき授業シリーズ
改訂新版　板書と授業展開がよくわかる
まるごと授業　算数　6 年（上）

2024 年 3 月 15 日　第 1 刷発行

企画・編集：原田 善造　新川 雄也（他 5 名）
編　　　集：わかる喜び学ぶ楽しさを創造する教育研究所　編集部

発　行　者：岸本 なおこ
発　行　所：喜楽研（わかる喜び学ぶ楽しさを創造する教育研究所：略称）
〒 604-0854　京都府京都市中京区二条通東洞院西入仁王門町 26 - 1
TEL 075-213-7701　FAX 075-213-7706
HP https://www.kirakuken.co.jp
印　　　刷：株式会社イチダ写真製版

ISBN：978-4-86277-458-3　　Printed in Japan